게임의 재발견

게임의 재발견

—

2023년 9월 27일 초판 1쇄 발행

—

지은이 피트 에첼스
옮긴이 하인해
펴낸이 강준규
책임편집 유형일
마케팅지원 배진경, 임혜솔, 송지유, 이원선

—

펴낸곳 (주)로크미디어
출판등록 2003년 3월 24일
주소 서울특별시 마포구 마포대로 45 일진빌딩 6층
전화 번호 02-3273-5135
팩스 번호 02-3273-5134
편집 02-6356-5188
홈페이지 http://rokmedia.com
이메일 rokmedia@empas.com

—

ISBN 979-11-408-1696-5 (03180)
책값은 표지 뒷면에 적혀 있습니다.

—

비잉은 로크미디어의 인문 도서 브랜드입니다.
잘못 만들어진 책은 구입하신 서점에서 교환해 드립니다.

게임의

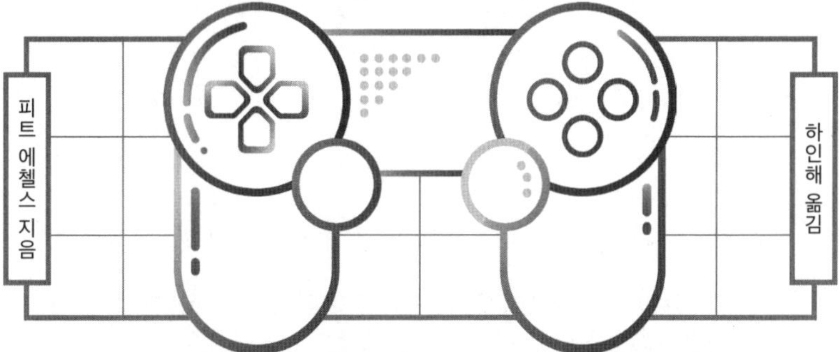

피트 에첼스 지음

하인해 옮김

재발견

우리가 잘 몰랐던 게임의 진면목을 알려주는 **재미있는 교양서**

LOST IN A GOOD GAME

Being

| 들어가는 글 |

○
□
△
×

당신의 주머니, 가방, 책상에는 인류의 모든 지식과 이해에 닿는 창이 있다. 화면은 이제 우리 대부분의 일상에서 결코 빼놓을 수 없는 부분이 됐다. 우리는 화면을 통해 친구, 가족과 연결되고 낯선 타인과도 결속한다. 일이며 놀이고 영감의 원천이자 기분 전환 수단이다. 그러나 많은 사람이 이처럼 보편적이고 친숙한 화면을 경계하고 심지어는 두려워한다. 일부 과학자와 지식인은 화면이 뇌의 작용 방식을 바꾼다고 말하며(이는 사실이다) 그런 변화는 좋지 않다고(이는 사실이 아니다) 경고한다.

화면은 우리 뇌가 활동하는 방식을 변화시키지만 이는 그리 흥미로운 사실이 아니다. 우리가 하는 '모든 일'이 뇌를 변화시키기 때문이다. 화면으로든 종이로든 이 글을 읽고 있는 당신의 머릿속 뉴런 연결은 계속 변하고 있다. 뭔가를 알게 될 때나 새로운 추억거리를 만들 때 아니면 옛 기억을 떠올릴 때도 마찬가지다. 중요한 건 뇌가 '어떻게' 바뀌는가다. 이제 막 화면의 영향을 연구하기 시작한 과학의 답은 복잡하고 미묘하며 매우 불완전하다.

그런데도 우리는 거의 본능적으로 컴퓨터나 스마트폰 앞에서 한참 동안 꼼짝 않는 건 옳지 않다고 생각한다. 사람들이 과거 경험을 통해 느끼는 것과 최신 과학 연구가 밝혀낸 것 사이의 이 같은 불협화음은 화면, 특히 게임을 둘러싼 문화 전쟁을 설명해 줄지도 모른다.

예를 하나 들어보자. 전형적인 게임 폐인 하면 어떤 그림이 떠오르는가? 어두컴컴한 방 안에서 가뜩이나 창백한 낯빛의 10대 소년이 모니터의 청색광이 반사돼 파리해진 얼굴로 〈콜 오브 듀티Call of Duty〉나 〈포트나이트Fortnite〉, 〈오버워치Overwatch〉 같은 슈팅 게임을 하는 장면이 그려질 것이다. 건강에 해롭고 비정상적인 시나리오다. 이런 모습을 떠올린 당신에게 누군가가 아이들은 밖에서 놀아야 한다고 주장한다면 상식적으로 반기를 들기가 힘들다.

하지만 이를 입증할 과학적 증거가 거의 없다는 사실은 둘의 관계가 제로섬게임이 아님을 시사한다. 단순히 밖에서 노는 시간이 줄어든다고 게임을 하는 시간이 늘어난다는 뜻은 아니다. 게다가 위에서 말한 게임 폐인 이미지는 실제로 누가 게임을 하는지 제대로 파악하지 못한 잘못된 이분법을 바탕으로 한다. 게이머의 인구분포는 사람들의 일반적인 인식(오해)과 다르다. 유럽인터랙티브소프트웨어협회Interactive Software Federation of Europe에 따르면 게임을 즐기는 남녀 비율은 모든 연령대에서 거의 같다. 그리고 더 놀랍게도 게임을 하는 45세 이상 성인이 6~14세 미성년자보다 많다.

물론 여기에는 암묵적인 전제가 있다. 밖에서 노는 것은 유익하고 건강에 이롭지만 게임은 기껏해야 무의미한 시간 낭비고 최악의 경우 건강상 위험 요인이라는 것이다. 그러나 실제 상황은 훨씬 복잡하다. 게임은 창의적인 매체며 인간존재 의미를 탐구할 소중한 기회를 제공한다. 물론 오용이나 남용될 우려는 있다. 하지만 우리는 게임을 통해 주변 세상, 자기 생각과 느낌, 마음속 응어리와 열망을 탐색할 수 있다. 밖에서 노는 일에도 대기오염, 자동차 사고 그리고 점점 심각해지는 '묻지마 범죄'처럼 갖가지 위험이 존재한다. 야외 활동이 항상 유익하고 건강하다는 장밋빛 시각은 '야외'라면 으레 '전원'이라 여기는 다소 특수한 착각에서 비롯되는 듯하다.

게임은 여러 방식으로 이해할 수 있다. 그중 하나는 왜 우리가 게임을 하는지에 관한 고민이다. 우리는 무엇 때문에 게임 속 세상에서 시간을 보내려고 할까? 사람들은 서로 다른 이유에서 서로 다른 게임을 한다. 이 책에서는 사람들이 게임을 하는 이유와 게임이 우리에게 미치는 영향을 사회적, 개인적 차원에서 살펴볼 것이다.

그리고 총체적 관점에서 게임의 역사를 되짚으며 게임과 과학의 관계도 알아볼 것이다. 과학 발전으로 탄생한 게임이 이제는 과학 발전을 이끌고 있다. 과학과 게임은 긴밀한 공생 관계다. 이를 파헤치면서 게임이 어디서 기원했고 지난 수년 동안 어떻게 변화했는지 그 역사를 추적해 보려 한다.

게임이 뇌에 미치는 영향 같은 과학 연구에 관해서는 당연히 객관성을 유지하겠지만 한 가지 사실을 고백하자면 내가 게임에 관심을 갖게 된 계기는 지극히 개인적이다. 나와 게임의 관계는 무척 미묘하다.

그리고 내 얘기는 다른 많은 것과 마찬가지로 뭔가의 끝과 함께 시작됐다.

| 차례 |

○
□
△
×

1

용과 번뇌

○□△×

눈앞에 펼쳐진 이 풍경을 나는 지난 몇 년 동안 아주 작은 부분까지 속속들이 알게 됐다. 꽁꽁 언 황무지 위로 솟은 산 정상에는 눈이 덮여 있고 골짜기들에는 무장한 문명들이 흩어져 있다. 내 캠프 동쪽에 있는 산맥의 날카로운 암벽 봉우리들은 폭풍이 일어 보랏빛으로 변한 하늘을 향해 뻗어 있다. 한참 아래를 내려다보니 얼어붙은 물줄기 주변에 늘어선 나무들이 슈거 파우더를 뿌린 케이크 장식 같다. 안개 속을 응시한다. 위험하지만 마음이 차분해지는 곳이다. 이곳은 평온하다. 그리고 고요하다.

나는 용을 기다리고 있다.

화면 안 먼 곳에서 번개가 치는 동안 나는 방 안에서 두 다리를 의자 위로 편 뒤 커피 잔으로 손을 뻗었다. 몇 시간 동안 비어 있던 머그잔 바닥에는 갈색 원만이 말라 있었다. 밤이 늦었고 피곤한데도 잠을 잘 수 없었다. 박사 과정 첫해였지만 내가 잠을 자지 못한 이유는 연구 때문이 아니었다. 그날은 특별한 날이었다. 나는 눈을 깜박이며 모니터를 주시했다.

아직 용은 보이지 않았다.

내가 찾는 건 그저 평범한 용이 아니었다. 잃어버린 시간의 원시비룡Time-Lost Proto Drake(이하 잃시비)이다. 얼마나 멋진 이름인가! 찢기고 그을린 커다란 노란색 날개로 하늘을 나는 원시 괴물이 떠오른다. 하지만 이 이름에는 또 다른 의미가 있다. 바로 〈월드 오브 워크래프트World of Warcraft〉(이하 〈와우〉)에서 가장 찾기 힘든 존재 중 하나를 가리킨다. 몇 주, 몇 달, 심지어 몇 년 동안 산 주변을 헤매며 돌아다녀도 보이는 건 고작 용이 진짜 있긴 있지만 이곳에는 없다는 감질나는 증거뿐이다. 간혹 누군가 생포하려 했던 시체가 발견되기도 한다. 나라고 어쩌다가 '얻어걸려' 다른 이들을 약 올리는 행운을 누리지 말란 법은 없다. 난수 생성기가 복을 안겨줄지도 모르고 지난주 던전dungeon(몬스터가 모여 있는 소굴_옮긴이) 보스boss*를 죽인 뒤 획득하지 못한 희귀 무기의 인연이 다른 모습으로 나타날지도 모른다. 나는 폭풍우 봉우리Storm Peaks라고 불리는 설산에서 행운을 기다리고 있다.

* 게임에서 '보스'는 보통 다음 레벨이나 단계로 넘어가기 위해 마지막에 무너뜨려야 하는 적을 뜻한다. 다른 적들보다 훨씬 강해 치밀한 작전이 필요하다.

하지만 그럴 확률은 낮은 듯하다. 1시간 넘게 모니터 앞에 앉아 있었지만 아무것도 나타나지 않았다.

사실 그 빌어먹을 용이 나타나지 않아도 상관없었다. 마음을 쏟을 곳이 필요했을 뿐이다. 다른 플레이어들이 그리폰gryphon과 와이번wyvern을 타고 하늘을 나는 광경을 지켜보며 실제로 웅장한 판타지 세계에서 가장 높은 절벽에 서 있다면 어떨지 상상했다. 머리 위로 이는 멋진 폭풍 소리는 실제로 어떨지, 느낌은 어떨지 추측했다. 냄새도 짐작해 봤다. 어떤 사람들은 좋은 책에 빠져든다. 나는 좋은 게임에 빠져든다. 화면 아래 구석 채팅창에 메시지 하나가 떴다. 내가 속한 작은 길드의 리더인 데이브였다.

"찾았어?"

"그럴 리가." 내가 답했다. "제대로 보고 있지도 않았어." 데이브가 조금 뜸을 들인 뒤 다시 말을 걸었다. "그냥 던전이나 할래?" 초대장이 전송됐고 몇 분 뒤 우리는 몬스터를 쓰러뜨려 전리품을 얻을 수 있는 곳으로 모험을 떠났다. 잃시비는 훗날을 기약해야 할 듯했다.

〈와우〉는 이제까지 가장 성공한 '대규모 다중 사용자 온라인massively multiplayer online, MMO' 게임 중 하나다. 게임을 하지 않는 사람 눈에는 전형적으로 '폭력적인 게임'이다. 게이머는 캐릭터를 만든 다음 무기를 쥐고 온갖 퀘스트를 수행하며 별 잘못 없는 멧돼지부터 무시무시한 몬스터에 이르기까지 다양한 적을 죽인다. 하지만 많은 TV 방송과 신문기사처럼 〈와우〉를 그저 폭력적인 게임으로 단순화하면 이 게임을 여러 가지 방식으로 즐길 수 있다는 사실을 놓치게 된다. 어떤 사람들은 엘프 드루이드, 인간 전사, 드워프 사냥꾼, 좀비 흑마법사 같은 다양한 캐릭터를 만들어 경험치를 쌓는 데서 재미를 느낀다. 얼라이언스Alliance와 호드Horde 세력 사이의 순수한 팀 게임을 좋아하는 사람들은 '깃발 빼앗기'나 전면 난타전 같은 다양한 전략을 짜는 데 집중한다. 아니면 파란만장한 과거를 지닌 캐릭터를 만들어 웅장한 서사를 짜는 역할극을 즐길 수도 있다. 꽃 채집과 철광석 채굴만으로 캐릭터 레벨을 올리는 평화주의 플레이어들도 있다. 어떤 사람들은 탈것을 모으는 데 거의 모든 시간을 쏟는다. 잃시비 같은 생명체가 있으면 세계 곳곳을 날아다닐 수 있다. 탈것은 수백 가지에 이른다. 한번은 황천의 비룡Netherwing Drake을 손에 넣기 위해 3주(장장 3주다!) 동안 외딴 구석에 있는 작은 광산을 돌아다니며 여기저기 흩어져 있는 알을 모았다. 어떤 알에서 용이 부화할지는 아무도 모른다. 집착에 가까운 노력이었지만 그럴 만한 가치가 충분했다. 처음 황천의 비룡을 타고 하늘을 날았을 때의 감동은 잊지 못한다. 무지갯빛을 띠는 보라색 날개는 화면을 꽉 채울 만큼 커서 내가 어딜 날고 있는지 잘 보이지 않았는데도 숨이 멎을 만큼 멋졌다. 나는 동물

원을 만들 수 있을 만큼 탈것을 많이 모았지만 황천의 비룡은 여전히 큰 자랑거리다. 〈와우〉를 그저 폭력적인 게임이라고 말하는 건 이런 온갖 경험을 무시하는 처사다.

이 같은 자유로움은 〈와우〉를 순식간에 대성공시킨 요인 중 하나다. 컴퓨터게임이 여느 매체와 전혀 다른 방식으로 세상(그리고 외계)을 경험하게 해주는 까닭은 이것이 본질적으로 개인적인 경험이기 때문이다. 소설가이자 게임 디자이너인 나오미 앨더만Naomi Alderman은 2013년 알베르 카뮈Albert Camus 탄생 100주년을 기념하는 라디오 에세이에서 "모든 형태의 예술은 강렬한 감정을 불러일으키지만 게임만이 주체적 감정을 느끼게 한다"라고 말했다. "소설은 독자를 슬프게 할 수 있지만 당신의 행동에 죄책감을 느끼게 하는 건 게임뿐이다. 연극은 관객을 즐겁게 할 수 있지만 당신이 스스로에 대한 자부심을 느끼게 하는 건 게임뿐이다. 영화는 관객이 악당에게 분노하게 할 수 있지만 당신이 직접 배신당하는 건 게임에서뿐이다."

앨더만은 게임이 실존주의 원칙을 어떻게 구현하는지 설명한다. 카뮈나 장폴 사르트르Jean-Paul Sartre 같은 철학자들이 인간은 신이 버린 세상에서 스스로 삶의 의미를 정의한다고 말했듯이(우리를 만드는 건 우리 자신이다) 게임은 우리가 뭔가를 얻기 위한 선택과 결정을 통해 스스로를 정의하게 한다. 〈와우〉 같은 MMO 게임은 실존주의 개념을 탁월하게 압축한다. 게임 안에 아무리 대단한 서사가 있어도 게이머가 내키지 않으면 무시해도 된다. MMO는 1차원적 게임이 아니다. 원하는 대로 무엇이든 하거나 하지 않을 수 있다. 각각의 플레이어 관점에서 가능성은 무한하다.

사람들이 게임을 하는 이유는 모두 다르며 게임을 하는 사람 역시 각양각색이다. 그 다양한 이유와 관련 연구는 뒤에서 자세히 살펴볼 것이다. 하지만 과학적 연구에 관한 몇 가지 중요한 경고는 하고 넘어가야 한다. 이제 걸음마를 뗀 게임 연구는 주로 심리학의 틀에서 이뤄지지만 심리학 역시 물리학이나 화학 같은 '전통' 자연과학에 비하면 아직 새로운 분야다. 이는 두 가지 면에서 상황을 복잡하게 한다. 먼저 연구 속도가 기술 발전 속도를 따라가지 못하기 때문에 여러 연구 방법이 논쟁 대상이 된다. 다음으로 사람들은 통제하기가 쉽지 않다. 어떤 종류든 사람들에게 뭔가를 하게 하는(게임 포함) 심리학 연구는 '어렵다'. 피험자들은 실험자가 상상도 못한 행동으로 실험을 망친다. 많은 피험자가 실험자가 원하는 답을 추측해 답을 한다. 이보다 더 곤란한 피험자는 일부러 실험자가 '원하지 않는' 답을 하는 사람이다. 모든 상황을 종합해 볼 때 게임이 우리에게 미치는 영향과 사람들이 게임을 하는 이유에 관해 연구자들이 알고 모르는 것의 보편적이거나 최종적인 진실은 아직 없다. 얘기를 본격적으로 시작하기도 전에 실망했을 독자에겐 미안하지만 한 가지 약속할 수 있는 건 지금의 상황을 깊이 파헤쳐 본다면 심리학의 현재 발전 단계에서 우리가 어떤 위치에 있는지는 알 수 있으리라는 사실이다. 그러면 게임뿐 아니라 전반적인 기술이 우리에게 미치는 영향에 관한 잘못된 믿음을 바로잡을 수 있을 것이다. 당신이 이번 한 주 동안 이 책을 읽고 난 후에는 스마트폰이나 밀레니엄 세대를 중독시켰다는 인스타그램, 컴퓨터게임이 사회를 망친다고 호들갑 떠는 머리기사에 더는 휘둘리지 않길 바란다.

앞에서도 말했지만 사람들이 게임에 빠지는 이유는 수없이 많다. 어떤 사람은 순수하게 다른 사람과 교류하기 위해 게임을 한다. 그저 현실에서 도피하려고 복잡하고 다면적인 디지털 세계에 발을 들이는 사람도 있다. 어떤 이유에서 게임을 하든 우리는 뭔가를 배우고 새로운 공간을 탐험하며 잠재적으로는 자아에 대해 뭔가를 발견한다. 이에 관해 앨더만은 "게임은 관객을 실존주의 무대에 세워 진정한 자아를 탐구하게 하는 유일한 예술 형태"라고 주장했다. 이런 면에서 게임은 우리가 참여할 수 있는 가장 중요한 활동 중 하나다.

하지만 내가 그날 밤 좀체 나타나지 않는 용을 찾으려 〈와우〉를 한 이유는 훨씬 단순하다. 나는 게임으로 그날이 아버지 기일이라는 사실을 잊으려고 했다.

***

그날을 생각하면 서로 어긋나는 작은 조각들이 떠오른다. 마치 오래된 퍼즐 세트를 꺼낸 다음 조각 중 반을 버리고 다른 세트의 반을 섞은 것 같다. 하늘을 이루는 조각은 같은 명도의 파란색이고 잘 끼워 넣으면 맞을 것 같지만 딱 들어맞지는 않는다. 그날 아버지와 나는 서로 다른 이유로 병원에 갔다. 나는 낮에 축구를 하다 발목을 다쳤다. 게임 폐인이어서가 아니라 원래부터 운동엔 젬병이었다. 절룩거리며 간신히 학교 본관 건물에 들어갔고 선생님 한 명이 아버지에게 전화를 걸었다. 누군가 날 차에 태워 병원으로 데려갔다. 어머니였던 것 같은데 얼굴이 잿빛이 된 할아버지가 걱정스러운 눈으로 날 바라본 기억이 나는 걸 보면 할아버지도 그 자리에 있었던 듯하다. 발목을 접질린 사소한 일로 할아버지가 왜 그렇게 안달하는지 어리둥절했던 것 같다.

발목을 치료한 후 어머니와 집으로 돌아가는 차 안에서 벽돌만 한 내 휴대전화로 전화를 건 사람은 할머니였다고 기억한다. "피터, 아버지가 돌아가셨어." 뒷좌석에 널브러져 있던 나는 너무 놀란 나머지 다친 다리로 차 문을 걷어찼다. 알고 보니 잘못 들은 것이었지만 실제 상황도 그리 나을 건 없었다. 아버지는 돌아가시지 않았다. '곧 돌아가실 예정'이었다. 2년 동안 아버지는 운동신경이 서서히 마비되고 있었다. 그날 아침 병세가 급격히 나빠졌고 내가 4시간 동안 머물던 바로 그 병원으로 이송 중이었다. 전화를 끊자 구급차가 우리 곁을 지나갔고 난 그것이 우연이길 바랐다.

다시 병원으로 왔다. 가족실에 엄마, 할머니, 할아버지, 삼촌과 숙모가 모여 있었다. 가족들은 의사의 설명을 누가 들어야 할지 같은 사소한 문제로 다퉜다. 옆방에는 하얀 붕대로 눈을 가리고 산소호흡기를 문 아버지가 누워 있었다. 반응이 없다고 했다. 나도 마찬가지였다. 난 병원 복도에서 넋을 놓은 채 홀로 휠체어에 앉아 있었다. 가족들이 목소리를 높이기 시작했을 때 휠체어를 밀고 방에서 나와 조용한 곳을 찾았다. 가족과 떨어져 생각에 잠겨도 상황은 나아지지 않았다. 왜 싸우는 거지? 무슨 일인지 누가 듣는 게 뭐가 중요하지? 너무 단순한 상황이잖아. 아버지는 죽을 거고 그건 일어나서는 안 되는 일이야. 아직 마흔다섯이라고. 우리랑 집에서 저녁을 먹든지 영화를 보든지 해야 해. 집은 아니어도 되지만 여기에 있는 건 안 돼. 어느새 의사가 내게 다가와 말을 걸었지만 그의 말은 날 둘러싼 의심의 껍데기를 뚫지 못했다. 의사는 내가 탄 휠체어를 아버지가 있는 병실로 밀어 아버지에게 마지막 인사를 하게 했다.

***

게임의 가상현실에서 죽음은 기이한 현상이다. 삶이 끝나면 시간이 아주 조금 되돌아가 또 다른 삶이 이어진다(일부 물리학자는 실제 세상도 같은 방식으로 돌아간다는 흥미로운 주장을 펼친다. 우리가 어떤 결정을 내리면 그 반대 결정을 내린 또 다른 역사가 우리에게서 가지를 뻗는다는 것이다. 우리가 어떤 일에 실패하면 성공한 역사가, 실험 결과에서 양성 반응을 얻으면 음성 반응의 역사가 가지를 뻗는 것이다). 커다란 구멍에 빠지지 않았었거나 덫에 걸리지 않았었거나 저격수의 총알을 맞지 않았던 새로운 세상이 매번 열린다. 내가 게임을 좋아하는 이유 중 하나 역시 새로운 기회를 얻을 수 있다는 점이다. 게임에서의 죽음은 공포가 없다. 죽음은 누구나 존재의 어느 순간 반드시 맞아야 하는 불가피한 종착점이 아니라 그저 작은 불편이다. 키보드를 잘못 눌러 게임을 망쳤을 뿐이다. 궁극적으로는 실패의 결과일 뿐이다.

사람들은 게임이 뇌를 망가뜨린다거나 아이들을 문장 하나도 제대로 완성하지 못하고 대화 능력을 잃은 사회적 좀비로 만든다며 걱정한다. 나 역시 죽음을 회피하기 위해 게임을 하는 것이 과연 바람직한지 고민한 적이 있다. 게임에서 죽음은 그저 실패의 결과지만 이런 생각이 실제 세계에서도 이어지진 않을지 걱정했다. 죽음을 일종의 결함으로 취급하게 될지도 몰랐다. 슬픔의 단계를 방해할 가능성도 있었다. 잘 알려져 있다시피 죽음은 부정, 분노, 타협, 우울, 수용의 단계로 이뤄진다. 게임은 마지막 단계를 건너뛰게 할 수 있다. 죽음은 실제로 일어나지 않고 언제나 또 다른 기회가 있다고 자기 자신을 속인다면 사랑하는 누군가가 영원히 떠나버렸다는 사실을 결코 수용하지 못한다. 이건 분명 잘못된 일 아닌가?

슬픔의 5단계는 모두 헛소리다. 누구도 감히 소리 내 말하지는 않지만 우리 모두 마음속 깊이 잘 아는 사실이다. 슬픔의 5단계는 1960년대 촉망받던 스위스 심리학자 엘리자베스 퀴블러 로스Elisabeth Kübler Ross가 불치병 환자들을 연구하며 만든 모델이다. 하지만 연구 논문을 보면 죽음을 마주한 사람들이 정형화돼 있거나 예상 가능한 행동 양상을 보인다는 증거는 없다. 어떤 연구도 실제로 슬픔을 엄격하게 단계화할 수 있다는 사실을 입증하지 못했다. 인간의 여러 감정은 일관적이지 않으며 서로 독립적이지도 않다. 죽음이 삶을 기습하면 스스로를 지키려 덮어쓰고 있던 자만이나 가식이 벗겨지면서 불확실성의 늪으로 빠진다. 일상을 살아가는 데 기댔던 경험적 지식이 무너지면 가장 끔찍하고 전혀 알지 못했던 상황에 진실하고 솔직하게 대응할 수밖에 없다. 실제로 사람들은 저마다의 방식으로 나쁜 소식에 대처한다. 그러므로 시간의 무자비함에 소중한 사람을 잃은 누군가에게 게임은 애도 과정과 경쟁하는 대상이 아니라 결코 이해할 수도 설명할 수도 없는 상황을 대처하는 한 가지 방법이 돼준다. 그리고 또 다른 도움도 줄 수 있다.

***

"정말 도움이 된다고 생각하세요? 사람들이 헤어 나오지 못하면요?" 내가 물었다.

나는 버밍엄에 있는 국립전시센터National Exhibition Centre 심장부에 자리한 삭막한 크림색 회의실에 앉아 있었다. 멀리 건너편 탁자에는 커피, 차, 비스킷이 잔뜩 놓여 있고 내가 조니 키오디니Johnny Chiodini 옆으로 급히 옮긴 파란색 회의 의자에 앉아 있는 동안 잠이 덜 깬 사람들이 우리 곁을 지나며 카페인을 찾았다.

"그렇게 빠져드는 것 같지는 않아요. 이미 알고 있으니까요." 키오디니가 답했다. "사람들이 어떤 일을 견디기 위해 게임을 하는 이유는 이미 알게 모르게 그런 적이 있기 때문이에요."

키오디니는 게임 리뷰부터 게임 디자인, 업계 소식, 기타 등등까지 게임 저널리즘의 모든 이슈를 글과 영상으로 소개하는 웹사이트 유로게이머(EuroGamer.net)의 수석 동영상 프로듀서다. 우리는 그가 유로게이머에서 다양한 비디오게임 장면에 관해 리뷰하는 동영상 시리즈 '로우 배터리스Low Batteries'를 시작하면서 트위터를 통해 알게 됐다. 직접 만나기 전엔 그가 바보 같은 질문 따위는 받지 않는 고지식한 중년 베테랑 방송인이리라고 생각했다. 내 예상은 완전히 빗나갔다. 누구보다도 다정하고 쾌활한 그는 게임만큼이나 정신 건강에도 정통한 사람이었다. 로우 배터리스가 게임과 정신 건강의 상호작용에 주목한다는 사실을 떠올리면 당연한 일일 것이다. 외상 후 스트레스 증후군이 게임에서 묘사되는 방식, 정신과 병동을 '공포의 온상'으로 그리는 구시대적 관습이 게임에서도 널리 관찰되는 실태, 많은 사람이 게임을 통해 불안과 우울함에 대처하는 이유 등이 에피소드 주제들이다.

"한때 우울증을 심하게 앓았어요. 몇 주 동안 이어진 무기력에서 벗어나고 싶었죠." 키오디니가 말했다. 당시 유로게이머 동영상 팀은 아직 자리를 잡지 못하고 있었다. 지금이야 월요일마다 모여 앉아 한 주 계획을 짜며 뭘 제작할지 논의하지만 몇 년 전만 해도 그의 표현을 빌리자면 '오로지 감'으로만 움직였다. "오후 2시가 다 됐는데도 한 게 아무것도 없더라고요. 머리가 좀 맑아질까 해서 샤워를 했죠. 그러자 한 가지 생각이 떠올랐어요. '기분이 더럽고 집중할 수 있는 건 오로지 그 더러운 기분뿐이라면 그 얘길 해도 되지 않을까?'" 그는 샤워하면서 떠올린 이름을 쇼 제목으로 정하고 바로 대본을 썼다. 첫 에피소드는 단 한 번의 초안으로 완성됐다. 곧장 녹화하고 편집한 뒤 인터넷에 올렸다. "누구한테도 말하지 않고 한 일이에요. 다행히 반응이 좋았죠. 정말 큰 반향을 일으켰어요."

'개인적인' 정신 건강은 물론이고 일반적인 정신 건강 문제를 인터넷에서 얘기하는 건 위험한 일이다. 민감한 문제일 뿐 아니라 그 민감성 때문에 논란을 불러일으켜 악성 댓글 공격을 받기 일쑤기 때문이다. 그래서 로우 배터리스에 대한 반응이 거의 모두 긍정적이라는 사실에 무척 놀랐다. "정말 압도적이었어요. 로우 배터리스의 가장 큰 특징은 우리에게 닥치라고 말하는 사람이 '없다'는 것이었죠." 키오디니가 말했다. 다른 유로게이머 영상이 항상 그런 건 아니다. "아무리 무해한 내용을 다뤄도 사람들은 우리더러 끔찍하다면서 꺼지라고 말해요. 하지만 [로우 배터리스는] 무턱대고 욕하는 사람이 전혀 없어요. 정말 신선하죠."

로우 배터리스가 높은 호응을 받는 이유 중 하나는 정신 건강/게임의 경계를 탐색하는 온라인 영상이나 종이 콘텐츠의 주된 흐름을 거부해서일 것이다. 정신 건강과 게임의 관계에 관한 많은 글은 예컨대 〈둠Doom〉이 우울증 치료에 얼마나 좋은지 또는 〈스카이림Skyrim〉을 4주 동안 하면서 삶의 힘든 순간을 어떻게 견뎠는지 같은 경험담이다. 이런 흐름 자체가 문제는 아니지만 특정 시점에 개인에게 일어난 일은 다수를 돕는 데 한계가 있을 수밖에 없다. 반면 로우 배터리스는 장기적 안목으로 상황을 바라본다. 과거 경험담에 기대는 대신 능동적으로 소통한다. 각각의 영상은 토론의 출발점이 되고 댓글창에 모인 사람들은 마치 공개 포럼에서처럼 토론한다. 로우 배터리스가 특별한 까닭은 공통의 관심사(게임)를 가진 사람들에게 영상에서 다룬 정신 건강 문제뿐 아니라 자신(그리고 주변의 많은 사람)에게 영향을 미칠 수 있는 문제를 얘기할 토론의 장을 마련해 주기 때문이다.

게임과 정신 건강의 관계에 관한 일반적인 토론은 대부분 게임이 정신 질환의 주범인지 아닌지로만 귀결된다. 게임은 슬픔, 스트레스를 비롯한 다양한 어려움을 극복하는 데 도움이 될 수 있다. 물론 게임에 지나치게 집착하는 사람도 있다. 하지만 게임에 중독성이 있는지, 있다면 어느 정도인지는 아직 더 검증이 필요하다. 이 문제는 뒤에서 자세히 다루겠지만 여기서 핵심은 게임에 관한 논의는 흑과 백, 이거 아니면 저거가 아니라는 사실이다. 게임은 전혀 해롭지 않으며 우리에게 아무런 영향을 미치지 않는다는 입장과 말 그대로 우리 뇌를 녹인다는 입장 사이에서 하나를 택해야 하는 일이 돼서는 안 된다. 두 입장 사이의 회색 지대는 매우 광활하며 그곳에서 게임의 진짜 영향을 찾을 수 있다. 이 사실을 받아들이려면 게임이 우리에게 주는 긍정적 경험과 부정적 경험을 모두 살펴봐야 한다. 결국 게임도 불완전한 존재가 불완전한 존재를 위해 만든 불완전한 것이다. 게임은 다른 오락 매체가 결코 흉내 낼 수 없는 방식으로 우리의 결점과 미덕을 투영하고 증폭한다.

***

〈와우〉에서 황소같이 생긴 휴머노이드 캐릭터 '타우렌Tauren' 부족은 멀고어Mulgore라 불리는 곳에서 작은 마을을 이루고 살고 있다. 마을 주변은 초원으로 둘러싸여 있고 초원 3면에는 작은 강이 흐른다. 멀리 언덕 위로 해가 비칠 때는 그저 앉아서 풍경을 바라보기만 해도 마음이 평온해진다. 물 위를 가로지르는 다리를 건너 마을로 들어가면 나이가 지긋한 목장 주인 아합 윗후프Ahab Wheathoof가 육지가 시작되는 아치형 입구에 나무 안내문을 못질하고 있다. 아합은 자신에게 말을 건 상대에게 소중한 반려견 카일을 찾아달라는 간단한 퀘스트를 준다. 시간이 오래 걸리지도 않고 그리 힘들지도 않은 퀘스트다. 임무를 완수해도 특별한 일은 일어나지 않는다. 아합이 고맙다는 말과 함께 토큰을 주면 그걸 받고 가던 길을 계속 가면 된다.

하지만 이 간단한 퀘스트에는 깊은 사연이 있다. 아합이라는 캐릭터와 그의 잃어버린 개를 찾는 임무를 만든 주인공은 열한 살 소년 에즈라 피닉스 채터튼Ezra Phoenix Chatterton이다. 〈와우〉의 열렬한 팬이던 에즈라는 2007년 메이크어위시재단Make-

A-Wish Foundation 주선으로 게임 개발 업체인 블리자드엔터테인먼트Blizzard Entertainment를 방문했다. 에즈라는 블리자드 사무실에서 아합의 목소리를 녹음했고 아합의 잃어버린 반려견 이름은 에즈라의 반려견과 같은 카일로 정했다. 에즈라는 새로운 쇠뇌crossbow도 만들었고 자신의 캐릭터를 세계 최초로 새로운 불사조에 태웠다. 에즈라의 중간 이름인 피닉스의 뜻을 생각하면 무척이나 절묘한 일이다.

2008년 10월 에즈라는 뇌종양으로 세상을 떠났다. 그의 사망 소식이 알려지자 수많은 플레이어가 멀고어에 찾아와 에즈라가 설계한 퀘스트를 완수하며 그를 기렸다. 사람들은 어떤 설명으로도 받아들일 수 없는 죽음을 소박한 방식으로 애도했다. 이후 블리자드는 다른 캐릭터 이름을 에즈라 윗후프Ezra Wheathoof로 바꿨고 사람들은 언제라도 에즈라를 만나거나 말을 걸거나 기억할 수 있게 됐다. 우리가 지구에서 보내는 시간은 유한하지만 게임을 통해서는 무한한 종류의 삶을 살 수 있다. 에즈라가 생을 마감하고 10년이 지난 뒤에도 가상 세계의 작은 마을에는 그가 생각해 내고 사랑했으며 소중히 여겼던 것들이 그대로 남아 있다. 디지털 삶은 불멸을 선사한다. 우리가 떠나더라도 캐릭터들은 진정한 의미의 죽음을 맞지 않는다. 최소한 서버가 꺼지기 전까지는 그렇다. 심지어 그런 순간에도 다시 깨어날 잠재적 디지털 가능성은 남아 있다.

현실 세계에서와 마찬가지로 게임에서도 죽음은 다면적이고 복합적이며 불확실하다. 먼저 가장 기본적이고 기계론적인 의미에서 죽음은 배움의 도구다. 캐릭터가 죽는 까닭은 우리가 어떤 잘못을 저질렀기 때문이다. 하지만 우리는 문제를 바로잡을 수 있다. 또 다른 기회가 있기 때문이다. 실제 세계에서는 또 다른 기회가 없지만 게임에서처럼 우리는 죽음을 통해 스스로에 관한 뭔가를 배운다. 죽음은 자신의 진짜 모습을 발견할 기회를 준다. 소중한 사람이 사라질 때 우리가 어떻게 행동할지는 결코 미리 알 수 없다. 그 강렬한 찰나의 순간에 닥쳐야만 깨달을 수 있다.

***

의사가 문을 닫고 나간 뒤 아버지와 단둘이 남은 나는 무슨 말을 해야 할지 몰랐다. 가장 먼저 느낀 감정은 '부끄러움'이었다. 마치 우스꽝스러운 TV 쇼에 나온 듯했다. 내가 누구보다도 좋아하지만 지금은 의식이 없는 아버지에게 소리 내 뭔가를 말한다면 벽이 큰 웃음소리를 내면서 관객들에게 "이런 바보를 봤나! 진짜 말을 했어!"라고 소리칠 것만 같았다. 그래서 그냥 가만히 앉아 한동안 아버지 손을 잡고 있었다. 그리고 마침내 몇 마디를 힘겹게 내뱉었다. 아버지를 사랑하고 아버지가 떠나지 않았으면 좋겠다고 말했다. 아버지는 대답이 없었다. 몇 초인지 몇 분인지 모를 시간이 지난 뒤 휠체어 바퀴를 굴려 병실에서 나온 나는 아무도 없는 복도에서 소리 없이 흐느꼈다. 그리고 다시는 아버지를 보지 못했다.

이건 몇 번이나 반복해 플레이되는, 특히 아버지 기일에는 더욱 그런 기억이다. 시간이 흘러도 마찬가지다. 오히려 그 모든 감정이 더 강렬해지는 듯하다. 그래서 때로 나는 잊기 위해 게임을 한다. 하지만 항상 효과가 있는 건 아니다. 몇 시간 만에 데이브와 던전을 클리어한 뒤 다시 폭풍우 봉우리로 돌아와 슬렁슬렁 잃시비를 찾았다. 지금까지 여러 해가 지나는 동안 아버지가 돌아가신 밤 무슨 말을 해야 했는지 곱씹을 시간이 많았다. 그리고 그 여러 해가 지난 지금도 왜 그때 내가 부끄러움을 느꼈는지 모른다. 나는 화면 앞에 앉아 있지만 마음속으로는 시나리오를 쓰고 있고 얘기는 꼬리에 꼬리를 문다. 내가 아버지에게 해야 했던 말들과 그 말들을 의미 있게 전달할 수 있었을 방식 그리고 내가 제대로 말을 했다면 어땠을지….

순간 멀리서 노란 섬광이 번쩍이는 듯했다. '잃시비다.' 상반신을 모니터로 기울인 다음 캐릭터를 움직여 가까이 살피게 했다. 내 캐릭터가 산꼭대기에 아슬아슬하게 서 있다는 사실은 까맣게 잊고 있었다. 캐릭터는 바위에서 떨어져 내동댕이쳐졌고 난 그 죽음을 막지 못했다. 화면은 회색으로 변했고 캐릭터가 다시 모습을 드러낸 곳은 근처 무덤이었다. '젠장!' 점점 더 괴로워지는 그날 밤 기억에서 빠져나와 내 불쌍한 디지털 자아를 되살린 후 컴퓨터를 끄고 잠을 청했다.

알다시피 게임에서 진짜 죽음은 없다. 언제나 또 다른 기회가 주어진다.

2

초기 비디오게임의 역사의 한 토막

Lost In A Good Game

○□△×

사우스켄싱턴에 있는 과학박물관Science Museum의 비디오게임 자료 열람을 예약할 때만 해도 먼지가 풀풀 이는 다락 같은 곳에서 오래된 종이 상자와 가죽 트렁크 사이를 헤매게 될 줄 알았다. 물론 어느 박물관이나 그런 공간이 필요하긴 하지만 과학박물관의 옛 기록을 열람할 수 있는 데이나연구센터 및 도서관Dana Research Centre and Library은 매우 현대적이었다. 깨끗하고 조용하며 군더더기 없는 도서관은 값을 매길 수 없는 희귀한 과학 자료를 보관하는 곳이라면 모름지기 어떤 모습이어야 하는지 보여주는 듯했다. 왼쪽 벽은 전면 유리로 돼 있어 푸른 풀밭이 내려다보인다. 목재와 검은 철재의 수많은 책장마다 수십 년 넘은 자료가 빼곡하다. 책상에 앉아 미친 듯이 키보드를 두드리는 한 학생 주변으로는 모서리가 가득 접힌 공책이 잔뜩 널려 있다. 나도 책상 앞에 앉아 반대편 연구자를 힐끗 쳐다본다. 그는 손으로 쓴 가죽 양장 고서를 읽고 있다. 손때를 최소한으로 타게 할 요량인지 초소형 빈백 소파에 책을 올려놨다. 틀림없이 런던에서 가장 팔자 좋은 책이다. 베이지색 봉투에 담긴 채 책상에 놓인 내 자료가 갑자기 처량해 보인다. 박물관 큐레이터가 조심스럽게 자료를 꺼내 봉투 위에 놓아준 뒤 조용히 떠난다. 앞으로 몇 시간은 내 차지다.

옅은 파란색 안내서는 책등과 가장자리에 알 수 없는 지문이 지저분하게 찍혀 있긴 해도 70년 가까이 된 것치곤 상태가 놀라우리만큼 좋다. 표지 위쪽 절반에는 "생각보다 빠른"이라고 새겨져 있고 그 아래로 "페란티 님로드 디지털컴퓨터Ferranti Nimrod Digital Computer"라는 제목이 적혀 있다. 아래 절반에는 가격(1실링 6페니)과 함께 1951년 열린 영국제Festival of Britain(제2차세계대전 이후 사람들에게 부흥과 발전의 희망을 불어넣기 위해 정부가 주최한 국제 박람회) 로고가 박혀 있다. 내 앞에 놓인 책은 게임을 할 수 있는 최초의 컴퓨터 중 하나로 알려진 님로드의 유일한 유산이다. 축제 동안 관람객들은 영국 전기장비 회사 페란티가 만든 님로드로 초기 인공지능과 숫자 게임인 〈님Nim〉을 할 수 있었다. 〈님〉은 고전적 전략 게임이지만 솔직히 말해 재미와는 거리가 멀다. 원래는 두 명이 주로 성냥 같은 물체를 쌓아놓고 하는 게임으로 번갈아 가며 여러 성냥 더미 중 하나에서 1개 이상의 성냥을 가져가는데 마지막 1개를 가져가는 사람이 진다. 님은 수학적 측면에서는 중요한 게임이지만 실제로 해보면… 두 번 할 가치는 없다고 해두자.

님로드는 성냥 대신 일련의 불빛과 32개의 버튼을 사용한다. 버튼을 누르면 그에 해당하는 불이 꺼진다(성냥 하나를 가져오는 것과 같다). 화면에는 같은 수의 불이 4줄로 정렬돼 있는데 각 줄은 성냥 더미 하나를 나타낸다. 더미마다 최대 7개의 불이 들어오고 여덟 번째 버튼을 누르면 줄 전체를 없앨 수 있다. 게임이 시작되면 플레이어(또는 시연자)는 먼저 각 줄에서 1~7개 불 중 몇 개를 켤지 정한다. 설정이 끝나면 컴퓨터가 제어하는 인공지능과 직접 게임을 하거나 님로드가 시뮬레이션하는 두 플레이어의 게임을 관전할 수 있다. 님로드 전시의 전반적인 목적은 이른바 '자동 디지털컴퓨터'의 원리와 가능성을 알리는 것이었다.

크기는 거대했다. 너비 약 3.5미터(12피트), 높이 약 1.5미터(5피트), 깊이는 약 2.7미터(9피트)에 달했다. 나는 여기까지 읽고 완전히 새롭고 생소한 커다란 뭔가가 눈앞에 있다면 어떤 기분일지 상상했다. 님로드의 작동 방식과 수학적 원리를 자세히 설명한 안내서는 초기 과학 대중서가 어떤 모습이었는지 짐작하게 해주는 흥미로운 사례다. 내용이 조금 어려운 부분도 있는데 예를 들어 후반부에서는 님로드 알고리즘의 수학적 원리와 게임에서 이기는 수학적 전략을 설명한다. 물론 님로드의 목적은 컴퓨터의 능력을 아직 확신하지 못하는 대중에게 그 잠재력을 선보이는 것이었지만 과학과 게임이 초기 컴퓨터 역사에서도 일종의 공생 관계를 맺었다는 사실을 보여준다. 최초의 컴퓨터게임은(컴퓨터게임을 어떻게 정의하느냐에 따라 '최초'의 의미는 달라질 수 있다) 게임 개발 업체에서 탄생하지 않았다. 그 기원은 제2차세계대전부터 본격화한 컴퓨터 산업의 발전에서 찾을 수 있다. 안내서 중간쯤에는 님로드 기술자들이 왜 단순한 게임을 설계하게 됐는지 간략한 설명이 나온다. "게임을 위한 기계를 만드는 건 시간 낭비처럼 보일지도 모른다. 사실은 그렇지 않다. 게임 원리는 매우 복잡하므로 복잡한 게임을 할 수 있는 기계는 복잡하고 실용적인 문제도 풀도록 프로그램할 수 있다. 예컨대 〈님〉 게임에 필요한 계산은 독점 상태도 아니고 자유무역도 하지 않는 국가의 경제를 분석하는 데 필요한 계산과 아주 비슷하다."

님로드 설계자들은 자신들이 하찮거나 쓸데없는 것을 만들고 있다는 오해를 받을까 봐 몹시 걱정한 듯하다. 물론 얼핏 보면 님로드는 단순한 게임기에 불과하다. 하지만 의사결정 당사자들의 상호작용을 설명, 예측하는 여러 수학 모형을 바탕으로 한 게임이론은 경제학, 정치학, 생물학을 포함한 여러 학문에서 중요한 역할을 한다. 비록 아주 기초적 형태긴 하지만 이 같은 수학 원리를 응용한 님로드의 좀 더 포괄적인 목표는 단순한 오락거리를 넘어선 실용 가치의 가능성을 선보이는 것이었다. 사실 님로드가 게임을 할 수 있는 최초의 컴퓨터로 여겨지긴 해도 여느 게임은 물론이고 〈님〉을 할 수 있는 최초의 기계는 아니었다. 님로드가 나오기 전인 1940년 4월 26일 미국 전기회사 웨스팅하우스일렉트릭컴퍼니Westinghouse Electric Company에서 일하던 핵물리학자 에드워드 콘던Edward Condon은 동료인 제럴드 토니Gerald Tawney, 윌러드 데어Willard Derr와 함께 '〈님〉 게임을 위한 기계'라는 이름의 전기장치 특허를 신청했다. 이 기계는 1939년 4월부터 1940년 10월까지 열린 뉴욕세계박람회New York World's Fair에 전시됐다. 1940년대 내내 초기 디지털컴퓨터가 연이어 개발됐지만 게임을 할 수 있는 컴퓨터의 진화가 더뎠던 까닭은 개발자들이 인류에 어두운 그림자를 드리울 기능에만 온정신이 팔려 있었기 때문이다. 1948년 앨런 튜링Alan Turing은 인공지능에 관한 미발표 성명서에서 브리지, 체스, 포커, 삼목두기noughts and crosses(두 명의 플레이어가 가로 3칸, 세로 3칸 격자에 O나 X를 번갈아 가며 채워 넣어 먼저 연달아 한 줄을 완성하면 이기는 게임_옮긴이) 같은 게임을 "기계가 제힘을 발휘할" 이상적 분야로 생각해 봐야 한다고 제시했다. 그는 체스 시뮬레이션인 튜로챔프Turochamp를 개발했지만 실제로 컴퓨터에서 실행해 보진 않았다. 대신 강단에서 펜과 종이로 프로그램 원리를 설명했다.

1940년대 후반 이후 비디오게임 역사에 또 다른 중요한 이정표 2개가 세워졌다. 첫 번째는 캐소드레이 튜브 어뮤즈먼트 디바이스cathode-ray tube amusement device, CRTAD 개발이다. 게임기에 어울리지 않는 지루한 이름이지만 최초로 디스플레이가 실시간으로 움직인 혁신적인 기기였다. 제대로 된 디스플레이 장치가 없는 컴퓨터게임인 님로드와 달리 듀몬트연구소Dumont Laboratories 연구원이던 토머스 골드스미스 주니어Thomas Goldsmith Jr.와 에슬 레이 만Estle Ray Mann이 1948년 12월 14일 특허를 낸 CRTAD는 컴퓨터가 없는 게임 디스플레이였다. 플레이어는 화면 위에서 포탄을 나타내는 점을 기계적으로 조종해 투명 플라스틱 조각으로 표시된 적을 '공격'했다. 두 번째 이정표는 1950년 8월 캐나다국가박람회Canadian National Exhibition에서 첫선을 보인 버티 더 브레인Bertie the Brain이다. 로저스마제스틱Rogers Majestic에서 근무하던 캐나다 기술자 요제프 케이츠Josef Kates가 개발한 버티 더 브레인은 정적인 디스플레이로 삼목두기를 하는 거대한 컴퓨터다. 비디오게임의 핵심인 동적 영상은 없지만 튜링을 비롯한 여러 컴퓨터 학자가 이론으로만 구상한 컴퓨터게임을 처음으로 현실화했다.

지나치게 압축한 역사긴 하지만 컴퓨터게임의 역사는 그 시작점을 정확히 꼽기가 힘들다는 사실만큼은 잘 알 수 있다. 이제까지 설명한 모든 기계는 어떤 방식으로든 게임을 할 수 있었지만 진정한 '비디오게임'이라고 부르기에는 용어나 상상력 면에서 부족해 보인다. 이들은 대부분 다른 용도를 위해 개별적으로 만들어졌으므로 서로 거의 영향을 미치지 않았다. 더군다나 진화생물학 용어를 빌리자면 비디오게임기의 '마지막 공통 조상'은 사람들의 눈에 띄지 않는 대학교 실험실에서 조용히 개발된 다음 알게 모르게 폐기돼 사라졌다고 추측된다. 그렇다 해도 이제까지 설명한 초기 게임 장치들의 구상은 나름의 방식으로 현대 비디오게임 기기의 길을 닦아줬다.

나는 2시간가량 님로드 안내서를 읽은 뒤 뒷문으로 나가 과학박물관 본관으로 향했다. 현장학습을 온 학생들과 부활절 연휴 마지막 며칠을 남기고 아이들을 데리고 온 부모들로 붐볐다. 3층으로 올라가 거대한 문을 밀고 들어가자 조직적인 카오스 광경이 펼쳐졌다. 지난 3년 동안 과학박물관은 과거 반세기의 비디오게임을 추적하는 '파워 업Power Up' 전시를 열고 있었다. 웅장한 복도에는 우리가 떠올릴 수 있는 인기 게임기가 거의 모두 진열돼 있다. 방 한가운데를 향해 엑스박스Xbox 16대가 원형으로 놓여 있고 〈헤일로 3Halo 3〉 멀티플레이어 전투가 치열하게 펼쳐지는 화면 앞에 아이들이 모여 있다. 그 옆 안내문에는 16세 이상을 위한 게임이라고 적혀 있고 다들 그보다 어려 보이는데도 아랑곳하지 않고 신나게 게임을 즐기고 있다. 〈마인크래프트Minecraft〉 장면을 재생하는 컴퓨터들 옆으로 한 아이가 부모와 함께 앉아 〈원숭이 섬의 비밀Secret of Monkey Island〉의 오리지널 버전을 플레이하고 있다. 오른쪽 벽에는 게임기가 출시 연도별로 진열돼 있다. 맨 처음은 〈퐁Pong〉 게임에 영감을 받아 1977년 만들어진 비나톤 TV 마스터Binatone TV Master고 그다음은 1978년 〈팩맨Pac-Man〉을 어설프게 따라 한 듯한 아타리 VCSAtari VCS다. 마지막에는 〈번아웃: 파라다이스Burnout: Paradise〉 장면이 나오는 엑스박스 1이 있다. 나는 디지털 시대를 따라 걷다가 잠시 멈췄다. 자원봉사자가 어린 관람객에게 1982년도 ZX 스펙트럼ZX Spectrum으로 게임하는 방법을 인내심 있게 설명하고 있었다. 내가 어릴 때 아주 잠깐 갖고 있었던 게임기다. 오래되고 친숙한 컬러 로딩 장면이 직사각형 화면 위를 춤추는 동안 카세트테이프에서 정보가 천천히 옮겨 가고 있었다. 영원처럼 긴 시간이 지나고 마침내 최초의 자동차 경주 게임 중 하나인 사이온소프트웨어Psion Software의 〈체커드 플래그Chequered Flag〉 화면이 뜨자 구경하던 사람 대부분이 실망했다. 그때만 해도 아주 멋진 게임이었지만 지금 보니 그래픽은 너무 촌스럽고 구식일뿐더러 복잡한 자동차 계기판이 화면 아래를 반이나 차지했다. 전시실 안쪽으로 들어가면 메가 드라이브Mega Drive(국내에는 '슈퍼 겜보이'라는 이름으로 출시됐다_옮긴이), 슈퍼 닌텐도Super Nintendo, BBC 마이크로BBC Micro, 플레이스테이션PlayStation이 가득 있고 가상현실 체험실에서는 사람들이 최초의 가상현실 게임으로 여겨지는 〈배틀존Battlezone〉의 최신 버전을 플레이하고 있다(〈배틀존〉은 뒤에서 자세히 다룰 것이다).

나는 다시 연대기 처음으로 돌아와 〈퐁〉을 해보려고 비나톤 TV 마스터 앞에 앉았다. 본체에 연결된 작은 주황색 상자 같은 조이스틱으로 화면 속 막대를 조종해야 하는데 수십 년이 지나서 그런지 막대가 헐거워져 있었다. 조금만 움직여도 반대편 끝까지 가버려 섬세한 조종은 도저히 할 수 없다. 짜증이 치밀었다. 조이스틱 상태뿐 아니라 연대기 순서에도 문제가 있었다. 대중에게 처음 보급된 게임기는 1976년 출시된 TV 마스터가 아니라 1972년 만들어진 마그나복스 오디세이Magnavox Odyssey지만 전시실 어디에서도 그건 찾을 수 없었다. 〈퐁〉을 몇 판 더 해보다가 결국 포기하곤 왜 한 번도 본 적 없는 TV 마스터가 과학박물관 연대기에서 첫 번째 자리를 차지하게 됐는지 생각했다. 게임이 모든 세대를 아우르는 광경에 기분이 좋아지긴 했지만 전시실을 나오면서는 1972년 출시된 오디세이를 실제로 보고 싶은 마음이 더 간절해졌다.

과학박물관에 다녀오고 약 일주일 뒤 부산한 노팅엄 한복판으로 갔다. 내셔널 비디오게임 아케이드National Videogame Arcade* 는 주변 상점이나 카페와 조화를 잘 이루고 있어 하마터면 그

* 내가 다녀가고 몇 달 뒤 내셔널 비디오게임 아케이드는 노팅엄에서 셰필드로 이전했다.

냥 지나칠 뻔했다. 오락실 하면 다 쓰러져 가는 영국 해변 리조트에서 난데없이 나타나는 요란한 네온사인과 소음이 떠오른다. 하지만 시대와 장소마다 오락실 풍경은 전혀 다르다. 이를테면 한국과 일본에 화려한 콘크리트 건물로 지어진 수천 평방미터의 디지털 테마파크는 그들만의 세계다. 내셔널 비디오게임 아케이드는 뭔가 다른 모습이다. 박물관을 연상시키는 외벽은 사뭇 진지해 보인다. 이건 우연이 아니다.

안으로 들어서자마자 가슴이 왠지 모르게 뜨거워지면서 벅차올랐다. 조금 지나서야 이유를 깨달았다. 입구 옆에 외롭게 서 있는 검은 무광 오락기가 〈팩맨〉의 익숙한 '와카 와카' 소리를 내고 있었다. 영국 '최초 비디오게임 문화센터'인 내셔널 비디오게임 아케이드는 2006년부터 매년 10월 열리는 게임시티 페스티벌GameCity Festival에서 시작됐다. 이 5층짜리 건물에서는 체험형 전시와 비디오게임 전시가 상시 열리며 매달 새로운 코딩 워크숍, 게임 대회와 토너먼트, 토크쇼가 진행된다. 3층의 미로 같은 여러 방에는 1983년 만들어진 그래픽 모험 게임 〈다크 크리스탈Dark Crystal〉부터 〈록 밴드Rock Band〉 그리고 내가 어릴 적 좋아한 〈닌자 거북이Teenage Mutant Ninja Turtles〉에 이르기까지 온갖 게임이 가득하다. 어릴 적 나는 웨일스 북쪽 해안의 서핑 휴양지로 유명한 애버소크 옆 작은 마을에서 〈닌자 거북이〉를 하며 기나긴 여름 나날을 보낸 무척 행복한 기억이 있다. 할

머니, 할아버지 별장이 있는 그곳에서 가족이 며칠씩 머무를 때면 어릴 때는 가뜩이나 더딘 시간이 더더욱 천천히 흘러 며칠이 몇 달처럼 느껴졌다. 해가 바다 위에서 저물기 시작하면 우리는 근처 언덕 꼭대기에 있는 작고 오래된 술집을 찾았다. 야외 좌석이 있는 곳 한쪽에는 아담한 회색 오락실이 있었는데 초라한 임시 건물이긴 해도 당시 최고 게임기가 모두 모여 있었다. 부모님이 술잔을 앞에 두고 테이블에 앉아 있는 동안 난 지금이라면 안전·보건 기준을 전혀 충족하지 못한 곳에서 〈닌자 거북이〉, 〈파이널 파이트Final Fight〉 같은 게임을 번갈아 가며 맘껏 했다. 유년기에 좋아하던 대상을 다시 만나는 일은 신중해야 한다. 어른이 돼서 순수함을 잃고 어릴 적 하던 게임을 다시 하면 행복했던 기억이 빛바랠 수 있다. 다행히 〈닌자 거북이〉는 그렇지 않아 내셔널 비디오게임 아케이드에서 다시 할 때도 일곱 살처럼 신이 났다. 대략 20분 만에 마지막 판을 깼을 때는 한 번도 그래본 적이 없어서인지 기분이 묘했다. 내셔널 비디오게임 아케이드에서는 돈을 내지 않아도 되기 때문에 무려 50번이나 죽었다 살아나기를 반복할 수 있어 가능한 일이었다. 마지막 보스를 끝내버리자 순위표가 나타났고 자랑스럽게 내 이름 머리글자를 1위 자리에 새겼다. 손목시계를 봤다. 아직 시간이 좀 더 있었다. 한 판을 더 시작했지만 이번에는 게임에만 집중하지 않았다. 주변을 메운 소음은 날 오래전 임시 건물 오락실로 데려다줬다. 아버지가 어서 와 같이 저녁을 먹자고 부르는 상상을 했다. 오랫동안 잊었던 향기가 코끝에 닿으면 첫사랑이나 행복했던 휴가의 기억이 떠오르듯이 게임을 하는 동안 조이스틱과 버튼에서 느껴지는 감촉이 강렬한 감정을 불러일으켰다. 자리에서 일어나 시계를 다시 본 다음 이곳에 온 진짜 목적을 이루기 위해 4층으로 향했다.

열기로 가득한 오락실 위에 자리한 고요한 방에 유리 상자 안에 고이 담긴 마그나복스 오디세이가 있었다. 1970년대 마그나복스 오디세이를 만든 랠프 베어Ralph Baer는 자신이 '비디오게임의 아버지'라고 주장하는 사람 중 한 명이다(실제로 그럴 자격이 충분하다). 1922년 독일에서 태어난 그는 제2차세계대전이 일어나기 직전 고국을 떠나 미국 편에 섰다. 이후 미국 방위산업체 샌더스어소시에이츠Sanders Associates에 전기기술자로 취직했고 1956~87년까지 일했다. 베어는 이곳에서 일하는 동안 가정용 게임기를 구상했고 1960년대 후반부터 여러 프로토타입을 만든 끝에 1972년 5월 최초의 상업용 게임기를 시장에 선보였다.

베어의 설계는 매우 치밀했다. 그는 2005년 출간한 《비디오게임: 그 시작Videogames: In the Beginning》에서 1960년대 말 진행한 실험들을 소개하고 자신이 직접 손으로 작성한 도식을 공개해 오디세이가 어떻게 탄생했는지 밝혔다. 첫 번째 실험은 화면 속 막대를 수직과 수평으로 움직일 수 있는 시스템을 개발하는 간단한(!) 목표였다. 이후 실험에서 두 명의 플레이어가 동시에 사물을 움직이는 기능을 추가했고 좀 더 복잡한 탁구 게임과 컬러 디스플레이, 심지어 기초적인 슈팅 게임을 위한 수식도 만들었다('목표: TV에 나타난 점에 총을 겨누고 방아쇠를 당기면 신호가 나타나게 하는 로직 개발'*). 사실 최종적으로 시장에 나온 오디세이는 야심 찬 목표 중 일부는 달성하지 못한 상대적으로 단순한 게임기였다(그래도 〈슈팅 갤러리Shooting Gallery〉는 총을 컨트롤러로 사용하는 최초의 게임이었다). 화면은 컬러가 아니었고 소리도 나지 않았으며 모니터에는 화면을 둘로 나눠 경계 역할을 하는 수직선과 3개의 네모난 점만 표시할 수 있었다. 점 2개는 벽돌 같은 유선 컨트롤러로 조종했고 나머지 1개는 기계가 제어했다. 요즘 게임에선 당연해진 기본적인 생명 정보를 표시하기에도 역부족이었다. 점수 기록 창, 카운트다운 타이머는 물론이고 배경 그래픽도 전혀 없었다. 대신 오디세이를 구매하면 주는 상자 안에 점수를 기록할 펜과 종이, 순서를 정할 주사위 그리고 투명 플라스틱판 몇 장이 함께 들어 있었다. 컬러 투명 플라스틱판을 TV 화면에 붙이면 게임 배경을 하키 경기장이나 축구 경기장으로 바꿀 수 있었다. 어떤 면에서 보면 오디세이는 전통적인 보드게임과 새로운 디지털 게임기를 잇는 다리였다.

---

* 《비디오게임: 그 시작》, 230쪽.

지금은 단순해 보이지만 당시 베어의 발명품은 혁명적이었다. 기존 컴퓨터게임은 중계방송을 보는 듯한 수동적 경험이었던 반면 오디세이는 TV 화면 위 움직임을 사용자가 직접 조종할 수 있었다. 나는 유리 상자 속 오디세이를 경외의 눈으로 바라봤다. 오디세이는 우리가 엑스박스, 플레이스테이션, 닌텐도로 집에서도 게임을 즐길 수 있게 해준 위대한 발명품이다. 하지만 여전히 최초의 비디오게임기를 아직 만나지 못했다는 생각을 지울 수 없었다. 물론 베어가 오디세이를 개발하기까지 수년의 시간이 걸린 건 사실이지만 님로드(1950년대 초)와 최초의 가정용 게임기(1970년대 초) 사이에는 긴 공백이 있다. 이 기간에 무슨 일이 있었는지 알기 위해서는 게임과 과학의 공생관계를 다시 얘기해야 한다.

1951년 영국제가 막을 내린 후 님로드는 같은 해 10월 마지막 3주 동안 열린 베를린산업박람회Berlin Industrial Show 전시를 위해 독일로 옮겨 갔다(이후 토론토에서 열린 기술자학회Society of Engineers에서 선보였다는 얘기도 있다). 당시 많은 기계와 마찬가지로 님로드는 컴퓨터공학의 여러 원리를 알리기 위해 개발됐으며 게임 자체가 목적은 아니었다. 결국 기계는 해체됐고 페란티는 이후 다른 프로젝트들에 눈을 돌리며 게임은 영영 잊었다. 하지만 1950년대 초 미국과 영국의 다른 여러 과학자가 게임기를 구상했다. 1951년 수학자이자 컴퓨터과학자이며 당시 영국 명

문 사립학교인 해로우Harrow학교 교장이던 크리스토퍼 스트레이치Christopher Strachey는 국립물리학연구소National Physics Laboratory에서 튜링의 설계를 바탕으로 한 컴퓨터 자동계산장치Automatic Computing Engine, ACE의 견본을 보게 됐다. 스트레이치는 ACE를 더 잘 알고 싶은 마음에 서양장기를 둘 수 있는 소프트웨어를 설계했고 이는 게임이 목적이 아닌 장치에서 실행할 수 있는 최초의 게임 프로그램 중 하나였다. 스트레이치는 튜링의 격려를 받으며 프로그래밍 문제와 결함을 수정한 끝에 1952년 마침내 게임 프로그램을 완성했다. 게임 역사학자 알렉산더 스미스Alexander Smith에 따르면 IBM 전기기술자 아서 새뮤얼Arthur Samuel을 포함한 여러 과학자가 스트레이치에게서 영감을 얻어 비슷한 프로그램을 개발했다.

게임 역사에서 또 다른 중요한 순간은 케임브리지대학교University of Cambridge에서 1952년 일어났다. 이론물리학 박사 과정을 밟던 알렉산더 섀프토 더글러스Alexander Shafto Douglas는 당시 케임브리지의 자랑거리던 전자지연기억자동계산기인 에드삭EDSAC, Electronic Delay Storage Automatic Calculator으로 삼목두기를 할 수 있는 소프트웨어를 만들었다. 더글러스의 프로그램이 특별한 이유는 처음으로 브라운관 화면에 그래픽을 표시한 컴퓨터게임이었기 때문이다. 하지만 좀 더 제대로 된 비디오게임의 프로토타입은 1958년에야 나왔다. 윌리엄 히긴보덤William

Higinbotham이 만든 〈테니스 포 투Tennis for Two〉다.

사실 히긴보덤을 과학계 유명인사로 만든 건 비디오게임이 아니다. 물리학자인 그는 1943년 로스앨러모스국립연구소Los Alamos National Laboratory에서 일하게 되고 전자공학 팀을 이끌며 최초의 핵폭탄을 가동할 전자 시스템을 연구했다. 하지만 이후 핵과학자연맹Federation of Atomic Scientists 창립자이자 핵심 구성원이 돼 핵 확산 반대에 앞장섰다. 1947년에는 브룩헤이븐국립연구소Brookhaven National Laboratory로 자리를 옮겼고 1950년대 초 기계 팀 수장이 됐다. 히긴보덤이 우연한 기회에 진정한 비디오게임 프로토타입을 개발하게 된 건 이때다. 브룩헤이븐국립연구소는 매년 가을 대중에게 연구소를 공개하는 방문의 날 행사를 열었다. 직원들은 방문객들에게 여러 시설을 보여주며 진행 중인 연구를 소개했다. 전시물은 대부분 정적인 화면이었고 내용도 딱딱했지만 직원들은 관람객의 흥미를 끌기 위해 노력했다. 1958년 히긴보덤도 방문의 날을 좀 더 재밌게 만들 생각으로 컴퓨터와 오실로스코프oscilloscope(전압이 변할 때 나타나는 진동을 표시하는 장치_옮긴이)를 연결한 간단한 테니스 게임을 고안했다. 동료 로버트 드보락Robert Dvorak의 도움으로 한 달도 채 되지 않아 게임을 완성했다. 〈테니스 포 투〉는 측면에서 본 테니스코트를 검은 오실로스코프 화면 위에 재현했다. 화면 아래 긴 녹색 수평선이 경기장이고 가운데 짧은 수직선이 네트였다. 플레이어는 다이얼과 버튼으로 공을 조종하는데 이 시스템은 원래 미사일 궤도를 모형화하기 위해 개발됐다. 다이얼로 공이 날아가는 각도를 조절한 다음 원하는 순간에 버튼을 눌러 공을 타격하는 방식이었다. 〈테니스 포 투〉는 한참 뒤에 나온 비슷한 테니스 형식 게임 〈퐁〉보다 물리학 원리에 훨씬 충실했다. 〈테니스 포 투〉가 엄청난 인기를 끌자 1959년 히긴보덤은 중력이 큰 목성에서 하는 게임과 중력이 작은 달에서 하는 게임도 개발했다.

〈테니스 포 투〉는 분명 멀티플레이어 오락기의 원조였지만 히긴보덤은 이후 더는 게임을 만들지 않았다. '현대 비디오게임의 아버지'라는 칭호에 별 관심이 없던 그는 스스로도 가담한 핵 경쟁을 막기 위해 평생 싸워온 사람으로 기억되길 바랐다. 베어는 비디오게임에 대한 히긴보덤의 업적을 인정하지 않았다. 내가 〈테니스 포 투〉를 초기 비디오게임 역사에 포함한 사실을 알면 불같이 화를 낼지도 모른다. 《비디오게임: 그 시작》에서 베어는 1980년대 초 오디세이의 테니스 형식 게임에 관해 제기된 특허 침해 소송들을 다음과 같이 회고했다.

> 닌텐도는 내 특허를 무효로 만들어 정당한 대가를 치르지 않을 요량으로 나와 내 변호인단에게 소송을 제기해 히긴보덤이 자신들에게 유리한 증언을 하게 했다. 이처럼 닌텐도가 1982년 뉴욕 연방지방법원에서 샌즈Sands 판사 앞에 히긴보

> 덤을 세우지 않았다면 히긴보덤의 게임이 '최초의 비디오게임'이라는 근거 없는 신화는 절대 나오지 않았을 것이다. 히긴보덤이 비디오게임을 '발명'했다는 어처구니없는 소리를 탐욕스러운 속물들이 늘어놓는 일도 없었을 것이다. 히긴보덤은 그런 적이 전혀 없다. (중략) 그는 게임을 발명했다. 여기에는 의심의 여지가 없다. 하지만 비디오게임은 아니었다. 가정용 TV나 모니터 같은 래스터 주사raster scan 화면을 이용한 게임과는 아무 상관이 없었다.*

히긴보덤의 업적에 대한 베어의 평가는 가혹하지만** 그의 말에는 어느 정도 일리가 있다. 1950년대 여느 게임기와 마찬가지로 〈테니스 포 투〉는 상업용으로 만들어지진 않았다. 게임 자체가 목적이 아니라 '기계'의 기술적 능력을 선보이기 위한 일회성 전시용이었다. 앞에서도 말했듯이 게임의 정확한 계보를 알기 힘든 까닭은 1950년대에는 게임이 대부분 고립된 실험실에서 만들어졌기 때문이다. 1960년대가 돼서야 게임 개발은 실험실을 벗어났다. 그 시작은 〈스페이스워!SpaceWar!〉다.

〈스페이스워!〉는 웨인 위태넌Wayne Wiitanen, 스티브 러셀Steve

---

* 《비디오게임: 그 시작》, 16~17쪽.

** 히긴보덤을 높이 평가하는 나 같은 사람에게도 지나친 비난이다. 나는 여태껏 속물이라는 말은 들어본 적이 없다.

Russell, J. 마틴 그레츠J. Martin Graetz가 소속된 힝햄연구소Hingham Institute에서 1962년 탄생했다. 이름만 들으면 뭔가 대단한 연구소 같지만 사실 위태넌과 그레츠가 함께 살던 힝햄가 8번지의 아파트일 뿐이다. 그들의 직업에 대해서는 여러 얘기가 있지만 하버드대학교Harvard University나 같은 지역 매사추세츠공과대학Massachusetts Institute of Technology, MIT과 관련된 일임은 분명했다. 당시 MIT 전기공학부가 역사적으로 중요한 초기 컴퓨터인 PDP-1을 설치하자 많은 학생과 연구자가 PDP-1 프로그램 개발에 뛰어들었다. 게임 역사학자 스미스에 따르면 공상과학에 열광하고 PDP-1으로 뭔가 재밌는 걸 해보고 싶었던 위태넌, 러셀, 그레츠는 어느 오후 힝햄연구소(그들이 사는 아파트)에서 술을 마시다가 〈스페이스워!〉의 아이디어를 처음 떠올렸다. 셋은 몇 달 동안 코드를 짜고 수정한 끝에 1962년 5월 MIT가 주최하는 대중 과학 행사 '사이언스 오픈하우스Science Open House'에서 첫선을 보였다. 우주 전쟁 게임인 〈스페이스워!〉는 두 명의 플레이어가 각각 '쐐기wedge' 우주선과 '바늘needle' 우주선을 조종한다(오로지 우주선 외관만을 기준으로 이름을 지었다). 게임 목표는 화면 가운데 있는 행성의 중력에 우주선이 이끌려 충돌하지 않도록 조종하면서 상대편 우주선을 쏘는 것이다. 조종은 쉽지 않다. 우주선을 오른쪽이나 왼쪽으로 돌리면서 속도를 조절하는 동시에 미사일도 발사해야 한다. 게임 후반 우주선이 화면에서 특정 지점에 닿으면 '초우주'로 진입한다. 공상과학광들이 무한한 상상력을 발휘해 만든 게임답게 다소 시시한 〈테니스 포 투〉나 님로드와 달리 독특하고 신선했다. 반응은 뜨거웠고 세 사람은 이후 여러 달 동안 게임을 개선해 같은 해 9월 최종 버전을 내놨다. 사실 〈스페이스워!〉가 처음 시연된 5월 그레츠는 디지털장치컴퓨터사용자협회Digital Equipment Computer Users' Society 회의에서도 이 게임을 소개했다. 여기서 다른 컴퓨터 프로그래머들에게 배포된 복제본이 미국 전역으로 퍼졌다. 이 과정이 얼마나 순식간에 이뤄졌는지에 대해 여러 의견이 있지만 1960년대 말로 향하면서 CRT 모니터 컴퓨터가 점차 보급되자 〈스페이스워!〉도 빠르게 확산했다. 보급 가능한 비디오게임 개념이 처음 탄생한 것이다.

컴퓨터가 눈부시게 발전하던 1960년대 말 전기기계식 동전 오락기도 전 세계에서 인기를 끌기 시작했다. 1966년 세가Sega('Service Games'의 줄임말이다)가 1920~30년대 놀이공원에 있던 〈핀볼〉 게임에 착안해 만든 슈팅 게임 〈페리스코프Periscope〉가 중요한 전환점이 됐다. 〈페리스코프〉에서는 정적인 바다 배경 앞으로 종이배들이 지나다녔다. 기계 앞부분에 있는 실제와 거의 같은 잠망경을 통해서만 종이배들을 볼 수 있었다. 미사일을 나타내는 빛이 일정한 속도로 앞으로 나아갔고 플레이어는 미사일 전진 속도를 고려해 움직이는 배를 맞혀야 했다. 25

센트를 넣으면 10번 발사할 수 있고 10번 다 성공하면 보너스로 추가 미사일을 얻었다. 〈페리스코프〉는 일본에서 출시되자마자 큰 성공을 거뒀고 1년 뒤 전 세계에 수출됐다.

1960년대 후반 상업적 오락실 기계와 비디오게임 조합이 그리 큰 진전을 이루지 못한 까닭은 컴퓨터 하드웨어 개발 비용이 너무 비쌌기 때문이다. 예를 들어 〈스페이스워!〉의 하드웨어로 사용된 PDP-1은 약 12만 달러가 들었고 이를 현재 가치로 따지면 100만 달러에 가까우니 하드웨어 개발은 학문 영역에 머물 수밖에 없었다. 하지만 1960년대 말로 가면서 비용이 떨어지기 시작했고 상업용 비디오게임 오락기가 점차 현실화됐다. 놀런 부시넬Nolan Bushnell은 〈페리스코프〉 같은 오락기들과 〈스페이스워!〉의 인기를 보면서 더 폭넓은 대중을 타깃으로 한 게임을 구상했다. 1971년 그가 입사한 오락기 제조 업체 너팅어소시에이츠Nutting Associates는 1960년대 말 컴퓨터 퀴즈Computer Quiz(영국 술집에서 흔하게 볼 수 있는 퀴즈 게임기의 전신이다) 같은 동전 게임기를 개발한 기업이다. 부시넬과 너팅어소시에이츠의 합작품인 〈컴퓨터 스페이스Computer Space〉는 〈스페이스워!〉의 완벽한 복제품은 아니었지만(컴퓨터 성능의 한계 때문이었을 것이다) 많은 부분을 참고했다. 우주선을 조종해 2대의 UFO를 격추하는 동시에 적의 포탄을 피하는 게임이었다. 부시넬이 직접 설계한 오락기는 무척 기발했다. 당시 〈컴퓨터 스페이스〉 광고 전단을 보면 엄지손가락을 닮은 노란 곡선 외관 전면에 미래 세계를 연상케 하는 조종 장치가 달려 있다. 〈컴퓨터 스페이스〉는 많은 수익을 남겼지만 부시넬은 이것이 고작 1,500~2,000대만 팔렸다는 사실에 실망했다. 술집, 공항, 호텔에 들어선 〈컴퓨터 스페이스〉는 부시넬의 기대처럼 사람들의 마음을 크게 사로잡진 못했다. 그래도 비디오게임 오락기에 시장성이 있다는 믿음이 더욱 강해진 그는 1972년 너팅어소시에이츠를 떠나 동료 테드 도브니Ted Daubney와 아타리인코퍼레이티드Atari Incorporated를 설립했다.

그즈음 부시넬은 베어가 마그나복스 오디세이를 발표하는 자리에 참석했다. 게임기의 잠재력을 포착한 그는 아타리 팀에 비슷한 게임 경험을 동전 오락기에서 가능하게 할 기술을 개발하라고 지시했다. 동전 오락기는 1930년대부터 인기가 있었으나 시장성은 제한적이었다. 큰 이유 중 하나는 미국의 많은 지역이 1970년대까지 〈핀볼〉 오락기를 금지했기 때문이다(특별한 기술이 필요하지 않고 운에 좌우된다는 이유에서 도박으로 여겨졌기 때문이다). 1960년대 〈페리스코프〉 같은 게임들이 오락기 산업에 활기를 불어넣긴 했지만 '디지털' 오락기는 매우 파격적인 아이디어였다. 1972년 아타리는 이제 하나의 상징이 된 〈퐁〉을 개발했다. 기본적으로 탁구 시뮬레이션 게임인 〈퐁〉은 마그나복스 오디세이 게임과 비슷하다. 2차원 화면 양옆으로 2개의 흰색 막대가 있고 가운데는 '네트' 역할을 하는 점선이 있다. 두 명의 플레이어는 막대를 위아래로 움직여 작은 점으로 표시된 공을 주고받는다. 먼저 11점을 따는 사람이 이긴다. 사실 〈퐁〉은 상업용으로 개발된 게 아니었다. 부시넬은 개발자들에게 연습 삼아 오디세이에서 본 것 같은 테니스 형태 게임을 만들라고 지시했다. 하지만 캘리포니아에 있는 몇몇 술집에서 〈핀볼〉 기계 옆에 시제품을 설치하자 많은 사람이 몰렸다. 〈퐁〉은 〈컴퓨터 스페이스〉보다 조종이 쉽고 재밌었다. 1972년 말 〈퐁〉은 공식 출시됐고 1년 뒤 전 세계로 수출됐다. 이후 미드웨이Midway, 얼라이드레저Allied Leisure 같은 회사들이 모방품을 잇따라 내놨다.

베어는 분노했다. 자신이 오디세이의 테니스 형태 게임에 대한 특허를 출원했고(〈퐁〉이 출시되기 전) 부시넬이 오디세이 발표회에 직접 참석했다는 사실을 근거로 1974년 아타리에 소송을 제기했고 법원은 마그나복스의 손을 들어줬다. 2년 뒤 마그나복스와 아타리는 합의했다. 아타리는 〈퐁〉 판권으로 150만 달러를 지급하고 이후 1년 동안 개발한 모든 기술의 권리를 마그나복스에 제공하기로 했다. 마그나복스는 이후 다른 기업에도 소송을 제기했고 그중 닌텐도와의 싸움은 1980년대까지도 이어졌다. 《비디오게임: 그 시작》을 보면 부시넬과의 소송과 합의 과정에서 베어는 마음고생을 엄청 심하게 했다. 그는 천

부적으로 사람들 앞에 나서길 좋아하고 말솜씨가 좋은 부시넬과 달리 자기표현에 익숙지 않은 탓에 비디오게임에 대한 자신의 업적이 묻혔다고 토로하며 '비디오게임 창시자라는 명성이 사라졌다'고 주장했다.

베어의 억울함은 충분히 이해할 만하지만 자신이 현대 비디오게임의 유일한 창시자라는 주장은 오디세이 전에 일어난 여러 중요한 역사적 사건을 무시하는 처사다. 방식이 달랐을 뿐 베어와 부시넬 모두 비디오게임 탄생에 중요한 공헌(가장 중요한 공헌까지는 아니더라도)을 했으며 이는 컴퓨터 기술의 발전 없이는 불가능했다. 베어는 가정용 게임기 영역에서 여러 이정표를 세웠고 부시넬은 동전 오락기 시장을 성장시켰다. 비디오게임에 대한 두 사람의 영향력은 현재까지도 이어지고 있지만 부시넬의 대중적 이미지가 모두 긍정적이진 않다. 2018년 그는 게임개발자회의Games Developers Conference에서 공로상을 받을 예정이었는데 아타리에서 성차별적 기업 문화를 조장했다는 폭로가 이어지며 수상이 취소됐다. 어찌 됐든 기술 면에서 베어와 부시넬의 창조물은 1940~50년대에 컴퓨터 과학기술이 발전한 덕에 가능했다. 비디오게임의 초기 발전 과정은 어떤 과학 연구도 독자적으로 이뤄질 수 없다는 사실을 생생하게 보여준다. 모든 실험은 이미 이뤄진 수많은 연구에서 퍼즐 조각을 얻기 마련이다. 때로 전혀 상관없어 보이던 두 연구가 뜻밖의 방식으로 만나 완전히 새로운 아이디어로 탄생하는 현상은 비디오게임에서도 나타났다. 현대 비디오게임 발전의 분수령은 1970년대 초(특히 1972년)였는데 비디오게임의 미래상을 제시할 사건도 같은 시기에 일어났다. 1974년 롤플레잉 보드게임 〈던전 앤 드래곤Dungeons & Dragons〉(이하 〈던드〉)의 탄생이다.

전쟁이 끝나고 약 20년 동안 영국과 미국에서는 '전쟁 게임'이 새로운 취미로 인기를 얻기 시작했다. 주로 들판, 언덕, 우거진 숲으로 이뤄진 웅장한 전장에서 정교한 미니어처 피규어로 구성된 대규모 군대를 지휘하는 군사 전략 보드게임이었다. 전체 틀은 1800년대 프로이센에서 만들어진 복잡한 체스 게임 같은 〈크릭스슈필Kriegsspiel〉이 바탕이지만 인도의 장기라고 할 수 있는 차투랑가Chaturanga와도 비슷하다. 1960년대 미국에서는 게리 가이객스Gary Gygax라는 한 청년이 미국 중서부 게임 클럽 연합인 국제전쟁게이머연합International Federation of Wargamers을 결성하고 플레이어들이 생각과 전략을 공유할 연례회의를 개최했으며 《국제 전쟁게이머International Wargamer》지도 발행했다. 보험설계사였던 가이객스는 1970년 일자리를 잃자 온 열정을 전쟁게임에 쏟았고 직접 〈체인메일Chainmail〉이라는 중세 전투 게임을 만들었다. 그리고 마침내 다른 전쟁게이머 데이브 아네슨Dave Arneson과 함께 〈던드〉를 탄생시켰다. 판타지 롤플레잉 게임인 〈던드〉에서 플레이어는 부대 전체를 움직이는 기존 전쟁 게임과 달리 하나의 캐릭터를 조종했다.

〈던드〉는 규칙 기반 전투 게임에 캐릭터 기반 즉흥 롤플레잉을 조합한 형태다. 먼저 플레이어는 플레이어 캐릭터의 배경을 설정한다. 힘, 지능, 카리스마, 민첩성, 직업(마법사, 도적 등), 종족, 성향(도덕성) 같은 중요한 특징을 캐릭터 시트에 기록한다. 던전 마스터는 플레이어들에게 배경을 설명하고 모험을 이끌며 플레이어들이 만나는 비플레이어 캐릭터 역할을 도맡아 정교한 서사를 만들어 가고 게임 진행을 통제한다. 플레이어들은 자신의 캐릭터를 통해 여러 결정을 내리며 서사 흐름에 영향을 준다. 몬스터나 장애물을 만나면 처음에 설정한 캐릭터 기술을 사용해 해결한다. 던전 마스터는 사소한 동작(예컨대 잠겨 있지 않은 문을 여는 것)은 개입하지 않지만 복잡한 상황(예를 들어 한 플레이어가 몬스터들의 행렬을 막는 동안 다른 플레이어가 어떤 문의 자물쇠를 줍는 일)에서는 플레이어 캐릭터들의 특성과 상황의 어려움을 고려해 판단을 내리고 필요한 경우 주사위를 던져 결정하기도 한다. 한 판하는 데 보통 몇 시간이 걸리지만 며칠이나 몇 주에 걸쳐 이어 한다면 그 기간에도 플레이어 캐릭터들의 경험치와 힘은 서서히 상승한다.

〈던드〉는 돌풍을 일으켰다. 이후 새로운 버전이 나오면서 점점 규칙이 늘고 복잡해지긴 했지만 당시 〈던드〉가 다른 전통적 전쟁 게임보다 큰 인기를 누린 이유 중 하나는 수많은 피규어에 투자(또는 색칠)할 필요 없이 규칙서와 종이 몇 장, 주사위 그리고 풍부한 상상력만 있으면 그만이었기 때문이다. 〈던드〉의 인기는 비디오게임 발전에 많은 영향을 줬을 뿐 아니라 20세기 처음으로 게임을 둘러싼 도덕성 논쟁에 불을 지폈다. 1980년대 중반 미국의 보수적인 근본주의 기독교 단체들은 〈던드〉가 사탄 숭배, 미신, 살인을 부추긴다며 금지 운동을 벌였다. 이런 움직임은 1980년 일어난 열일곱 살 소년 제임스 댈러스 에그버트 3세James Dallas Egbert III의 자살 사건으로 더욱 거세졌다. 언론은 에그버트가 학교 지하에 있는 증기 터널에서 〈던드〉를 하면서 현실감각을 잃어버린 나머지 스스로 목숨을 끊었다고 추측(오보)했다.* 이후 비슷한 도덕 논쟁이 비디오게임에 관해서도 일었고 수십 년이 지난 지금도 그 기세는 여전하다.

나는 여러 이유에서 롤플레잉 보드게임의 인기가 비디오게임 발전 역사에 새로운 계통을 만들었다고 주장하는데 이런 연결 고리를 주장한 사람이 비단 나뿐만은 아니다. 게임학자 지미 아이보리Jimmy Ivory는 《비디오게임 논쟁The Video Game Debate》에서 1970년대 초 〈던드〉 인기는 새로운 텍스트 기반

---

* 에그버트가 자살한 실제 이유는 덜 충격적이지만 더 가슴 아프다. 사설탐정 윌리엄 디어(William Dear)는 1984년 발표한 《던전 마스터: 제임스 댈러스 에그버트 3세의 실종(The Dungeon Master: The Disappearance of James Dallas Egbert III)》에서 에그버트가 우울증, 약물중독, 외로움(에그버트는 열여섯에 대학에 입학한 영재였다), 성 정체성 고민으로 괴로워했다고 밝혔다.

컴퓨터게임의 영감이 돼 1975년 〈콜로설 케이브 어드벤처Colossal Cave Adventure〉(이하 〈콜로설 케이브〉)에서 시작해 1977년 대서사시 〈조크Zork〉 출시로 이어졌다고 설명했다. 그래픽이 전혀 없는 〈조크〉에서(좀 더 일찍 나온 〈콜로설 케이브〉도 마찬가지다) 플레이어는 '봐' '조사해' '가져' '때려' 같은 명령어를 입력해 게임 세상을 탐험한다. 게임의 매력은 플레이 자체가 아니라 이름 없는 탐험가인 플레이어가 '위대한 지하 제국'을 모험하는 풍성한 서사다. 하지만 롤플레잉 게임과 비디오게임을 본격적으로 연결한 중요한 출발점은 그보다 한 해 뒤였다. 1978년 영국 에식스대학교University of Essex 컴퓨터공학과에 재학 중이던 로이 트럽쇼Roy Trubshaw와 리처드 바틀Richard Bartle은 〈멀티유저 던전Multi-User Dungeon〉, 줄여서 〈머드MUD〉라는 게임을 개발하기 시작했다. 여러 플레이어가 같은 텍스트 게임 세상에서 실시간으로 만날 수 있는 머드는 그야말로 파격적이었다. 플레이어는 〈던드〉에서 처음 캐릭터 시트를 작성할 때처럼 캐릭터를 설정한다. 이후 '북쪽' '안으로' 같은 명령어로 가상 세계를 탐험하다가 MS-DOS 형식 화면에 '누구'라고 입력하면 지금 같은 방에 누가 있는지 보여주는 목록이 나타난다. 메시지도 전달할 수 있는데 특정인에게만 보내거나(예를 들면 앨리스에게만 "앨리스, 안녕!"이라고 보낼 수 있다) 방 안에 있는 모든 플레이어에게 보내거나 심지어 게임을 하는 모든 사람에게 보낼 수도 있다. 전투는 "검으로 밥을 죽여"라는 명령어로 시작하고 〈던드〉와 비슷한 방식으로 캐릭터의 힘과 다른 여러 변수를 고려해 승패가 결정된다. 플레이어끼리 그룹을 만들어 힘을 합쳐 퀘스트를 달성할 수도 있다. 플레이어는 거의 항상 자신이 원하는 대로 행동할 수 있고 퀘스트를 클리어할 때마다 새로운 무기나 능력을 얻어 강해진다. 처음에는 에식스대학교 내부 인트라넷을 통해서만 게임을 할 수 있었지만 1980년 인터넷 전신인 아르파넷ARPANET에 연결되면서 〈머드〉는 최초의 멀티플레이어 온라인 롤플레잉 게임(MORPG)이 됐다.

이후 10년 동안 MORPG의 인기가 폭발하면서 〈머드〉는 이 새로운 장르를 통칭하는 일반명사가 됐다. 아이보리는 게임 종류가 늘면서 줄임말 수도 함께 늘었다고 지적했다. 이를테면 '멀티사용자 공유 환각Multi-User Shared Hallucination'의 줄임말인 MUSH는 다른 사용자들과의 롤플레잉에 주력하는 게임을 일컬었고 사물 중심 머드의 줄임말인 MOOMud, Object-Oriented는 새로운 방을 만들거나 다른 플레이어들이 사용할 수 있는 아이템을 개발하는 데 초점을 두는 게임을 뜻했다. 컴퓨터 기술과 그래픽 처리 기술이 보급되고 비용이 낮아져 MUD 게임들에 여러 그래픽과 기능이 추가되면서 플레이어의 상호작용 방식은 더욱 다양해졌다. 이 같은 초기 텍스트 게임에서 시작해 〈와우〉, 〈룬스케이프Runescape〉 같은 지금의 MMORPG로 이어지는 계통은 1980~2000년대 이뤄진 스포츠 기반의 좀 더 역동적인 가정용 비디오게임기의 진화와 평행을 이뤘다.

이처럼 비디오게임의 역사 중에서도 특히 '초기' 역사에는 수많은 얘기, 사건, 난관이 얽혀 있다. 어느 특정한 출발점에서 오늘에 이르기까지의 역사를 하나의 선으로 잇기란 거의 불가능하다. 그 이유 중 하나는 '비디오게임'이 애초에 명확한 개념으로 정의된 적이 없고 이는 지금도 마찬가지라는 사실 때문이다. '비디오게임'이란 용어는 무의미하고 누구나 원하는 대로 해석할 수 있다. 나는 비디오게임에 〈테니스 포 투〉도 포함된다고 생각하지만 베어는 절대 그렇지 않을 것이다. 당신의 정의는 또 다르더라도 상관없다. 그러나 꼭 기억해야 할 사실은 비디오게임이 존재하는 내내 그 정의를 내리려는 노력이 있었지만 아직 결실을 이루지 못했다는 것이다. 그렇다고 어떤 변화도 없었던 건 아니다. 비디오게임이 묘사되는 방식은 그 영향을 연구하는 방식과 비디오게임 담화에서 중요한 의미를 지닌다. 그리고 비디오게임이 무엇인지 아는 것만큼이나 중요한 건 왜 사람들이 비디오게임을 하는지 이해하는 것이다.

3

왜 게임을 할까?

Lost In A Good Game

매년 9월이면 수만 명의 사람이 모두 같은 이유로 영국 버밍엄에 있는 국립전시센터에 몰린다. 영국에서 가장 큰 게임 박람회인 EGX에서 사람들은 최신 게임기를 체험하거나 최초 공개되는 게임을 할 수 있으며 게임의 미래에 관한 유명 개발자의 강연도 들을 수 있다. 무척 흥분되는 압도적인 경험이다.

2017년 나는 행사 첫날인 목요일에 일찌감치 전시장에 도착했다. 이미 수백 명이 최신 플레이스테이션이나 앞으로 몇 달 뒤에나 나올 〈콜 오브 듀티〉와 〈스타워즈: 배틀프론트〉의 새로운 버전을 시험해 보려고 줄을 서고 있었다. 한 게임 부스에서는 자원봉사자들이 마구 손을 뻗는 사람들에게 정신없이 티셔츠를 나눠주고 있었다. 전시장 중앙에는 구식 브라운관 모니터와 TV에 연결된 역사적 게임기들이 은은한 조명을 받으며 장엄한 자태를 뽐내고 있었다. 나는 곧바로 내 생애 처음으로 갖게 된 컴퓨터 아타리 ST 앞에 앉아 어릴 적 〈트레져 아일랜드 디지Treasure Island Dizzy〉(이하 〈트레져 아일랜드〉)를 하던 때를 회상했다. 〈트레져 아일랜드〉는 할 때마다 짜증 나는 게임이었다. 인간 모습을 한 알인 디지를 조종해 공주를 구하고 황금을 얻는 흔한 스토리다. 세상을 탐험하며 중요한 아이템을 건지고 퍼즐을 풀어야 한다. 그 과정에서 덫과 괴물을 피하고 추락하지 않으려면 정확한 타이밍에 점프를 해야 한다. 아니면 나처럼 눈앞에 나타나는 모든 장애물에 부딪히기만 할 수도 있다.

어릴 적 나는 처음엔 게임과 그리 성공적인 관계를 맺지 못했다. 나는 게임을 '깨지 못하는 데' 선수였다. 레벨이 너무 어렵거나 규칙을 이해하지 못하거나 그저 겁이 났다. 이런 정신 상태는 게임뿐 아니라 내 삶 전체를 지배했다. 열 살 때까지 축구, 하키, 피아노, 트롬본, 테너 호른, 코넷, 색소폰, 리코더를 배웠지만 제대로 할 줄 아는 건 하나도 없었다. 선생님들은 뭐든 끝을 내지 못하는 내게 너는 끈기가 부족하다고 지적하는 데서 희열을 느낀 듯하다. 하지만 어리긴 해도 게임이 놀이라는 사실은 잘 알았는데 그마저도 끝을 보지 못했다는 점은 지금 생각해보면 의아하다.

겁이 나서 게임을 끝까지 하지 못했다는 사실 역시 이해하기 어려울 것이다. 1993년 말 얘기를 좀 더 해보자. 어느 날 나는 컴컴한 방에 앉아 있었고 유일한 조명인 컴퓨터 모니터는 날 비춘 뒤 뒤쪽으로 유령 같은 그림자를 만들어 냈다. 내 앞에 있던 75MHz 프로세서의 펜티엄Pentium 컴퓨터는 지금 기준으로는 터무니없이 느리지만 20여 년 전에는 아주 잠깐이긴 해도 무척 최신 모델이었다. 난 〈블레이크 스톤: 에일리언 오브 골드Blake Stone: Aliens of Gold〉(이하 〈블레이크 스톤〉)를 하고 있었다.

그리고 갇혀 있었다.

〈블레이크 스톤〉은 아는 사람이 많지는 않지만 아주 재밌는 게임이다. 〈헤일로〉와 〈콜 오브 듀티〉 같은 인기 1인칭 슈팅 게임의 선구라고 할 수 있다. 이 게임을 잘 모르는 사람이 많은 까닭은 〈둠〉과 일주일 차이로 출시됐기 때문일 것이다. 〈블레이크 스톤〉을 해본 사람들은 열광했지만 이드소프트웨어id Software의 새로운 상징이 된 〈둠〉의 아성을 무너트리기에는 역부족이었다. 난 이를 줄곧 작은 비극으로 여겨왔다. 〈블레이크 스톤〉은 얼핏 여느 슈팅 게임과 비슷해 보이지만 스토리는 황당하면서도 기발하다. 게임 제목과 같은 이름의 캐릭터인 영국 정보국 요원은 제임스 본드James Bond의 미래 공상과학 버전이다. 블레이크는 사악한 천재 생물학자 파이러스 골드파이어Pyrus Goldfire의 세계 정복 계획을 무너뜨리는 1급 기밀 임무를 완수해야 한다. 골드파이어 박사는 인간과 유전자가 다른 외계인, 돌연변이 그리고 인간 군인을 거느리고 있다. 그는 당신이 갇힌 특정 건물만 침공했는데 각 층이 하나의 레벨이다. 꼭대기 층까지 올라가 보스를 죽이면 승리한다. 간단한 아이디어지만 게임 기술자들이 이 미래 세계를 설계하면서 여러 어처구니없는 결정을 내렸다는 생각을 지울 수 없다. 게임 배경 설명에 따르면 인류는 태양계 소행성대 가장자리에 새로운 행성을 만들 만큼 놀라운 기술적 진보를 이뤘지만 건물을 수직으로 가로지르는 순간 이동 장치 같은 이동 수단은 아직 개발하지 못했다. 그래도 건물 엘리베이터는 지금 봐도 아주 현대적이다. 생각해보면 보스에게 접근하는 데 훨씬 효율적인 수단인 헬리콥터 같은 걸 사용할 수 없는 이유가 전혀 설명되지 않는다. 아니면 전투기로 건물 꼭대기를 격파하면 될 일이다.

기억은 흐릿하지만 어느 레벨에는 격투를 벌여야 하는 방이 있었다. 문이 옆으로 스르르 열리면 외계인, 괴물, 분홍 유니폼을 입은 우주 병사 무리가 손에 레이저총을 들고 직진해 다가왔다. 화소가 낮은 그래픽이었어도 무서웠다. 괴물 경비대원들이 다가와 무심하게 "넌 죽었어!"라고 쉰 소리를 냈다. 열한 살이라면 겁에 질릴 수밖에 없었다. 그래서 나는 문을 열자마자 다시 닫아버렸다. 그리고 다른 층을 돌아다니다가 남아 있던 적을 발견하면 처리한 다음 다시 문으로 다가갔다. 열린 문 너머를 힐끗 쳐다보면 또다시 공포가 밀려왔다. 도저히 들어갈 엄두가 나지 않았다. 그렇게 다음 레벨은 올라가지 못하고 아무도 없는 공간을 배회하며 갇혀 있었다. 그래도 괜찮았다. 이미 적들을 다 처치했으므로 모퉁이를 돌아도 깜짝 놀랄 일은 없었다. 안전했다. 재미는 없어도 안심이 됐다. 문제의 방을 통과하는 건 너무 무섭고 어려운 도전이었다. 다음 레벨이 어떨지 진심으로 궁금했지만 어쩔 수 없었다. 교착상태에 빠진 채 모니터를 끄고 침대에 누웠다. 내일은, 아니 모레는, 아니 글피는 꼭 깨고 말 거라고 스스로 되뇌었다.

며칠 후 나는 롤러블레이드를 신고 집 안을 돌고 있었다. 지난 생일에 받은 롤러블레이드도 게임처럼 실패로 끝나지 않을까 두려웠다. 더비셔 북부 단층집 거실 카펫에 새겨진 롤러블레이드 자국은 용감하지만 무능한 남극 탐험가가 헤맨 자취 같았다. 집 밖을 나간 건 단 한 번, 그것도 아주 잠깐이었다. 시멘트 바닥에 넘어질 수 있다는 별것 아닌 위험 때문에 감히 밖으로 나가지 못했다.*

주방에서 아버지가 날 불렀다. 부모들이 아이를 야단치기 전의 목소리 톤이었다. 당신도 경험해 봤을 것이다. 내 경우는 가족 중 누군가가 날 '피트'가 아닌 '피터'로 부르면 내가 곤경에 처했다는 뜻이었다.

나는 쭈뼛거리며 아버지에게 미끄러져 다가갔다(사실 '미끄러

* 컴퓨터 앞에 앉아 있을 때도 신고 있던 기억이 난다. 고백하자면 난 친구가 많지 않았다.

졌다'는 정확한 표현이 아니다. 카펫이 두꺼워 마찰이 심했기 때문에 바퀴를 굴리기가 꽤 힘들었다). 아버지는 조리대에 기대 서글픈 미소를 지으며 날 바라봤다.

"할 말이 있단다." 아버지가 입을 뗐다. "아빠가 병원에서 몇 가지 검사를 받았어."

아버지는 검사를 받은 이유, 결과가 양성이란 사실 그리고 운동신경질환이 어떤 병인지 설명했다. 구체적으로 말하면 진행성근위축증이었다. 치료법은 없었다.

운동신경질환은 모순적인 병이다. 굉장히 희소한 병인데도 (10만 명 중 두 명이 걸린다) 많은 사람이 안다. 스티븐 호킹Stephen Hawking과 야구 선수 루 게릭Lou Gehrig 같은 유명인사, 《모리와 함께한 화요일Tuesdays with Morrie》 같은 책, 아이스 버킷 챌린지Ice Bucket Challenge 같은 이벤트 때문에 대중은 이 특이하고 끔찍한 병을 잘 알게 됐다. 병인은 분명하지 않다. 특정 유전인자가 원인으로 지목되긴 하지만 여러 연구에서 납이나 농약 같은 유해 물질의 과다 노출과 흡연을 포함한 광범위한 환경인자도 병인이 될 수 있다고 밝혀졌다. 그러나 어느 인자 하나도 확실한 건 없으며 일관적이고 결정적인 요인을 규명하는 증거도 없다. 흥미롭고 객관적인 사실과 숫자는 수없이 열거할 수 있지만 모두 운동신경질환이 완전히 빌어먹을 병이라는 사실을 감출 뿐이다.

초기에는 손이나 발이 말을 잘 듣지 않는다. 그저 아버지가 피곤해서 그런가 보다 하고 넘겼지만 돌이켜 보면 분명한 신호가 몇 번 있었다. 축구를 할 때 아버지는 금세 숨이 찼고 공을 너무 약하게 찼다. 운동신경질환 진단을 받은 환자는 오래 뛸 수 없고 병이 더 진행되면 오래 걸을 수 없으며 더 진행되면 아예 걸을 수 없다. 운전도 할 수 없으므로 직업상 차를 타고 여기저기 다니며 집들을 조사해야 했던 아버지가 운동신경질환에 걸렸다는 사실은 더는 일도 할 수 없음을 의미했다. 나중에는 팔을 움직이는 것도 몹시 힘들어했다. 평소 수채화를 즐겨 그렸던 아버지는 취미도 잃었다. 더욱 가슴 아픈 사실은 운동신경질환은 좋아하는 모든 걸 할 수 없게 하지만 환자 중 50퍼센트가 인지 기능에는 어떤 영향도 받지 않는다는 것이다. 아버지도 마지막 날까지 병을 진단받은 첫날처럼 명석하고 재치 있고 호기심 많은 사람이었다.

나는 아버지가 한 말을 이해하지 못한 채 그저 아버지를 바라만 봤다. 그때의 생각과 느낌은 기억나진 않지만 대단한 건 아니었을 것이다. 진짜이기엔 너무 엄청나고 끔찍한 소식이었다. 이후 대화는 기억이 흐릿하다. 5분이었는지 5시간이었는지 모를 시간 동안 이어진 대화는 어쨌든 끝이 났고 난 내 방으로 갔다. 롤러블레이드를 벗은 다음 한동안 멍하니 앉아 있었다. 그러고는 〈블레이크 스톤〉을 다시 켰다.

나는 거의 무념무상으로 적들을 무찔렀고 마침내 격투의 방으로 이어지는 문에 도달했다. 내가 아버지와의 대화를 무시한 게 아니라 말 그대로 뇌가 대화를 처리하지 못한 거였다. 인간의 뇌는 무척 정교하고 신비한 기관이지만 정보가 갑자기 주어지면 처리하는 데 시간이 좀 걸리기도 한다. 그럴 때면 우리는 아주 이상한 방식으로 방어기제를 활성화한다. 나는 느닷없이 그 레벨을 깨야겠다는 생각이 들었다. 유전자 변형 괴물 군단에게 당하면 다시 일어나 덤빌 작정이었다. 그 무엇도 날 막을 수 없었다. 꼭 해내야만 했다. 문을 열고 시작된 총알 세례를 통과하며 레벨 마지막 단계에 도달했다. 컴퓨터 화면 속 애니메이션 괴물들? 갑자기 아무것도 아니라고 느껴졌다. 마침내 레벨을 끝장내자 흥분이 온몸을 감쌌다. 내가 해냈다! 그 모든 시간 끝에 드디어 다음 레벨로 올라갔다. 나는 엘리베이터를 탄 뒤 버튼을 눌렀다. 그리고…

아무것도 없었다.

내가 그동안 했던 〈블레이크 스톤〉은 체험판이었다. 그렇게 오랫동안 갇혀 있던 레벨이 '끝'이었던 것이다. 거기가 마지막 레벨이었다. 나는 걱정할 필요가 전혀 없는 뭔가를 끊임없이 걱정하며 시간을 낭비해 왔다. 내가 갇혔던 곳이 끝이었기 때문에 나중에 만날 괴물 따위는 없었다. 잠깐의 카타르시스가 사라지고 정신이 들자 내게 무슨 일이 일어났는지 불현듯 생각났다. 아마도 게임을 하는 동안 마음이 안정되자 감정이 들어올 공간이 조금씩 생기면서 중요한 일을 처리할 여유가 생겼을 것이다. 나는 의자에 앉아 빙그르르 돈 다음 내가 생각할 수 있는 유일한 일이자 당연히 해야 할 일을 했다. 아버지가 있는 곳으로 가 안긴 다음 한참을 울었다.

* * *

이제는 게임이 두렵지 않다. 걸핏하면 포기하던 때와 달리 지금은 어떻게든 끝을 보려고 한다. 훌륭한 얘기의 결말을 알게 됐을 때 찾아오는 성취감, 수동적인 구경꾼에 머물지 않고 얘기의 주인공이 되는 기분은 내가 게임을 좋아하는 이유다. 하지만 사람들이 게임을 하는 이유는 제각각이고 나는 이 책을 집필하면서 누군가를 취재할 때면 가장 먼저 왜 게임을 하는지 물었다. 사람들의 답이 쌓이자 일정한 패턴이 나타났다. 어떤 사람은 스트레스가 많았던 하루를 잊기 위해 게임을 한다. 관심사가 같은 다른 사람과 어울리려고 하는 사람도 있다. 원래 경쟁을 좋아하는 사람도 있다. 대부분은 여러 이유가 복합적으로 작용한다. 게임이 매력적인 건 아마도 그래서일 것이다. 게임은 내면의 욕망과 외부의 동기가 서로 전혀 다른 사람들에게 흥미롭고 마음을 사로잡는 뭔가를 선사한다. 하지만 사람들이 게임을 하는 이유에 관한 연구를 본격적으로 얘기하기 전에 게임을 만드는 사람들의 관점을 잠시 살펴보도록 하자.

게임 개발자들이야말로 사람들이 훌륭한 게임에 빠져드는 동기를 누구보다도 잘 이해할 것이다. 개발자인 동시에 플레이어이기도 한 이들은 구체적으로 게임의 어떤 측면이 사람들의 마음을 끄는지 두 가지 관점에서 통찰할 수 있다. EGX 전시가 있고 몇 주 뒤 나는 디즈니 인터랙티브 스튜디오Disney Interactive Studios 전 부사장이자 블리자드엔터테인먼트 전 수석 개발자였고 지금은 영국 기술 회사 임프로버블Improbable의 최고 크리에이티브 책임자인 빌 로퍼Bill Roper를 만났다. 그가 생각하기에 사람들이 게임에 빠지는 이유는 단순했다. 함께할 수 있기 때문이다. 〈와우〉, 〈스타크래프트Starcraft〉, 〈디아블로Diablo〉 시리즈, 디즈니의 샌드박스sandbox 게임인* 〈인피니티Infinity〉를 작업한 로퍼는 임프로버블에서는 차세대 온라인 게임이 구현될 게임 시스템과 컴퓨터 플랫폼 구축을 지휘하고 있다. 사람들이 게임을 하는 동기에 관해 얘기하기 시작하자 로퍼는 흥분하며 말을 쏟아냈다. "어느 게임이든 개발 과정에서 맞는 중요한 순간이 있어요. 갑자기 팀원 모두 '바로 이거야! 이건 마법이야. 이게

---

* 샌드박스 게임은 플레이어가 선형적 목표를 달성하는 게 아니라 거의 아무런 제약 없이 탐험하고 무엇이든 만들어 내고 다른 플레이어와 상호작용하는 오픈 월드(open world) 게임을 일컫는다.

진짜라고!' 소리치는 때죠." 그가 말을 이었다. "블리자드에서 첫 〈와우〉 게임을 작업할 때도 그랬어요. 아주 단순했죠. 개발자 두 명이 처음으로 게임을 했는데 그들은 진정한 의미로 연결돼 있었어요. 말 그대로의 대결이었죠."

1994년은 누군가와 같은 인터넷 공간에서 함께 게임을 플레이하는 일이 생소한 때였다. 두 명의 블리자드 개발자는 각자의 사무실에 앉아 있었고 컴퓨터는 회사 내부 네트워크를 통해 연결돼 있었다. 로퍼는 "게임이 끝나자 모두 방에서 나와 '대단해!' 하고 외쳤어요"라고 말했다. "둘 다 방금 일어난 일에 엄청 놀라고 흥분한 나머지 가슴을 팡팡 쳤죠." 두 개발자가 그렇게 기뻐한 까닭 중 하나는 둘 다 자신이 이겼다고 생각했기 때문이다. 당시 동기화 문제로 게임은 양쪽 모두의 승리로 끝났다. 그러나 그들이 흥분한 더 큰 이유는 게임 안에서 자신과 대적하는 존재가 컴퓨터 인공지능이 아닌 또 다른 인간이었기 때문이다. 타인과 연결되는 사회적 측면이 게임에 깊이와 의미를 더했다. "사람들은 바로 그 점에 열광하죠." 로퍼가 말했다. "믿을 수 없게 다채롭고 깊이 있는 세계를 만들면 사람들이 그곳에서 다른 사람들과 보내는 시간은 무의미할 수 없어요."

사람들이 게임을 하는 이유는 과학이 물어야 할 당연한 문제처럼 보이지만 관련 연구는 놀라우리만큼 적다. 무엇보다도 게임은 장르, 테마, 플레이 형식이 무궁무진한데도 연구 대부분이 '폭력적' 게임이 공격성과 우울증 측면에서 우리 행동에 어떤 영향을 미치는지에만 주목하기 때문이다. 뒤에서 다시 얘기하겠지만 이런 태도를 고집하다 보면 소중한 기회를 잃을 수밖에 없다. 게임을 하는 동기를 다룬 얼마 안 되는 연구마저도 대부분은 플레이 방식이나 태도를 범주화하는 데만 초점을 맞춘다. 그런 과학 연구 중 거의 전부는 바틀이 1996년 발표한 중대한 논문을 토대로 한다. MMO 게임 장르의 선구자 바틀이 1970년대 말 에식스대학교 재학 시절 개발한 혁신적인 텍스트 게임 〈머드〉는 최초의 가상 게임 세계 중 하나였다. 바틀은 〈머드〉와 그 후손들을 20년 가까이 다룬 경험을 바탕으로 〈머드〉 플레이어를 '성취가형' '탐험가형' '사교가형' '킬러형'으로 분류했다. 성취가의 목표는 점수를 높이거나 보물을 모으거나 캐릭터 레벨을 높이는 것이다. 탐험가는 가상 세계를 더 잘 알고 싶어 한다. 사교가는 관심사가 같은 사람과 교류하기 위해 게임을 하고 킬러는 다른 플레이어들을 물리쳐 좌절을 맛보게 하는 데서 희열을 느낀다. 바틀의 논문 나머지는 이 네 가지 플레이 방식이 어떻게 상호작용하는지 그리고 더 중요하게는 개발자들이 이 네 그룹 사이에서 어떻게 균형을 맞춰야 하는지 얘기한다. 훌륭한 글이지만 바틀이 기꺼이 인정했듯 과학 논문이라고는 할 수 없다. 바틀은 〈머드〉 플레이어들과 온라인에서 나눈 대화를 토대로 그들을 분류했을 뿐 객관적 데이터는 사용하지 않았다. 하지만 바틀의 아이디어는 이후 여러 해 동안 게이머들의 본성을 이해하는 여러 연구의 근거가 될 만큼 큰 영향을 미쳤다.

게이머를 분류한 가장 최근 연구 중 하나는 2006년 사회과학자 닉 이Nick Yee의 연구다. 그는 바틀의 연구를 참고해 〈에버퀘스트EverQuest〉, 〈다크 에이지 오브 카멜롯Dark Age of Camelot〉(이하 〈다옥〉), 〈울티마 온라인Ultima Online〉, 〈스타워즈 갤럭시Star Wars Galaxies〉 등 당시 유행한 MMO 게임의 플레이어 3,000여 명을 조사했다. 플레이어들이 게임 안에서 자신을 어떻게 규정하는지 알아보는 연구였지만 분류 체계는 바틀의 논문보다 구체적이었다. 그는 게임 동기는 '성취' '사교' '몰입'의 세 가지 범주로 구분할 수 있고 각 범주마다 여러 하위 범주가 있다고 주장했다. 성취의 하위 범주에는 레벨 업그레이드, 능력치 강화, 자원 획득뿐 아니라 게임을 작동시키는 주요 시스템 구조 이해가 있다. 이는 경쟁 역시 성취의 하위 범주에 속한다고 주장했다. 많은 게이머가 순수하게 다른 사람과 싸우기 위해 게임을 한다(바틀의 '킬러형'에 가장 가깝다). 사교의 하위 범주는 게이머들이 타인과 상호작용하는 다양한 방식과 관련한다. 여기에는 자신과 마음이 맞는 사람과 가벼운 만남을 갖거나 아니면 좀 더 깊고 진지한 우정을 맺기 위해 게임하는 사람들이 포함된다. 다른 플레이어와의 팀워크에서 만족감을 얻는 사람도 사교 범주에 속

한다. 마지막으로 몰입 범주에는 게임 속 가상 환경을 탐험하려는 동기, 다른 플레이어와의 즉석 롤플레잉을 통한 스토리 짜기, 고유한 캐릭터를 만드는 다양한 방법 탐색, 게임을 현실도피 수단으로 삼는 태도가 포함된다. 주목할 점은 플레이어 범주가 어느 정도 상호 배타적이라고 주장한 바틀과 달리 이는 그렇게 분석하지 않는다는 사실이다. 이는 사람들이 MMO 게임을 하는 데는 여러 이유가 복합적으로 작용한다고 지적했다.

이의 연구에는 한 가지 문제가 있다. 그의 설문은 바틀의 연구를 바탕으로 하기 때문에 특정 질문에서 응답자의 답이 편향적일 위험이 있다. 예를 하나 들어보자. 이의 설문지 질문 중 하나는 '되도록 빨리 레벨을 올리는 일이 당신에게 얼마나 중요한가?'다. 답은 '매우 그렇다'부터 '전혀 그렇지 않다' 사이에서 선택할 수 있다. 최종 결과는 기본적으로 어떤 사람은 레벨 올리기를 좋아하고 어떤 사람은 그렇지 않음을 확인해 주는 '플레이어 동기' 범주에 머문다. 질문 자체가 바틀의 '성취가형'을 염두에 둔 것이기 때문 이 범주와 비슷할 수밖에 없다. 다시 말해 이미 존재한다고 추측되는 범주를 다시 확인할 뿐 이제까지 밝혀지지 않은 다른 범주의 가능성은 탐색하지 않는다. 하지만 바틀의 논문은 영향력이 '너무' 대단한 나머지 모든 연구자가 출발점으로 삼는다. 이제까지 발표된 거의 모든 관련 연구는 바틀의 네 가지 범주를 조금씩 변형했을 뿐이다. 2014년 핀란드 탐페레대학교University of Tampere의 유호 하마리Juho Hamari와 핀란드 알토과학대학교Aalto University School of Science의 잔 투우나넨Janne Tuunanen도 이를 지적했다. 그들은 플레이어 형태에 관한 이제까지의 연구를 살펴본 결과 대부분 같은 동기(바틀의 네 가지 범주에 '몰입'이라는 다섯 번째 범주를 추가한)를 다뤘다고 분석했다. 놀랍게도 순수한 심미적 차원의 즐거움이나 이른바 '실용적' 동기(생계 수단으로 게임을 하는 사람)에 관한 언급은 거의 없었다. 이는 게임 대회 출전이 본격적인 생계 수단이 된 지 얼마 되지 않았고 관련 연구 속도가 매우 더디다는 사실을 떠올리면 어느 정도 이해할 수 있다. 어쨌든 현재 연구 방식에는 분명 변화가 필요하다. 그러지 않으면 몇 안 되는 단순한 게이머 범주를 더욱 강력하게 하는 순환 고리가 형성될 수 있다. 예를 들어 어느 게임 개발자가 사람들이 게임을 하는 동기에는 X가지가 있다는 연구를 접했다고 가정해 보자. 그러면 그 연구 결과를 바탕으로 자신이 개발 중인 게임 콘텐츠와 구조를 만들 테고('탐험가형 게이머를 위해 탐험에 대한 보상을 만들자!') 그러면 기존 범주를 더욱 강화하게 된다. 결과적으로 게임의 폭은 점차 좁아지고 다른 중요한 동기는 배제될 것이다.

이런 배경에서 연구자와 개발자가 활발하게 교류해야 한다는 주장이 나오고 있다. 과학자가 단순히 게임 개발자에게 플레이어 범주를 전달하는 방식은 충분치 않다. 게임 속 생애 주기 안에서 플레이어의 경험을 풍성하게 하는 진짜 동기를 과학자와 개발자 모두 놓치고 있을지도 모른다. 게임을 하는 사람 대부분은 호기심이 왕성하므로 개발자들조차 예상하지 못하거나 이해하지 못한 매우 창의적인 방식으로 플레이하는 경우가 많다. 내가 로퍼에게 이 문제를 지적하자 그는 내 의견에 동의하면서 게임 연구자와 개발자 관계가 개발 기획 단계에서 끝나면 안 되는 이유를 현실적인 예를 들어 설명했다. "심리학자나 행동과학자의 자문은 정말 중요해요. 직원 중에 전문가가 없다면 말이죠." 그가 말했다. "그 분야와 아주 깊이 관련된 여러 문제를 다뤄야 하니까요. 게임 개발자가 게임에서 발견한 문제들의 해결법을 찾아야 할 때뿐 아니라 플레이어 분포를 이해하는 데도 엄청난 도움이 되죠."

한정적인 플레이어 범주에만 초점을 맞추다 보면 실제로 게임 경험을 풍부하게 하는 다른 동기를 발견하지 못한다. 로퍼는 블리자드에서 롤플레잉 게임 〈디아블로 2〉의 2000년판을 작업할 때 있었던 흥미로운 일화를 들려줬다. 〈디아블로 2〉 플레이어는 다섯 가지 캐릭터 클래스 중 하나를 선택한 후 게임 이름과 같은 지옥의 지배자를 처치하는 웅장한 퀘스트를 시작한다. 게임을 하면서 획득할 수 있는 아이템 중에는 희귀하고 강력한 힘을 지닌 반지인 조던 링Stone of Jordan이 있다. 그런데 어느 대범한 해커가 반지를 복제하는 방법을 찾아냈다. 일반적으로 게임 서버는 이런 속임수를 단속하고 적발할 수 있지만 해커 역시 복제품을 진품으로 속이는 방법을 알아냈다. "희귀템이어야 하는 반지가 대량으로 만들어지면서 게임 속 경제가 엉망이 됐죠." 로퍼가 당시를 떠올렸다. "채팅창에 '조던 링 3개에 고래의 경건한 판갑Platemail of the Godly Whale 팝니다' 같은 글들이 돌아다녔어요. 정말 큰 문제였죠."

〈디아블로 2〉는 개발자들이 장기적 안목으로 만든 게임이었다. 앞으로 이어질 새 콘텐츠는 황금이 화폐로 거래되는 경제 안에서 이뤄져야 했지만 해커 때문에 반지도 화폐가 되면서 혼란이 생겼다. 하지만 개발자들은 전혀 예상치 못한 방식으로 게임을 즐기고 서로 교류하는 플레이어들을 보며 깊은 인상을 받았다. 그렇다면 관건은 '새로운 위조화폐의 흐름을 끊으면서도 어떻게 플레이어들의 게임 경험(그리고 새로운 게임 방식)을 망치지 않을 수 있을까?'였다.

로퍼는 "많은 방법이 있었지만 안타깝게도 모두 어떤 형태로든 플레이어에게 벌을 줄 수밖에 없었어요"라고 설명했다. "모든 아이템을 없애는 '대폭풍'을 일으킬 생각도 해봤어요. 아니면 서버 시간을 과거로 되돌리는 방법도 있었고요. 캐릭터 전체가 아닌 특정 아이템만 수정하는 방식도 고민했죠." 하지만 어떤 조치든 온갖 문제를 불러일으킬 게 뻔했다. 정당하게 조던 링을 구한 플레이어는 어떡할 것인가? 자신이 소중히 여기던 아이템을 조던 링과 바꾼 플레이어가 나중에 해킹으로 만든 모조품이라는 사실을 알게 되면 어떻게 해야 하나? 처벌적 조치는 부정행위에 가담한 사람뿐 아니라 대부분 무슨 일이 일어났는지 전혀 모르는 〈디아블로 2〉 플레이어 전체에 영향을 미칠 게 분명했다. 그러면 플레이어들은 개발자들에게 분노할 것이다. 개발자들은 고심 끝에 기발한 해결책을 내놨다. "우리는 사용법과 획득 수량을 달리한 새로운 규칙의 아이템들을 개발하기 시작했어요." 로퍼가 설명했다. 복제가 불가능한 아주 강력한 아이템들이었다. "그리고 가장 큰 적인 디아블로의 더 강력한 버전을 만들 코드도 작성했죠." 로퍼가 웃으며 말했다. "우버 디아블로uber-Diablo라는 재밌는 이름을 지어줬어요. 디아블로가 전혀 나타날 것 같지 않은 곳에서 나타나게 했죠. 플레이어들이 깜짝 놀라서 '뭐야! 왜 지금 레벨에 나타난 거야?!' 하고 소리치게 하려고요." 로퍼의 팀은 모든 수중 작업을 끝낸 다음 마중물을 부었다. 게임 중인 전체 플레이어에게 "조던 링 2개를 상인에게 팔았습니다"라는 메시지를 보냈다(상인은 컴퓨터가 제어하는 비플레이어 캐릭터다). 팔린 링 개수가 일정 선을 넘으면 메시지는 "조던 링 37개가 상인에게 팔렸습니다. 디아블로가 이 땅을 배회하고 있습니다"로 바뀌었다. "우리는 누구한테도 무슨 일이 벌어질지 알려주지 않은 채 무작정 메시지를 보냈어요. 사람들은 '뭐야?' 하며 어리둥절해했죠. 그리고 전혀 엉뚱한 곳에서 우버 디아블로가 느닷없이 튀어나왔어요. 너무 강력해서 플레이어들은 진땀을 뺐죠."

마침내 몇몇 플레이어가 우버 디아블로를 쓰러트렸고 새롭고 강력한 보상을 받았다. 로퍼는 "모든 과정이 유기적"으로 흘러갔다고 설명했다. "플레이어들은 [가짜] 조던 링을 팔면 새로운 버전의 디아블로가 나타나고 새 디아블로를 물리치면 아주 강력한 아이템을 얻을 수 있다는 사실을 알게 됐어요." 비록 몇 주가 걸리긴 했지만 개발 팀은 의도한 대로 게임 속 경제를 바로잡을 수 있었다. 여기서 중요한 사실은 개발자들이 스스로 예상하지 못했거나 의도하지 않은 방식으로 게임 구조를 이용한 플레이어들을 질책하기는커녕 플레이어들의 게임 경험을 오히려 더욱 풍성하게 만들었다는 것이다.

이 흥미진진한 얘기는 개발자들이 게임 경험을 의미 있게 만들 혁신적인 아이디어를 얼마나 진지하게 고심하는지 생생히 보여준다. 그들은 한 번도 정식으로 행동과학을 공부한 적 없지만 온갖 심리학 지식을 동원해 플레이어에게 부여할 동기를 찾는다. 〈디아블로 2〉는 게임과 플레이어 모두에 긍정적 영향을 미친 사례다. 그렇다고 위험이 없는 건 아니다. 얕은 지식이나 근거 없는 정보를 함부로 썼다가는 부작용을 일으킬 수 있다. 로퍼는 게임 산업이 점점 성장하고 게임 몰입도가 더 높아지는 상황에서 큰 힘에는 큰 책임이 따른다는 스파이더맨의 말을 개발자들이 명심해야 한다고 생각하는 듯했다. "사람들을 몰입시키는 중요한 뭔가를 만든다면 플레이어 사이에서 일어나는 일과 플레이어와 게임의 관계를 정확하게 이해하고 대응해야 해요." 로퍼의 말은 플레이어들을 자의적으로 광범위하게 범주화한 과학적 연구의 문제를 강조한다. 게임은 복잡한 존재다. 게임을 하는 사람도 마찬가지다. '어떻게' 게임을 하는지와 '왜' 하는지는 다른 문제다. 그리고 '같은' 게임이라도 시간이 흐르면서 게임을 하는 방식과 이유가 달라질 수 있다. 〈블레이크 스톤〉을 예로 들어보자. 내 인생의 다른 많은 일처럼 내가 〈블레이크 스톤〉을 하는 방식도 시간이 흐르면서 달라졌다. 처음에는 각 레벨을 탐험할 뿐이었지만 나중에는 어떻게든 레벨을 깨려고 했다. 앞에서 본 플레이어 유형으로 보면 '탐험가형'에서 '성취가형'으로 바뀌었다. 게임을 하는 이유는 게임을 하는 방식과 달랐고 이 역시 시간이 흐르면서 변했다. 처음에는 스토리가 좋아서 게임을 했다. 나는 어렸을 때 공상과학 얘기를 무척 좋아했으므로(지금도 그렇긴 하다) 레이저 총을 든 괴물들과 싸우는 건 당연히 즐거웠다. 이후에는 아버지가 아프다는 사실을 잊으려고 게임을 했다. 삶의 모든 게 내 맘대로 되지 않아도 게임을 하는 동안만큼은 뭔가를 통제할 수 있다는 생각이 들었다. 사람들이 게임을 하는 이유를 이해하려면 그들이 살면서 뭔가를 하게 되는 더 심오한 심리적 동기를 살펴봐야 한다.

인간 동기의 기원에 관한 중요한 이론 중 하나는 1980년대 중반 심리학자 에드워드 데시Edward Deci와 리처드 라이언Richard Ryan이 발표한 '자기결정이론Self-Determination Theory'이다. 이 이론의 전반적 개념에 따르면 인간의 일부 행동은 '내재적 동기'가 이끈다. 다시 말해 우리가 뭔가를 하는 까닭은 좋아해서거나 즐겨서다(한편 '외재적 동기'는 돈이나 칭찬 같은 외부 보상이다). 자기결정이론에서 내재적 동기가 되는 인간의 기본욕구는 유능성competence, 자율성autonomy, 관계성relatedness이다. 여기서 유능성은 자신의 능력이나 자질을 확인할 수 있는 활동을 하려는 욕구로 우리는 뭔가를 능숙하게 수행해 그것을 통제하길 원한다. 자율성은 자유롭게 선택하거나 결정하고 싶어 하는 욕구, 관계성은 다른 사람들과 교류하거나 연결되고 싶은 욕구다. 내재적 동기는 거의 모든 스포츠와 놀이의 근본적 동기다(학습에서 종교에 이르기까지 다른 많은 것도 마찬가지다). 게임에도 자기결정이론이 적용된다. 사람들이 게임을 하는 이유는 외부 보상을 위해서가 아니라 그저 좋아서다(물론 e-스포츠 선수는 예외다). 〈와우〉 같은 게임이 인기 있는 이유와 〈디아블로 2〉의 조던 링 문제가 성공적으로 해결될 수 있던 이유 모두 게임 설계 방식(그리고 잘못된 게임 방식에 관한 해결책)이 세 가지 기본욕구, 특히 자율성을 충족해 줬기 때문이다. 우리가 뭔가를 잘할수록 선택의 자유는 많아진다. 게다가 누군가와 관계를 맺을 가능성도 있다면 즐거움은 더욱 커진다. 최고의 게임들은 이 세 가지 욕구를 모두 채워준다. 지나치게 어렵지 않고 원하는 건 뭐든지 할 수 있으며 전 세계 다른 플레이어들을 만날 수 있는 게임이라면 성공 확률이 아주 높다.

2006년 로체스터대학교University of Rochester에서 라이언 연구진은 자기결정이론을 게임에 적용하는 경험적 연구를 수행했다. 네 번의 실험으로 이뤄진 이 연구의 목표는 서로 다른 게임을 하는 사람들의 동기를 이해하고 게임이 사람들의 행복감에 미치는 영향을 파악하는 것이었다. 연구자들은 자기결정이론 중에서도 '인지평가이론Cognitive Evaluation Theory'이라는 독특한 하위분류에 초점을 맞췄다. 이 이론은 내재적 동기를 활성화하거나 저해하는 요소에 주목한다. 구체적으로 설명하면 자율성과 유능성이 강화되는 상황에서는 내재적 동기가 강해진다(뭔가를 하는 이유가 즐거움 때문인 상황). 한편 자율성이나 유능성을 저해하는 요인은 내재적 동기를 약화한다. 라이언 연구 팀은 특정 게임이나 게임의 특징이 자율성과 유능성을 높인다면 플레이어는 더 큰 재미를 느끼므로 행복감에 긍정적 영향을 미치리라고 추측했다. 반대로 자율성과 유능성을 방해한다면 행복감은 떨어질 것이다. 연구진은 더 폭넓게는 자기결정이론 원리로 플레이어들이 게임에서 얻는 가치를 예측할 수 있는지 확인하길 원했다. 자기결정이론의 틀 안에서 자율성과 유능성 같은 요소는 정량화할 수 있는 현상이다. 한편 신뢰할 수 있는 기존 설문 방식을 통해 자율성과 유능성을 측정하더라도 '재미' 같은 모호한 개념은 직접 판단하기가 훨씬 어렵다.* 하지만 재미에 대한 더 보편적인 평가(게임 매출, 플레이어 평가 등)와 자기결정이론의 핵심 요소를 연결할 수 있다면 사람들이 게임을 하는 이유를 정확히 이해할 향후 연구의 토대가 될 수 있다.

첫 번째 실험에서 피험자들은 닌텐도의 고전 게임인 〈슈퍼 마리오 64Mario 64〉를 했다. 선형적 플랫폼 게임인 〈슈퍼 마리오 64〉는 시스템을 이해하기가 그리 어렵지 않다. 하지만 게임 환경을 탐험하는 데는 통제권이 거의 없다. 그러므로 〈슈퍼 마리오 64〉 실험에서 연구자들은 자기결정이론의 자율성과 사회성보다는 유능성에 주목했다. 물론 모든 피험자가 재미를 느끼지는 않았지만 재밌다고 말한 사람들은 게임을 하는 동안 자신감을 얻었다고 했다. 실제로 게임이 끝나고 진행한 설문에서 기분과 자존감 부문 점수가 높아졌다. 두 번째 실험은 첫 번째 실험을 확장해 피험자들에게 〈젤다의 전설: 시간의 오카리나The Legend of Zelda: Ocarina of Time〉(이하 〈시오〉)와 〈벅스 라이프A Bug's Life〉를 하게 했다. 두 게임이 선택된 이유는 〈시오〉는 당시(지금도) 가장 훌륭한 게임 중 하나로 평가받은 반면 〈벅스 라이프〉는… 안

* 재미는 사람마다 해석이 다른 모호한 개념이다. 그러므로 일관된 방식으로 재미를 측정하는 설문은 거의 불가능하다.

타깝게도 그렇지 않았기 때문이다. 그리고 두 게임의 두드러진 차이는 〈벅스 라이프〉는 선형적인 반면 〈시오〉에서는 플레이어가 게임 환경을 훨씬 자유롭게 탐험할 수 있다는 것이다. 예상대로 피험자들은 더 나은 게임인 〈시오〉를 긍정적으로 평가했다. 〈시오〉를 할 때 더 즐거웠고 몰입도가 높았으며 더 많은 동기가 부여된다고 답했다. 인지평가이론이 예측했듯이 플레이어들이 게임에서 자율성과 유능성을 얼마나 느끼는지에 따라 게임에 대한 긍정적 경험이 달라졌다.

세 번째 실험은 규모를 더욱 확장해 피험자들이 하는 게임 수를 늘렸고 결과는 비슷했다. 하지만 라이언 팀은 피험자들이 보고한 경험에서 눈에 띄는 변수를 발견했다. 게임을 할 때 유능성을 강하게 충족한 사람일수록 자존감이 높아지고 기분이 좋아졌을 뿐 아니라 활력도 상승했다. 게임을 하는 동안 자율성이 충족된 사람 역시 자존감과 기분 부문에서 점수가 향상됐고 게임을 더 가치 있게 평가했다. 마지막으로 연구진은 MMO 게임의 영향을 살펴봤다. 역시 자율성과 유능성이 동기와 재미의 중요한 요인이었다. 하지만 세 번째 욕구인 관계성 역시 중요한 요인으로 작용했다. MMO 게임의 핵심이 전 세계 사람이 함께 모여 실시간으로 관계를 맺는 것이라는 사실을 떠올리면 충분히 예상할 수 있는 결과다.

라이언의 연구는 다른 어떤 연구와 마찬가지로 완벽하다고 단정할 수 없다. 하지만 최소한 사람마다 서로 다른 게임에서 재미를 느끼는 이유와 게임을 시작하고 이후 계속하는 동기를 이해하는 구체적 요인을 생각할 수 있는 훌륭한 출발점이 돼준다. 비슷한 맥락의 다른 여러 연구가 나온 후 라이언과 그의 동료 스콧 릭비Scott Rigby는 게임을 즐거운 경험으로 만드는 요인을 이해하기 위한 더 체계적인 틀인 '욕구 충족에 관한 플레이어 경험 모델Player Experience of Need Satisfaction', 줄여서 PENS 모델을 만들었다. 2007년 발표한 백서白書에서 릭비와 라이언은 PENS 모델은 단순히 재미만 평가하는 방식을 넘어서기 때문에 유용하다고 주장하며(릭비와 라이언은 재미를 게임을 하는 이유가 아닌 게임을 했을 때 나타나는 '결과'로 봤다) 자기결정이론의 핵심 요소인 자율성, 유능성, 관계성이 재미를 일으키는 인과요소라고 설명했다. 릭비와 라이언에 따르면 세 가지 욕구를 충족하는 게임일수록 더 많은 즐거움과 긍정적 경험을 선사한다.

이들의 아이디어는 직관적으로도 쉽게 이해할 수 있다. 게임을 할 때마다 자신이 유능하다는 생각이 든다면 게임을 즐길 가능성이 크다. 우리에게는 타인(특히 관심사가 같은 사람)과 소통하려는 욕구가 내재하므로 사회적 요소가 있는 게임을 더 재밌다고 느낀다. 우리가 가장 좋아하는 게임은 안전한 환경에서 원하는 대로 중요한 선택을 내릴 수 있는 게임이다. 동기이론의 핵심 개념은 우리가 게임을 하는 다른 여러 이유도 설명해 준다. 슬플 때 게임을 하면 기분이 저절로 나아지기도 하고 온라인 세상의 친구들에게 위로를 받을 수도 있다. 좋은 게임은 우리의 선택 능력을 성장시켜 오프라인 세상에서 일어나는 일을 처리하고 이해하는 데 도움을 줄 수 있다. 물론 게임은 그 어떤 것도 해결하지 못할 수도 있고 게임에만 온정신이 팔리면 어떻게 될지도 생각해 봐야 한다. 하지만 우리가 어떤 일에서 잠시 도망쳐야 한다면 때론 좋은 게임에 몰입해 스스로에게도 뭔가를 통제할 힘이 있다는 사실을 깨닫는 것이 훌륭한 긴급 처방이 될 수 있다.

4

통제와 상상

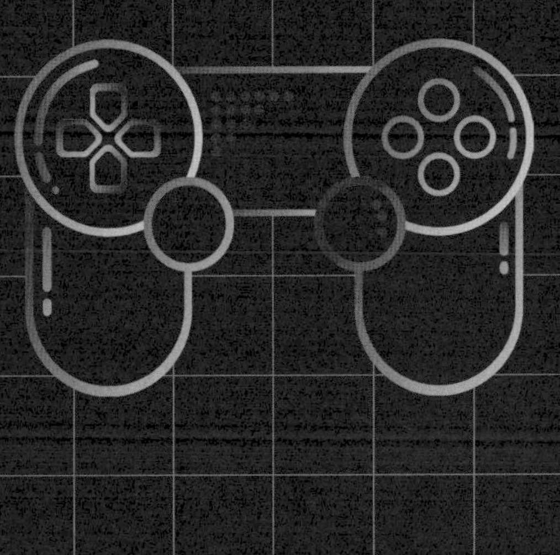

Lost In A Good Game

○□△×

트레이시 킹Tracy King이 테이블 건너편에서 냉소를 지으며 나를 바라본다. "캠핑하는 사람들은 자기가 자연인이라도 된 양 베어 그릴스Bear Grylls(영국 유명 탐험가이자 방송인_옮긴이)처럼 굴잖아요? 불을 피우는 데 성공해서 그런 걸까요? 〈마인크래프트〉(이하 〈마크〉)도 마찬가지지만 굳이 밖에 나갈 필요가 없죠. 안 그래도 바깥세상은 끔찍하잖아요."

나는 런던에서도 아주 부산한 웨스트엔드 중심에 있는 카나비 거리의 한 커피숍 지하에 앉아 있다. 누군가를 인터뷰하기에 최적의 장소는 아니다. 복작거리고 시끄러우며 수십 명이 한꺼번에 떠들면서 내뱉는 입김이 카페인과 섞여 숨쉬기가 답답하다. 그래도 인터뷰 상대는 앞에 놓인 커피만큼이나 훌륭하다. 킹은 영상 및 애니메이션 프로듀서이자 《커스텀 PCCustom

PC》지의 게임 칼럼니스트며 열렬한 게이머다. 우리는 이런저런 얘기를 주고받다가 어떤 게임이 좋은 게임인지 토론하게 됐고 그중에서도 지난 10년 동안 가장 많은 인기를 끈 게임 중 하나에 주목했다. 2009년 출시된 〈마크〉는 왜 게임이 애초에 얘기하기 어려운 주제인지를 비롯해 게임에 관한 모든 담론을 탁월하게 압축한다. 샌드박스 게임인 〈마크〉를 처음 시작하면 어떤 목표나 목적 없이 고요한 숲에 서 있게 된다. 아무런 설명도 나오지 않고 클리어해야 할 퀘스트나 미션도 없다. 플레이 방식은 두 가지다. 첫 번째 서바이벌 모드에서는 먼저 어두워지기 전에 기본적인 은신처를 건설하거나 무기를 만들어야 한다. 목재가 필요하면 숲으로 가 나무를 한다. 처음에는 맨손으로 해야 하지만 도끼를 만들 만큼 자원을 충분히 모으면 일이 조금 수월해진다. 자원을 많이 모을수록 정교한 아이템을 만들 수 있다. 돌을 채집할 곡괭이, 작업대, 갑옷과 칼도 손에 넣을 수 있다. 밤이 되면 온갖 몬스터가 나타나는데 당신이 가까이에 있다면 곧장 당신에게 달려올 것이다. 살아남으려면 해야 할 일이 많지만 안전한 은신처만 있다면 원하는 대로 맘껏 살면 된다. 창의력이 중요한 크리에이티브 모드에서는 처음부터 모든 자원과 아이템을 무한정 사용할 수 있다. 플레이어는 마치 신처럼 원하는 대로 세상을 바꿀 수 있다. 이처럼 〈마크〉는 다양한 경험을 선사한다. 무한한 자유를 통해 당신의 상상력이 어디까지인지 알고 싶다면 디지털 레고LEGO 블록이라고 할 수 있는 크리에이티브 모드를 선택하고 원하는 대로 뭐든 만들면 된다. 체계적인 플레이를 원한다면 서바이벌 모드를 선택하고 용감한 모험가가 돼 숲을 탐험하고 식량을 구하며 갖가지 괴물과 짐승을 쓰러트리면 된다.

좋은 게임은 모름지기 서사가 탄탄해야 한다는 게 내 신조다. 내가 게임을 사랑하는 이유 중 하나는 흡입력 있는 얘기에 빠져드는 게 좋기 때문이다. 수동적인 구경꾼에 머물지 않고 '스스로' 통제하는 행동이 주변 디지털 세상에 중요한 변화를 일으킬 수 있는 얘기여야 한다. 자기결정이론 관점에서 설명하면 나는 게임이 주는 자율성을 중요하게 여기지만 게임 속 역사의 흐름을 바꿀 수 있다는 유능성에서도 쾌감을 느낀다. 하지만 이는 그저 개인 취향이며 〈마크〉의 크나큰 성공에서 알 수 있듯이 자율성과 유능성만이 좋은 게임의 충분조건은 아니다. 솔직히 말하면 〈마크〉를 처음 할 때는 한참 헤맸다. 나는 특별한 예술적 기질도 없고 창의력도 뛰어나지 않다. 내게 아무 설명서 없이 레고 한 상자만 있다면 아래층에 방 2개, 위층에 방 2개가 있고 정면에 현관이 있는 뻔하디뻔한 이층집을 만들 것이다. 처음 〈마크〉를 할 때도 그랬다. 아니, 더 형편없었다. 내가 서바이벌 모드에서 처음 만든 집은 관보다 조금 나았다. 너비는 진흙 블록 3개였고 높이는 간신히 몸이 들어갈 정도였다. 그래도 머리 높이에 작은 창을 뚫어놓아 맞은편에서 활과 화살을 쥔 해골을 멍하니 바라볼 수 있었다. 내가 내게 실망한 만큼 해골도 내 모습이 딱했을 것이다. 그래도 용케 밤까지 살아남았고 지루하기 짝이 없는 집에서 나와 좀 더 크고 제대로 된 걸 지어보려고 했다. 머릿속으로 이탈리아 건축 거장 안드레아 팔라디오Andrea Palladio의 저택 같은 걸작을 구상했다. 울창한 정원으로 둘러싸인 웅대하고 눈부시게 빛나는 건물. 감탄을 금치 못할….

…1시간 후 나는 등을 의자에 기대고 화면 속 작품을 바라봤다. 네모난 상자 위에 세모난 지붕이 얹혀 있었다. 1층에 창문 2개, 2층에도 창문 2개, 현관은 정말 실망스럽게도 건물 앞 한가운데 있었다. 좌절과 약간의 부끄러움을 느끼며 게임에서 나왔다. 킹은 내 얘기에 공감했다. "〈마크〉가 처음 플레이스테이션 게임으로 나왔을 때 엄마에게도 해보라고 했죠. 엄마는 곧바로 블록 하나 크기의 땅을 파더니 그곳으로 떨어졌어요." 킹은 당시를 생생하게 기억했다. "그래서 구해주려고 뒤따라 뛰어내렸는데 곡괭이를 휘두르더니 날 죽였어요. 절대 일부러 그런 건 아니에요! 날 꺼내주려다가 그런 거예요."

그래도 나는 점차 나아졌다. 사실 〈마크〉 같은 곳에서는 누구나 얼마든지 '나아질 수' 있다. 어떤 사람들은 〈마크〉를 순수한 창작 활동의 장으로 삼는다. J. R. R. 톨킨J. R. R. Tolkin의 《반지의 제왕The Lord of th Rings》에 나오는 곤도르Gondor 왕국 요새이자 수도 '미나스 티리스Minas Tirith'의 완벽한 복제품을 만들기도 하고 《왕좌의 게임Game of Thrones》의 킹스 랜딩King's Landing을 웅장하게 재현하기도 하며 스페인 대형 범선 갈레온galleon이나 우주왕복선도 만든다. 헐대학교University of Hull 화학과 교수인 마크 로치Mark Lorch와 학생들은 영국 왕립화학회Royal Society of Chemistry와 공동으로 〈마크〉에서 '몰크래프트Molcraft'라는 세계를 만들었다. 이곳은 과학 수업에서 기초 생화학을 배우는 데 활용할 수 있는 다양한 분자와 단백질의 정교한 모형으로 이뤄져 있다. 어떤 플레이어들은 게임 안에 실제 하드드라이브와 작동 가능한 스크린을 장착한 완벽한 컴퓨터를 만들기도 한다. 이 모든 놀라운 작품은 기술이 아닌 창의력의 소산이다. 미국 항공모함을 완벽하게 만든다고 해서 다른 플레이어보다 벽돌 쌓는 기술이 뛰어난 건 아니다. 어떤 의미에서는 바로 이 점이 〈마크〉의 매력이다. 〈마크〉에는 학습곡선이 없다. 유일한 한계는 상상력이다. 물론 내가 좀 나아졌다고 해서 몰크래프트 같은 경지에 이르렀다는 뜻은 아니다. 그래도 안에 무덤이 있고 음침한 복도가 미로를 이루는 거대한 피라미드를 지은 적도 있다. 완성하고 나니 무척 뿌듯했다. 하지만 내 가장 큰 성취이자 자랑거리는 통나무집이다.

사실 특별할 건 하나도 없다. 눈 덮인 완만한 산골짜기에 자리 잡은 통나무집 옆으로는 작은 개울이 흐른다. 외벽 한 면에는 장작을 쌓아뒀다. 1층은 책이 가득한 작고 안락한 서재로 돼 있고 반대편에는 거실 겸 주방이 있다. 위층에는 평범한 침실 2개가 있다. 하나는 내 방이고 다른 하나는 아버지 방이다. 아버지는 야영을 좋아했고 아버지와 함께 요세미티국립공원Yosemite National Park에서 보낸 며칠은 내게 무척 행복한 기억으로 남아 있다. 우리가 묵은 통나무집은 내가 〈마크〉에 지은 집과는 전혀 다르지만 상관없었다. 아버지도 마음에 들어 하리라고 확신했다. 2~3일 동안 하루 몇 시간을 들여 통나무집을 완성했다. 더 빨리 만들 수도 있었지만 이곳에 중요한 뭔가를 만드는 게 목표는 아니었다. 사랑했지만 떠나간 사람을 기리는 디지털 기념비를 세우면서 아버지가 어떤 사람이었고 우리가 어떤 것을 공유했고 그가 내게 어떤 의미였는지 생각했다.

여기서 우리는 게임을 하는 것이 얼마나 복합적이고 고유한 행위인지 알 수 있다. 내가 통나무집을 짓는 동안 〈마크〉는 상실과 슬픔을 나름의 고독한 방식으로 다루는 수단이 돼줬다. 킹이 엄마에게 게임하는 방법을 가르쳐 줄 때는 모녀가 소통하고 공감하는 유대의 장이 됐다. 키스 스튜어트Keith Stuart의 자전적 작품인 2016년 베스트셀러 《블록으로 만든 소년A Boy Made of Blocks》은 아버지와 자폐를 앓는 아들의 관계가 게임을 하면서 변화하는 과정을 그린다. 몰그래프트는 게임을 가상 온라인 교실로 만들었다. 〈마크〉 캐릭터 스탬피 캣Stampy Cat을 주인공으로 영상을 제작하는 조지프 개릿Joseph Garrett처럼 많은 동영상 제작자가 〈마크〉에서 소재를 찾는다. 개릿은 주황색과 흰색이 섞인 고양이 스탬피가 정교한 마을을 짓는 유튜브 영상을 수백 편 제작했다. 일종의 온라인 TV 쇼인 각 에피소드에서(현재까지 조회 수가 60억을 넘었다) 그는 멋진 건축물을 어떻게 만드는지 흥미진진하게 설명한다. 스탬피는 카지노, 등대를 포함한 온갖 건물을 만들었는데 그중 초밥집에서는 캐릭터들이 근처 바다에서 잡은 신선한 생선이 컨베이어벨트 위를 돌아다닌다. 한마디로 〈마크〉는 당신이 원하는 어떤 게임이든 될 수 있다. 다른 어떤 오락 매체도 이처럼 무한한 가능성을 갖진 않는다. 물론 우리는 영화 속 캐릭터를 이해하고 공감할 수 있다. 음악은 우리를 눈물 흘리게 하거나 분노에 차게 하며 책은 자신마저도 잊게 한다. 그러나 우리가 뭔가를 해냈다는 진정한 자부심이나 성취감을 느낄 수 있는 곳은 〈마크〉 같은 게임뿐이다. 통제권은 우리 자신에게 있고 우리를 막을 수 있는 건 자신의 상상력뿐이다.

그렇다면 왜 게임은 비난받을까? 왜 게임에 관해 논의하는 것이 그렇게 어려울까? 〈마크〉는 이 문제를 탁월하게 설명한다. 앞에서 얘기했듯이 〈마크〉는 여러 방식으로 멋진 경험을 선사한다. 하지만 2015년 터키는 '지나치게 폭력적'이라는 이유로 〈마크〉를 금지하는 조치를 고려했다. 당시 터키 아동서비스국Children Services General Directorate은 밤이면 괴물이 출몰해 누군가를 공격한다는 아주 단편적인 부분만 보고 〈마크〉를 폭력에 기반한 게임이라고 판단했다. 게임을 하는 아이들이 사회적으로 고립될 수도 있다고 여겼다. 〈마크〉를 직접 해본 사람이라면 이 주장이 얼마나 불합리한지 잘 안다. 〈마크〉가 폭력적인 게임이라고 주장하는 것은 《해리 포터Harry Potter》 시리즈가 악마 숭배를 부추긴다는 주장과 다르지 않다. 잘 모르는 사람 눈에는 〈마크〉와 폭력성이 연관돼 보이지만 그런 편협하고 부정적인 렌즈로만 바라본다면 그 안에 존재하는 눈부신 아름다움과 우아함은 결코 포착할 수 없다.

킹은 '게임은 새로운 문화 현상'이라고 설명한다. 1950년대 TV가 처음 대중에게 보급됐을 때도 그랬고 그전에는 라디오 그리고 그전에는 전화기, 또 그전에는 편지, 인쇄 매체 등등이 그랬던 것처럼 게임의 바탕이 되는 기술은 비교적 새로운 것이다. "역사의 순간마다 프롤레타리아계급이 해로운 뭔가에 손을 댄다고 걱정하는 도덕주의자들이 있었죠. 다른 방식으로 표현할 때도 있었지만 어쨌든 요지는 대중이 좋아하기 때문에 해롭다는 것이었어요." 킹의 지적은 플라톤Platon의 《파이드로스Phaedrus》 중에서 자주 인용되지만 종종 잘못 해석되는 한 구절을 떠올리게 한다. 책 속 대화에서 주인공 소크라테스Socrates는 글의 위험을 다음과 같이 격렬하게 비난한다.

… 사람들은 스스로 기억하지 않고 외부 글자에 의지하려고 한다오. 그대가 발견한 구체적인 뭔가는 기억을 위한 수단이 아니라 연상을 위한 수단이고 그대가 제자들에게 주는 것은 진실이 아니라 진실의 겉모습이오. 그들은 많은 것을 듣지만 아무것도 배우지 못할 것이기 때문이오. 모든 걸 통달한 듯 보일 테지만 대부분 아무것도 알지 못할 것이오. 실체 없는 지혜를 내보이는 어리석은 무리일 것이오.

이 글에서 플라톤은 당시 신기술이던 책 자체에 반대한 게 아니다.* 소크라테스는 글을 읽는 것이 대화를 비롯한 다른 소통 방식과 더불어 지식을 얻는 과정이 된다면 어떤 문제도 없다고 설명한다. 흥미롭게도 이는 게임도 마찬가지다. 게임에 대해 편협한 관점만 고집한다면 게임은 바보 같고 지적으로 아무 도움도 되지 않으며 무의미한 시간 낭비일 뿐이다. 최악의 경우 게임을 시간 낭비로 여기는 데 그치지 않고 테오도르 아도르노Theodor Adorno처럼 사회악으로 규정할 수도 있다.

철학자 아도르노는 1940~50년대 여러 글에서 TV 쇼 같은 인기 대중매체의 영향은 각 매체가 전달하는 표면적 메시지에

---

* 블로그 '센스 앤드 레퍼런스(Sense and Reference)'에서 《파이드로스》의 이 인용에 관한 훌륭한 설명을 참고할 수 있다. https://senseandreference.wordpress.com/2010/10/27/reading-writing-and-what-plato-really-thought/

한정되지 않으며 소비자의 욕구나 열망과는 무관한 여러 숨은 메시지도 담겨 있다고 주장했다. 그는 이런 숨은 메시지에는 소비자가 아닌 쇼 제작자나 창작자, 다시 말해 통제자들의 신념과 견해가 투영된다고 말했다. 그러면서 대중문화를 수동적으로 받아들인다면 두 가지 방식으로 자유를 잃게 된다고 경고했다. 첫 번째는 심미적 자유의 상실이다. 지적 자극이 없는 얘기들이 반복된다면 주변 세상을 확장해 예술을 해석하고 경험하며 이해하는 능력을 키울 수 없기 때문이다. 그리고 도덕적 자유도 잃게 된다. 예상 가능한 얘기를 따라가기만 한다면 순응적 사고방식에 길들기 때문이다. 아도르노는 1944년 발표한 《계몽의 변증법Dialektik der Aufklaerung》에서 다음과 같이 말했다. "영화에서는 누가 보상받고 벌받고 잊힐지 그 결과가 하나같이 뻔하다. 음악을 많이 들어본 사람이 가벼운 음악을 들을 때면 첫 음을 듣고도 다음 음을 예상할 수 있는데 실제로 그 음이 나오면 만족해한다." 하지만 〈마크〉의 사례처럼 게임을 즐기는 방식이 무수히 많다는 사실을 깨달으면 왜 게임이 중요한 커뮤니케이션 매체가 될 수 있는지 이해할 수 있다. 가상 세계를 탐험하고 만들며 창의적인 자유를 누리게 하는 게임을 아도르노는 오히려 지지했을지도 모른다. 그렇다면 유일한 문제는 이 같은 복합성을 표현할 명확한 용어가 없는 현실이다. 사실 '비디오게임'이라는 말도 옳지 않다.

킹도 같은 생각이다. "범주 문제죠. 비디오게임을 하는 사람 중 누구도 비디오게임이라는 말을 쓰지 않아요. 그래도 구분은 필요하잖아요. 나는 한 잡지에 게임에 관한 칼럼을 기고하고 있는데 때로는 보드게임을 얘기할 때도 있어서 비디오게임이라는 단어를 쓸 수밖에 없어요." '게임'이라고 하면 비디오게임도 될 수 있고 보드게임도 될 수 있고 폴로, 체스, 술래잡기, 카드게임도 될 수 있다. 그리고 영국 학교에서 '게임'은 체육 수업을 뜻하기도 한다. 그렇다면 수영, 체조, 배드민턴, 하키도 게임이다. "그래서 '비디오게임'이라고 말하면 곧바로 범주 오류가 발생해요. 비디오게임을 하는 사람은 아무도 그 말을 안 쓰니까요. 어떻게 해야 할지 도통 모르겠어요." 킹이 말했다. 범주 속 범주는 문제를 더욱 복잡하게 한다. 내가 비디오게임이 행동에 미치는 영향에 관해 강연할 때마다 청중에게 가장 먼저 하는 질문은 "비디오게임을 하시는 분 계신가요?"다. 그러면 몇몇이 마치 부끄러운 사회적 잘못을 저지른 사람인 양 쭈뼛쭈뼛 손을 든다. 나는 사람들을 더욱 몰아붙인다. "휴대전화로 〈캔디크러쉬사가Candy Crush Saga〉(이하 〈캔디크러쉬〉)나 〈풋볼 매니저Football Manager〉를 하시는 분 없으신가요? 〈두들 점프Doodle Jump〉는요? 〈꿈의 집Homescapes〉은요?" 갑자기 훨씬 많은 손이 올라온다. '비디오게임'은 이처럼 무의미한 개념이기 때문에 사람들이 생각하는 의미가 저마다 다르다. 문화적으로 유의미한 방식으로 비디오게임을 범주화할 수 없는 까닭에 온갖 어려움이 생긴다. 특정 제품을 비디오게임으로 범주화할 수 있을까? 심지어 사람들을 비디오'게이머'로 구분하는 게 가능할까?

"사람들은 내게 '전혀 게이머처럼 보이지 않아요!'라고 말해요. 그럼 항상 이렇게 받아치죠. '제가 재미라고는 전혀 모르는 사람처럼 보이나 봐요.'" 킹이 말했다. "비디오게임을 하는 이유가 재미 때문이라면 나라고 그 재미를 누리지 않을 이유가 있나요?"

사람들이 킹에게 그렇게 말한 이유는 대부분 성별 때문이다. 많은 사람이 게이머 하면 으레 남자를 떠올린다. 사람들이 생각하는 게이머는 그들에게 '진짜' 비디오게임인 〈콜 오브 듀티〉나 〈포트나이트〉 같은 게임을 하는 10대 소년이다. 이런 선입견은 게임이 무엇인지 또는 누가 게임을 하는지에 관한 현실을 제대로 투영하지 않는다. 킹은 다음과 같이 지적했다. "게임이 남성 편향적이 되기 시작한 건 1990년대예요. 남자들의 소득이 전반적으로 더 높아서 남자들을 위한 게임이 많이 나오고 마케팅도 남성 중심이었죠. 그렇게 게임은 남자들의 것이 됐어요." 킹이 설명했다. 남자들이 게임을 더 많이 하고 게임 회사도 남자들을 겨냥한 현상은 '진짜' 비디오게임에 관한 사람들의 인식과 믿음을 바꿨다. 〈캔디크러쉬〉 같은 게임이 '진짜' 비디오게임으로 여겨지지 않는 이유는 이런 틀에 맞지 않기 때문이다. 게임기나

PC로 하는 게 아니거나 기술이 그다지 필요 없거나 남자들을 위한 것이 아니라면 비디오게임이라고 할 수 없다. "비디오게임을 어떻게 만드는지, 코드가 어떻게 작동하는지 잘 아니까 〈캔디크러쉬〉가 〈팩맨〉이나 〈테트리스Tetris〉보다 몇 배는 복잡하다는 사실을 설명할 수 있어요. 하지만 게이머 중 누구도 테트리스가 '진짜' 게임이 아니라고 말하지는 않죠." 킹이 덧붙였다. 한마디로 비디오게임은 게임의 실제 특징으로 정의되는 게 아니라 게임이 사람들에게 어떻게 인식되고 어떤 사람들이 게임을 하느냐로 정의된다.

2009년 출시된 페이스북Facebook 게임 〈팜빌FarmVille〉이 좋은 예다. 일종의 시뮬레이션 게임인 〈팜빌〉을 처음 시작하면 작은 땅 하나를 받는다. 땅을 경작해 작물을 재배해 수확하고 가축을 키운다. 플레이어 수가 8,000만 명이 넘으며 인기가 절정에 달했을 때는 〈팜빌〉을 직접 해보지 않은 사람은 있어도 모르는 사람은 없었다. 친구나 가족에게 '도움'을 요청하는 페이스북 메시지를 끊임없이 보내면 게임 속도를 높일 수 있었다(플레이어를 끌어모으기에는 그리 정교하지 않은 마케팅 방식이다). 실물화폐로 게임화폐를 구매하면 작물을 더 빠르게 자라게 할 수도 있다. 스토리 라인도 없고 그저 제작자들의 주머니만 채워주는 이런 게임에 대한 내 평가는 그리 긍정적이지 않다. 하지만 킹의 생각은 다르다. "어느 해 밸런타인데이에 시작해 다음 해 밸런타인데이까지 꼬박 1년 동안 했어요. 멋진 게임이죠." 킹이 말했다. "내가 좋아하는 것들이 균형을 잘 이룬 게임이었어요. 일처럼 느껴지면서도 귀엽고 보상도 있고 재미도 있죠."

같은 시기 킹은 매우 사실적인 가상 농장 게임인 〈파밍 시뮬레이터 2015Farming Simulator 2015〉도 했다. 〈파밍 시뮬레이터〉 시리즈는 실제 세계에 존재하는 장비와 농기구 브랜드가 등장하고 영상이 더 현실적이다. 사실 어떻게 보면 〈팜빌〉과 똑같은 게임이다. '귀여움'만 없을 뿐이다. 킹은 "심리적 측면은 동일"하다고 지적했다. "작물을 심고 가꿔요. 다 자라면 수확한 다음 팔아서 그 돈으로 더 많은 장비와 땅을 사고요. 씨도 더 많이 사서 계속 반복해요. 같은 게임인데도 하나는 전형적인 남성 게이머로 이뤄진 추종 집단이 있고 다른 하나는 장난으로 취급되죠." 다시 말해 〈팜빌〉은 가볍게 여겨지고 〈파밍 시뮬레이터〉는 진지하게 받아들여지는 이유는 플레이 방식에 있지 않다. 본질적으로 같은 게임이기 때문이다. 결정적 차이는 게임 자체가 아니라 게임을 하는 사람에 대한 인식이다.

유의미하고 표준화된 방식으로 비디오게임을 얘기할 수 있는 분명한 언어 체계가 없기 때문에 우리는 의식적으로든 무의식적으로든 비디오게임이 무엇인지에 관한 자신만의 생각과 믿음을 만든다. 이는 어떤 비디오게임이 좋은지 아닌지에 관한 구체적 믿음부터 비디오게임 자체가 좋은지 나쁜지에 관한 전반적 믿음에 이르기까지 다양하다. 미디어 학자 헨리 젠킨스Henry Jenkins가 자신의 걸작 《텍스트 밀렵꾼Textual Poachers》에서 지적했듯이 "팬으로 얘기한다는 건 문화적 위계 구조에서 자신이 하위 지위에 속한다는 것을 인정하며 제도화한 권력에 의해 지속해서 무시당하고 비판받는 정체성을 받아들인다는 의미"다. 《텍스트 밀렵꾼》은 1992년 초판이 나왔으니 이 문제는 이제 수십 년 묵었다. 사람들의 견해가 바뀌는 데는 시간이 걸린다. 비디오게임에 관해 어떤 주제든 자신만의 믿음을 가진 사람은 의견이 다른 누군가를 만나면 다양한 심리적 방어기제를 작동해 스스로 진실이라고 믿는 신념을 지키려 한다.

그중 가장 중요한 기제는 1960년대 영국 심리학자 피터 캐스카트 와슨Peter Cathcart Wason이 일련의 심리학 실험에서 규명한 '확증 편향confirmation bias'이다. 간단히 설명하면 사람들은 자신이 이미 확립한 신념에 맞춰 정보를 거른다. 이런 경향은 다양한 형태를 띤다. 먼저 많은 사람이 자신의 믿음을 뒷받침하는 증거는 받아들이면서 반대 증거는 무시한다. 그리고 유연하게 해석할 여지가 있는 정보가 있다면 자신의 기대에 맞게 해석하려고 한다. 중립적인 태도로 정보를 모았더라도 이후 자신의 믿음을 뒷받침하는 종류만 선별적으로 떠올린다. 자신의 믿음과 명백히 모순되는 타당한 증거와 마주해도 '역화 효과backfire effect'가 믿음을 버리게 하기는커녕 오히려 강화해 마음 깊이 뿌리 내리게 한다. 왜 역화 효과가 일어나는지는 아직 밝혀지지 않았지만 일부 사회학자는 연속성을 추구하는 인간의 강력한 감각과 욕구를 원인으로 지목한다. 심지어 믿음을 버리는 과정을 슬픔을 처리하는 과정에 비유하기도 한다. 최근 몇 년 동안 몇몇 신경과학자가 믿음을 지속하려는 생물학적 성향에 주목했다. 예를 들어 브라운대학교Brown University 브래들리 돌Bradley Doll은 뇌 앞부분(전전두엽 피질 부위)에 기존 믿음이 제시되는 방식은 다른 뇌 부위(경험을 통해 학습이 이뤄지는 공간)가 새로운 정보를 처리하는 방식에 영향을 줄 수 있다는 사실을 입증했다. 그 결과 기존 믿음은 옳든 그르든 점차 강화되거나 더욱더 중요하게 여겨진다. 이 모든 이론과 주장을 게임이라는 주제에 적용하면 '게이머'는 어떤 모습인지 '좋은 게임'이란 어떤 건지 심지어 비디오게임이란 애초에 무엇인지에 관해 사람들이 이미 확립한 인식은 다른 사람의 의견이나 증거에 거의 영향을 받지 않는다. 이는 여러 차원에서 '우리 대 남'이라는 사고방식의 원인이 된다. 가장 광범위한 차원은 비디오게임이 전반적으로 유익한지 시간 낭비인지 건강에 위협인지에 관한 사회적 논쟁이다. 게임 플레이어 사이에는 어떤 게임이 '진짜' 게임인지에 관한 논쟁이 벌어진다. 그리고 부모와 자녀 사이에는 오락기, 컴퓨터, 태블릿 PC를 얼마나 사용하게 해줘야 하는지에 관한 논쟁이 날로 격화하고 있다.

***

킹과 만나고 약 한 달 뒤인 1월 나는 춥고 음울한 영국에서 벗어나 따뜻한 곳으로 갔다. 런던에서 8,000킬로미터(5,000마일) 가량 떨어진 미국의 눈부신 서부 해안가를 따라 렌트한 차를 몰았다. 흔한 베이지색 지프 컴패스Jeep Compass는 아주 큰 차인데도 내부는 폐소공포증이 일어날 만큼 답답했다. 목적지 입구에 도착하자 끝없이 서 있는 건물이 내 시야를 전부 메웠다. 어바인에 있는 블리자드엔터테인먼트 본사는 회사가 아닌 대학 캠퍼스 같다. 도로, 식당, 헬스클럽, 바비큐장, 미술관을 갖춘 대단지다. 본관 출입문에 있는 3.5미터(12피트) 높이의 오크Orc 동상은 늑대를 타고 화가 잔뜩 난 얼굴로 도끼를 휘두른다. 그 아래 나침반에 새겨진 사훈은 동상의 공격적인 모습과 대비를 이룬다. "책임감 있는 리더십. 모든 목소리는 중요하다. 지구적으로 생각하자. 멋진 플레이와 공정한 플레이. 중요한 건 게임 플레이. 품질에 대한 헌신. 배우고 성장하기. 내면의 괴짜를 끌어안자." 본사에는 괴짜들의 천국일 도서관도 있다. 던전을 연상케 하는 도서관 출입문은 목재와 철재가 섞여 있고 테두리는 은은히 빛나는 횃불로 둘러싸여 있다. 문을 열면 4개로 구획된 방이 나온다. 바로 오른쪽에는 긴 벽을 따라 만화책이 빼곡한 책장이 줄지어 있다. 맞은편에는 코딩과 게임 개발에 관한 수많은 교재가 있다. 방 가운데는 온갖 보드게임으로 둘러싸인 웅장한 원목 테이블이 놓여 있다. 나를 안내해 준 스티븐 구Steven Khoo가 점심시간이면 사람들이 이곳으로 와 머리도 식히고 영감도 얻을 겸 게임을 한다고 알려줬다. 가장 깊숙하지만 가장 넓은 공간에 비디오게임들이 있다. 당신이 떠올릴 수 있는 게임기 본체와 주변장치는 다 있다. 그리고 한구석에는 사서가 쓰는 책상이 있다. 나는 그 주인이 분명 퉁명스러운 오랑우탄이고 '인과관계의 본질을 흐트러뜨리지 말라' 같은 규칙들이 적힌 종이가 놓여 있을 거라고 상상했다.*

구는 내게 어느 개발자의 사무실도 살짝 보여줬는데 내 시선을 사로잡은 건 문 옆 벽을 장식한 강철 검들이었다. 블리자드는 매년 대학교 졸업식 같은 행사를 열어 직원들에게 근무 햇수에 따라 판타지 아이템을 실물로 선물한다고 했다. 2년 동안 일하면 묵직한 중세 맥주잔을 받는다. 5년 일하면 맞춤 제작한 검을 받는다. 10년은 방패, 15년은 반지, 20년은 투구다. 25년은 아직 아무도 모른다. 구는 입을 다물지 못하며 감탄하고 있는 날 미로 같은 복도로 안내한 뒤 〈와우〉 속 지역 이름을 딴 '혼돈의 소용돌이Maelstrom' 회의실로 데려다줬다. 그곳에서 〈와우〉의 존 하이트John Hight 프로덕션 디렉터와 맷 고스Matt Goss 수

---

* 하지만 사서는 자리에 없었다. 그러므로 내가 정말 《디스크월드(Discworld)》의 우주 속 작은 낙원에 발을 들였는지는 영원히 알 수 없다.

석 디자이너를 만났다. 우리는 비디오게임 논의가 왜 그토록 어려운지 얘기하기 시작했다.

고스는 "침투성이 한 요인이죠"라고 말했다. 그러면서 비디오게임과 스포츠를 비교해 설명했다. 축구를 좋아하는 사람이 축구에 관심 없는 친구들과 얘기하면 대화 참여자들은 서로 단절된다. 며칠 전 경기가 얼마나 대단했는지 몇 시간 동안 아무리 떠들어도 친구들은 같은 강도의 감정을 느낄 수 없다. 나와 내 가장 친한 친구들도 마찬가지다. 내가 정말 좋아하는 친구들이고 공통점이 수없이 많지만 축구만큼은 예외다. 축구 때문에 가끔 난 소외감을 느낀다. 친구들이 축구를 하고서 아니면 TV에서 축구 경기를 보면서 나누는 대화를 나는 그들만큼 즐기지 못한다. 친구들과 축구 얘기를 하다 보면 나와 친구들의 언어가 다르다는 사실도 깨닫는다. 물론 나도 어느 정도는 이해할 수 있고 오프사이드가 무슨 규칙인지 설명할 수 있지만 축구를 실제로 '아는' 사람이 보기에 나는 분명 문외한이다. 스포츠와 비디오게임에 대한 태도가 사람마다 다른 원인은 단순히 시간과 경험의 차이일지도 모른다.

"내가 대학을 졸업하고 게임 업계에서 일하게 됐을 때 어머니는 내게 어릴 적 게임을 더 하지 못하게 해 미안하다고 사과했어요." 고스가 말했다. "어머니는 '게임에 장래가 있다고는 미처 생각하지 못했단다'라고 말했죠." 그날 고스는 어머니에게 게임이 자신에게 어떤 의미인지 얘기했다. 자신은 언제나 게임을 통해 논리력을 키웠고 목표를 설정하고 달성하는 방법을 배웠으며 결국 일자리도 얻게 됐다고 설명했다. "그때 어머니는 게임이 자신의 생각과 다르다는 사실을 깨달았어요." 이는 전 세계 어느 가정에서나 일어나는 상황이다. 어렸을 때 게임을 해본 적이 없어 게임 경험이 없는 부모는 게임하는 자녀가 걱정되기 마련이다. 외부 관찰자 눈에 게임은 고립적이고 소모적이다. 온정신이 컴퓨터나 TV, 스마트폰에 팔린 채 게임을 하는 아이들은 주변 세상과 단절돼 보인다. 캐릭터를 다룰 줄 모르는 사람은 게임을 이해하지 못하므로 게임이 더욱 위험하게 느껴진다. 당연히 아이들에게 게임 말고 다른 걸 하라고 하고 결국 싸움이 벌어진다.

"부모 노릇은 정말 힘들어요." 하이트가 말했다. "자녀와 단절돼 있다는 의심이 자주 들죠. 제 생각에는 아이들이 뭘 즐기는지 이해하고 함께함으로써 아이들 세상의 일부가 되려는 노력이 중요한 열쇠예요." 지금 부모 세대 대부분이 어릴 때부터 비디오게임과 컴퓨터에 익숙하다는 사실은 자녀와 게임에 관해 유익한 대화를 나눌 수 있는 무척 소중한 기회다. 게임을 하면서 자란 부모는 게임의 영향에 관해 나름 긍정적 견해를 갖는다. '단순 노출 효과mere exposure effect'를 다룬 수십 년의 연구가 이를 입증한다. 1960년대 심리학자 로버트 자욘스Robert Zajonc에

의해 유명해진 단순 노출 효과는 특정 자극에 반복적으로 노출되면 생소한 자극보다 익숙한 자극에 더 긍정적 반응을 보이는 현상이다. 대표적인 예가 광고다. 인터넷에서 어느 음료 광고를 본 적이 있다면 언젠가 목이 말라 슈퍼마켓에 갔을 때 한 번도 본 적 없는 음료보다 광고에서 본 음료를 선택할 가능성이 크다. 광고 노출 때문에 제품에 더 긍정적으로 반응하게 된 것이다. 게임 맥락에서는 2014년 앤디 프지빌스키Andy Przybylski가 옥스퍼드인터넷연구소Oxford Internet Institute에서 한 실험을 참고할 수 있다. 실험에 참여한 사람 중 65세 이상 성인은 게임 경험이 다른 연령대보다 적었으며 게임이 현실에서 일어나는 폭력의 원인이 된다고 믿는 경향도 강했다. 프지빌스키는 2016년 카디프대학교Cardiff University 네타 와인스타인Netta Weinstein과 함께 부모를 대상으로 실험했다. 연구 결과 직접 게임을 해본 적 있는 부모는 여러 과학 논문에서 입증된 게임의 긍정적 영향을 언급할 가능성(설문에서 게임이 친구를 사귈 기회가 된다거나 창의력과 사고력을 길러준다고 대답한 경우)이 게임을 해본 적 없는 부모보다 컸다. 자녀와 함께 게임을 하는 부모는 그러지 않는 부모보다 게임의 영향을 정확하게 이해할 가능성이 3배 높았다.

두 아들을 둔 하이트의 경험도 이를 뒷받침한다. "아들들이 멀티플레이어 게임인 〈에버퀘스트〉라든가 〈마리오 카트〉처럼 게임기로 함께할 수 있는 게임을 하도록 유도했죠." 하이트가 말했다. "게임을 하면서 같이 즐기고 대화를 나눴어요. 난 아이들과의 관계에서 신뢰를 무척 중요하게 여기는데 게임이 거기에 큰 역할을 했죠." 아이들이 어떤 게임을 하는지 알아내는 데 그치지 않고 게임을 '어떻게' 하는지 이해한다면 많은 이점을 누릴 수 있다. 일단 약간의 지식만 있다면 아이들이 열광하는 취미의 본질에 대한 두려움을 덜 수 있다. "부모는 자녀가 하는 게임은 해보지도 않고 '아이가 외톨이여서 걱정이에요'라고 푸념만 하죠. 하지만 중요한 건 포용이에요"라고 하이트는 충고했다. 하이트의 의견은 최근 과학계가 부모와 자녀 사이에 이뤄지는 기술 관련 대화에 자기결정이론을 적용하는 경향과 같은 맥락이다. 게임뿐 아니라 전반적 화면 관련 기술에 대한 대부분의 대화는 어떻게 하면 아이들이 화면을 보는 시간을 줄여 다른 취미나 숙제로 눈 돌리게 할 수 있는지 같은 현실 문제에만 초점을 맞춘다. 와인스타인은 2018년 연구에서 부모나 양육자가 기술 사용과 관련해 자녀의 행동을 통제하는 세 가지 방식을 살펴봤다. 첫 번째 방식은 규칙을 지키지 않으면 벌을 주겠다고 위협하거나 실제로 벌을 내리는 '외부 통제external control'다. 두 번째는 10대 자녀가 죄책감을 갖게 하는 '투입 통제introjected control'다(예를 들어 자녀에게 규칙을 따르지 않으면 실망할 거라고 말하거나 규칙을 어겼을 때 냉대하는 경우). 마지막으로 '자율성 지지autonomy support'는 양육자가 10대 자녀의 의견을 듣고 이해하면서 왜 규칙이 필요한지 설명하는 긍정적 방식의 대화를 일컫는다. 연구진은 이 세 가지 틀에서 구성된 짧은 시나리오를 1,000명의 10대 피험자에게 제시했다. 그리고 얘기 속 10대에 자신을 대입해 보게 한 뒤 양육자에게 신뢰받고 있다는 느낌, 규칙을 거부하고 싶은 정도, 양육자에게 기술 사용 사실을 숨기고 싶은 감정을 점수로 매기게 했다.

전반적으로 '외부 통제'는 효과가 없었다. 피험자들은 외부 통제를 받으면 자신이 신뢰받는다는 느낌을 받지 못했고 기술을 사용한다는 사실을 숨기고 싶어 했으며 규칙에 거부감을 가졌다. '투입 통제'도 그리 다르지 않았다. 신뢰도에는 큰 차이가 없었지만 기술 사용 사실을 숨기고 싶은 마음과 규칙을 거부하고 싶은 마음은 더 컸다. '자율성 지지' 결과가 가장 긍정적이었다. 10대 피험자들은 여전히 규칙에 반감을 느꼈지만 신뢰받는다는 감정이 가장 강했고 기술 사용 사실을 숨길 확률은 가장 낮았다. 물론 이 결과들은 가상의 상황을 상상한 것이므로 피험자들이 현실에서도 같은 반응을 보일지는 더 많은 연구가 필요하다. 하지만 한 가지 희망적 메시지는 발견할 수 있다. 권위적 규칙은 게임과 기술 사용에 관한 대화에서 역효과를 불러일으킬 가능성이 크지만 자녀에게 의견과 희망 사항을 말할 기회를 주는 건설적이고 서로 존중하는 대화는 아이들이 규칙을 따를 확률을 높인다는 것이다.

이는 게임의 본질과 게임을 하는 이유를 이해하는 것이 중요하다는 사실을 뒷받침한다. “저도 힘들 때가 있었죠.” 하이트가 말했다. “작은아들이 인터넷에 접속하지 못하게 암호를 설정해 놓은 적이 있어요. 저와 아들 사이에 말 그대로 냉전이 벌어졌죠. 아이는 내가 걸어놓은 암호를 어떻게든 풀고 그러면 난 또 암호를 걸었죠.” 그는 웃으면서 말을 이었다. “지금 아들은 컴퓨터공학을 공부하고 있는데 특히 네트워크 보안에 관심이 많아요. 아마 그때 일이 영향을 미쳤겠죠.”

자녀와 같이 게임을 하다 보면 위험이나 시간 낭비로 여겨지던 일이 가족이 공유할 수 있는 긍정적 경험으로 바뀔 수 있다. 실제로 게임 경험의 질은 〈와우〉 개발자들이 무척 신경 쓰는 문제다. “우리는 항상 게임 경험에 관해 대화해요.” 하이트가 말했다. “특정 연령대를 꼬집어 말하는 게 큰 의미가 있을까요? 〈와우〉는 타깃을 폭넓게 설정해 설계했고 실제로 많은 가족이 함께 게임을 하거든요. 그래서 우리는 콘텐츠를 보면서 자문해요. ‘이대로 괜찮을까?’ 그렇지 않다면 수정하죠.” 하이트는 게임 진행 속도를 예로 들었다. “속도에 관해선 많은 얘기를 하지 않는데 확장판을 출시할 때는 몇 주 동안 레이드raid*나 마지막

* 레이드는 여러 플레이어가 힘을 합쳐야만 강력한 보스를 물리칠 수 있는 어려운 도전을 의미한다. <와우>의 레이드는 일반적으로 10~25명이 무리를 이뤄 몇 시간 동안 공격해야 클리어할 수 있다.

에 보게 될 콘텐츠를 공개하지 않아요." 그가 설명했다. "플레이어들이 새로 추가된 공간을 경험하며 조금이라도 더 머물길 바라기 때문이에요." 실용적 측면에서 본다면 이는 개발자들이 게임의 여러 부분에서 나타나는 버그나 오류를 좀 더 체계적으로 관리하는 방법이다. 한편 플레이어들은 새로운 단계로 넘어가기 전 잠시 숨을 고를 수 있다. 새로운 콘텐츠를 한 번에 쏟아내는 건 플레이어와 개발자 모두에게 바람직하지 않다. 플레이어가 새 콘텐츠를 최대한 빨리 정복하려고 하면 피로를 느끼게 되고 무엇보다 게임에서 사회적 측면이 사라져 버린다. 그리고 개발자들이 플레이어들을 위해 오랜 시간을 들여 고심해 만든 풍성하고 다면적인 스토리는 무용지물이 된다.

모든 게임 개발자가 하이트와 고스처럼 뚜렷한 도덕적 책임의식을 갖는지는 알 수 없다(게임 업계의 어두운 이면도 곧 얘기할 것이다). 하지만 이들과 나눈 다채롭고 지적이며 유쾌했던 대화는 개발자가 일상에서 마주하는 의사결정 과정에 관해 많은 걸 알려줬다. 대화를 나누면서 그리고 이후 몇 주 동안 두 가지 사실을 깨달았다. 첫째, 게임에 관한 사회 논의에 개발자들의 목소리가 들리지 않는다는 것이다. 극히 특별한 경우가 아니면 게임을 만든 사람들이 게임 콘텐츠나 플레이 방식을 어떻게 결정했는지 알리는 뉴스나 기사는 거의 없다. 이는 개발자들이 자신을 드러내길 꺼려서(아니면 언론인이나 방송국이 관심이 없어서)일

수도 있고 개발자의 정체가 공개되면 일어날 수 있는 반발 때문일 수도 있다. 게임 저널리스트 스튜어트가 지적했듯이 이는 여성 게임 개발자에게 더욱 민감한 문제다. 게이머 하면 많은 사람이 특정 연령대의 남성을 떠올리듯이 아주 최근까지지도 게임 업계는 오랫동안 게임 개발을 독점해 온 젊은 백인 남성 이성애자를 개발자 이미지로 만들어 왔다. 그 결과 젊은 백인 남성 이성애자라는 기준에서 벗어나는 개발자들이 자신의 직업을 밝히면 인종차별이나 성차별을 당하는 경우가 허다하다. 두 번째 사실은 더 많은 사람이 게임을 즐겨야 한다거나 부모는 자녀와 함께 게임을 해야 한다는 주장은 전혀 틀리지 않지만 한 가지 중요한 점을 간과한다는 것이다. 게임은 오락 매체로서의 진입 장벽이 터무니없이 높다.

내셔널 비디오게임 아케이드에서 만난 이언 사이먼스Iain Simons 관장은 이 상황을 직설적으로 묘사했다. "비디오게임은 실제로 그 빌어먹을 걸 해보기 전까지는 바보 짓거리처럼 보이죠. 하지만 직접 해보면 반하고 말아요." 지난 몇 년 동안 이언과 그의 팀은 매년 10월 노팅엄에서 열리는 게임시티GameCity 축제에 참여하며 한 프로젝트를 진행했다. 그는 게임을 하지 않는 문화계 유명인사 여섯 명에게 모든 필요한 장비를 제공한 후 여름 동안 여섯 가지 게임을 하게 했다. 그리고 마지막 날 만찬을 열어 어떤 게임이 가장 좋았는지 얘기를 나눴다. 사이먼스는 "장르 같은 건 전혀 신경 쓰지 않았기 때문에 아주 엉뚱한 상황"이 펼쳐졌다고 설명했다. "피터 가브리엘Peter Gabriel과 데이비드 퍼트남David Puttnam이 〈앵그리 버드Angry Birds〉가 〈콜 오브 듀티〉보다 더 나은지 격렬하게 설전을 벌였어요." 사이먼스는 객관적으로 전혀 다른 게임을 비교하는 건 거의 불가능한데도 문화계 유명인사들이 게임의 우위를 가리려고 우스꽝스럽게 다투는 상황은 초현실 같은 멋진 경험이었다고 회고했다. 하지만 프로젝트에서 가장 어려운 일은 애초에 사람들이 게임을 하게 만드는 것이었다. 자원봉사자들이 참가자들의 집을 방문해 플레이스테이션이나 엑스박스를 설치해 주고 전원까지 켜줬다. 사이먼스가 웃으며 말했다. "상자에서 그 빌어먹을 걸 꺼낸 다음 콘센트에 꽂으면 가장 먼저 일어나는 일이 온갖 업데이트를 다운로드하는 거죠. 그러면 사람들은 망가졌다고 생각한다니까요."

이는 사소한 문제가 아니다. 어떤 면에서 보면 물리적 차원뿐 아니라 경험적 차원에서도 게임의 취약함이 드러난다. 게임은 여러모로 일시적인 경험이다. 마지막 판까지 깬 게임을 다시 할 이유는 거의 없다. 마찬가지로 첫 만남이 지속해서 이어지는 경우는 드물다. 사이먼스는 "내셔널 비디오게임 아케이드에 온 사람 중에는 한 번도 게임을 해본 적 없는 사람도 있어"라고 말했다. 그곳에서 생애 처음으로 게임을 하게 된 것이다. 따라서 이건 결정적인 순간이 될 수 있다. 이 한 번의 경험이 그들이 앞으로 게임을 어떻게 생각할지 좌우할 수 있다. "먼저 한 컨트롤러를 집어 들고 무슨 일이 일어나는지 요리조리 건드려 보죠. 그러고는 이내 '나랑 안 맞네' 하고는 내려놓고 말아요." 이런 면에서 게임은 다른 오락 매체와 다르다. 우리는 형편없는 영화를 봤다고 평생 다른 영화도 안 보진 않는다. 영화는 그냥 앉아서 보기만 하면 그만이기 때문이다. 심지어 어떤 영화가 '실패'라고 판단하기 위해 올라가야 하는 언덕은 어떤 게임이 '실패'라고 판단할 수 있을 때까지 올라야 하는 언덕보다 훨씬 낮다. 하드웨어를 연결하고 소프트웨어를 업데이트하고 '마침내' 게임 설치 과정이 모두 끝난 뒤에는 게임에 관한 전반적 지식을 쌓아야 하는 건 물론이고 키보드나 조이스틱 사용에 익숙해져야 한다. 물론 게임에 관한 지식과 기술이 점차 발전하면서 찾아오는 만족감은 많은 사람이 게임을 하는 이유다. 하지만 최초의 만남은 게임 세계관을 형성하는 데 결정적 역할을 한다. 사이먼스는 "현장학습으로 내셔널 비디오게임 아케이드를 찾는 아이들이 가장 실망스러워하는 게임은 〈동키콩Donkey Kong〉"이라고 말했다. "일단 어떤 게임인지 설명을 듣죠. 그런 다음 직접 해보면 엄청나게 어려운 게임이란 걸 알게 돼요. 2탄까지 가는 아이는 거의 없고요. 그러면 그냥 싫어하게 되죠."

여기서 게임에 관한 논의가 어려운 이유가 복합적이고 다면 적임을 알 수 있다. 게임 플레이는 개인적 몰입이자 상호작용의 경험이기 때문에 게임을 하는 사람들은 게임이 '무엇이고' '무엇이어야 하는지'에 관해 각기 강한 믿음을 가진다. 한편 게임을 하지 않는 사람에게 게임은 그저 낯설고 외로운 놀이일 뿐이며 직접 해보지 않았기에 어떤 면이 좋은지 알기 힘들다. 게임을 즐기기 위해 넘어야 하는 높은 진입 장벽을 생각하면 게임을 하지 않는 사람들이 게임을 하게 해 관점을 변화시키는 건 그리 단순한 해결법이 아니다. 가뜩이나 어렵고 아직 체계도 잡히지 않은 용어들 역시 게이머 대 비게이머, 게이머 대 게이머, 부모 대 자녀의 편 가르기를 부추긴다. 2012년 앨더만은 헬렌 루이스Helen Lewis와의 〈뉴스테이츠먼New Statesmen〉 인터뷰에서 게임을 명확하게 규정하기 어려운 상황을 다음과 같이 설명했다. "게임을 얘기하려면 그래픽을 얘기할 미술 평론가의 언어가 필요하고 스토리를 얘기할 소설 평론가의 언어도 필요하고 캐릭터의 연기를 얘기할 영화 평론가의 언어도 필요해요. 음악 평론가와 게임 플레이 평론가는 말할 것도 없죠." 그러므로 게임을 논의하기 위해서는 게임을 흥미롭고 재밌게 만드는 요소가 무엇인지, 서사가 얼마나 탄탄한지에 초점을 맞춘 새로운 언어나 양식이 필요하고 게임을 하는 사람뿐 아니라 하지 않는 사람도 이를 이해할 수 있어야 한다. 하지만 게임은 여전히 진화 중이고 스스로도 아직 완전한 정체성을 확립하지 못한 새로운 현상이다. 무엇이 게임이고 무엇이 게임이 아닌지 지나치게 엄격히 구분하는 언어를 정한다면 미래 개발자들의 동기를 가로막을 위험이 있다. 새로운 언어만큼이나 중요한 일은 게임에 관한 모든 사람의 생각을 듣는 것이다. 게임이 유익하다는 생각에 나는 어떤 의심도 없다. 창의력과 상상력을 맘껏 펼칠 수 있고 아이들은 기술에 관한 지식과 사회성을 기를 수 있으며 다른 매체는 결코 따라 할 수 없는 방식으로 사람들을 연결해 준다. 하지만 게임이 우리에게 어떤 영향을 미치는지에 대해 현재 이뤄지는 담화는 그다지 바람직하지 않다. 유익한 점과 해로운 점이 공존한다는 사실을 인정하고 이해해야만 게임을 하는 사람과 하지 않는 사람의 간극을 좁힐 수 있다. 하지만 게임이 '우리에게' 어떤 영향을 미치며 '우리를 위해' 어떤 혜택을 제공하는지 조사한 심리학 연구를 살펴보기 전에 애초에 심리학 연구 방식 자체가 지닌 문제를 잠시 짚어보자.

5

짧은 간주

○□△×

잠깐 게임이 아닌 다른 얘기를 해보려고 한다. 다음 장부터는 게임에 중독성이 있는지, 폭력적인 게임이 공격적 성향의 원인이 되는지 같은 '어두운' 면을 본격적으로 다룰 것이다. 하지만 그런 구체적 주장을 뒷받침하거나 반박하는 연구를 살펴보기 전에 알아둬야 할 사실은 앞으로 얘기할 연구 대부분이 심리학에 속하지만… 현재 심리학계 상황이 좋다고만 할 순 없다는 것이다. 나는 심리학이 겪고 있는 막중한 혼란과 이를 바로잡기 위해 제안된 여러 훌륭한 해결법을 한정된 지면에서 최대한 설명하려고 한다. 앞으로 얘기할 문제와 해결법은 모두 게임에 관한 사람들의 생각과 오해에 매우 실질적인 영향을 미친다는 사실을 기억하길 바란다. 가장 먼저 얘기할 연구는 초능력이 실재하는지에 관한 아주 진지한 논의다.

시작은 2011년 코넬대학교Cornell University의 저명한 심리학자 대럴 벰Daryl Bem 연구 팀이 《성격 및 사회심리학저널Journal of Personality and Social Psychology》에 발표한 논문이었다. 논문의 목적은 널리 알려진 심리학 실험 방식을 활용해 예지력, 다시 말해 미래를 예측하는 초능력의 존재를 밝히는 것이었다. 벰의 논문은 아홉 가지 실험을 소개했는데 그중 우리가 구체적으로 살펴볼 실험은 지극히 평범한 기억력 검사다. 보통 이 실험에서 실험자는 피험자에게 몇 개의 단어를 컴퓨터 화면에 빠른 속도로 보여준 뒤 최대한 많이 기억하게 한다. 이후 실험자는 피험자가 잠시 쉬는 동안 다른 일을 하게 해 기억을 방해한다. 쉬는 시간이 끝난 뒤 피험자는 긴 단어 목록을 받는데 목록에는 처음에 제시된 단어와 그렇지 않은 단어가 섞여 있다. 피험자는 처음 본 단어와 외운 단어를 구분하라고 요청받는다.

벰 연구진은 이 평범한 실험 방식을 뒤집었다. 먼저 피험자들에게 48개 단어를 하나씩 제시하며 읽게 했다. 그다음 곧바로 기억나는 단어를 순서와 상관없이 모두 타이핑하는 회상 시험recall test을 예고 없이 실시했다. 이후 컴퓨터 프로그램으로 48개 단어 중 24개를 무작위로 제시했고 피험자들이 그 단어를 보고 외우는 연습을 하게 했다. 결과는 놀라웠다. 피험자들은 '회상' 단계에서 나중에 '연습'할 단어들을 더 잘 떠올렸다(다시 말해 무작위로 제시될 24개 단어를 더 많이 떠올렸다). 한마디로 원인과 결과가 바뀐 듯했다. 피험자들은 20분 뒤를 미리 내다보고 그들이 제시받을 단어를 예측한 것처럼 보였다.

누군가 어떤 단어를 제시할지 미리 내다볼 수 있는 초능력으로 슈퍼히어로는 될 수 없다. 하지만 벰의 연구 결과가 진짜라면 인간의 인지능력에 관한 지식은 전부 다 물거품이 된다. 시간 여행이 정말 가능해 지고 〈마이너리티 리포트Minority Report〉는 잘 만든 공상과학영화가 아니라 훌륭한 다큐멘터리가 된다. 당연히 심리학자들은 이 실험 방법과 결과에 회의적이었다. 그러나 벰이 연구에 적용한 방식에는 문제가 없어 보였다. 실험 방식은 사이비 초심리학이 아닌 이미 잘 알려지고 입증된 심리 실험 절차였다.

심리학자들은 딜레마에 부딪혔다. 자신들의 연구, 분석, 결과 도출 방식에 심각한 문제가 있다고 인정하거나 초능력이 실재한다고 믿어야 했다. 이 문제에 관해 크리스 챔버스Chris Chambers 교수는 《심리학의 일곱 가지 대죄The Seven Deadly Sins of Psychology》에서 심리학자들은 "불가능한 결론을 선택하거나 내키지 않은 현실을 인정해야" 했다고 설명했다. 벰 역시 결과가 전혀 예상 밖이며 독립적 기관의 검증이 필요하다고 밝혔지만 진짜 문제는 이때부터 일어났다.

전 세계 연구소가 기꺼이 이 도전을 받아들였고 벰의 실험을 반복했을 때 같은 결과가 나오는지 분석했다. 이 같은 '반복 검증replication'은 과학 연구의 주춧돌이다. 과학 연구는 절대적 진실을 찾는 과정이 아니라 가장 틀리지 않는 답을 구하는 과정에 가깝다. 실험은 어떤 가설을 뒷받침하거나 반박하는 증거를 제시하지만 단 한 번의 연구로는 결정적 증거를 얻을 수 없다. 특히 심리학자들은 서로 부합하며 뭔가를 일관된 방식으로 설명하는 정보 조각을 찾는다. 반복 검증은 이를 위한 필수 과정이고 따라서 과학 논문에는 연구 '방법'을 설명하는 부분이 있다. A라는 연구자가 어떤 연구를 수행해 X라는 결과를 얻었다면 연구자 B는 A와 완전히 같은 방법으로 연구를 수행해 역시 X라는 결과가 나오는지 관찰한다. 같은 결과가 나온다면 X가 실재한다는 증거가 하나 더 늘어나게 된다. 그게 아니라면 불확실성이 높아진다.

문제는 어떤 연구 팀도 벰의 연구 결과를 재현하지 못했다는 것이다. 이뿐만이 아니었다. 심리학자 스튜어트 리치Stuart Ritchie와 리처드 와이즈먼Richard Wiseman, 크리스 프렌치Chris French는 반복 검증으로 예지력의 어떤 증거도 찾지 못한 뒤 벰의 논문이 실린 같은 학술지에 결과를 발표하려고 했다. 하지만 《성격 및 사회심리학 저널》은 관심을 보이지 않았다. 편집자들은 반복 검증 결과는 게재하지 않는다는 정책에 따라 그들의 연구를 검토조차 하지 않았다. 안타깝게도 이는 심리학 학술지의 오랜 관행이다. 많은 학술지가 상대적으로 흥미가 떨어지는 반복 검증보다는 '참신'하고 '자극적'이며 '긍정적'인 발견을 알리는 데만 집중한다.

이 현상의 공식 명칭은 '출판 편향publication bias'이지만 많은 사람이 '파일 서랍file drawer 효과'라고 부른다. 통계적으로 유의한 결과를 도출하지 않은 연구(이른바 '부정적 발견')나 새롭고 흥미롭지 않은 연구(누군가 이미 한 연구를 다시 검토하는 반복 검증 같은 연구)는 학술지에 게재되는 대신 실험실 구석에 있는 오래된 캐비닛에서 먼지만 쌓일 공산이 아주 크기 때문이다. 파일 서랍 효과를 가만히 두고만 본다면 과학 기록, 즉 저명한 과학 저널에 발표된 동료 검토 논문이 우리가 진정으로 무엇을 알고 있는지 제대로 반영하지 못한다. 예지력의 경우 그것이 존재한다는 논문은 출처를 알 수 있고 검토 가능한 과학 기록으로 발표됐지만 예지력이 존재하지 않는다는 아마도 더 정확한 논문들은 과학 기록으로 남지 못했다.

벰의 예지력 연구를 둘러싼 논쟁 이후 심리학자들은 과거에 비슷한 상황이 일어났는지, 그렇다면 얼마나 일어났는지 그리고 얼마나 많은 연구 결과가 실제로 반복 검증이 가능한지 묻기 시작했다. 반복 검증 문제의 실태를 파악하는 프로젝트 중 하나는 2015년 시작됐다. 버지니아대학교University of Virginia 심리학과 교수이자 개방과학센터Center for Open Science 공동 설립자인 브라이언 노섹Brian Nosek이 앞장섰다. 노섹은 5개 대륙 약 270명

과학자와 함께 저명한 심리학 학술지 세 곳에 2008년 한 해 동안 게재된 100개 연구 결과를 반복 검증하는 대규모 프로젝트를 진행했다. 결과는 절망적이었다. 불과 36퍼센트만이 반복 검증을 통해 동일한 결과가 재현됐으며 그렇다 하더라도 평균 효과는 2008년의 약 절반에 그쳤다. 사회심리학은 더 처참했다. 무려 75퍼센트가 결과를 재현할 수 없었다.

왜 이런 일이 일어났을까? 간단한 질문이지만 답은 복잡하다. 이른바 '반복 검증 위기'는 과학 연구계에 뿌리 깊이 박힌 악습을 재조명했다. 과학자들은 자신이 속한 학계에서 논문을 발표하지 않으면 살아남기 힘들다. 학술지에 게재한 논문 수와 지원받은 연구보조금 액수는 과학자의 실력을 판가름하는 오랜 기준이었다. 보조금을 많이 받을수록 논문을 많이 발표할 수 있고 발표 논문이 많을수록 보조금을 받을 확률이 높아지므로 논문과 보조금은 공생 관계를 맺는다. 하지만 학자로서의 경력에 도움이 된다고 해서 과학 자체에도 반드시 이로운 건 아니다.

예컨대 내가 100명의 피험자에게 실험 참가비를 지급할 수 있는 보조금을 받았다고 가정해 보자. 같은 비용으로 두 가지 선택을 할 수 있다. A안은 10번의 실험을 설계해 10개의 설문을 준비한 다음 각각 10명의 피험자를 모집하는 것이다. 10번의 실험이 끝나면 10편의 논문을 완성할 수 있다. 그러면 내 이력서는 더 나아 보일 테지만 고작 10명이 참여하는 실험은 큰 의미가 없다. 피험자가 적은 실험은 소위 '잡음'이라고 불리는 변동성이 많고 더 큰 인구 집단을 제대로 대표하지 못한다.* B안은 하나의 설문을 작성하고 100명의 피험자를 모집해 실험을 한 번만 하는 것이다. 실험이 끝나면 작성할 수 있는 논문은 한 편뿐이지만 내용은 훌륭하다. 데이터에는 잡음이 훨씬 적고 피험자 표본은 관련 인구 집단을 훨씬 정확하게 반영한다. B안은 과학에는 이롭지만 내 이력에는 큰 도움이 되지 않는다. 갚아야 할 대출도 있고 부양할 가족도 있는 나는 일자리를 잃으면 안 된다. 따라서 A안을 선택할 수밖에 없고 논문은 형편없어진다. 그래도 최소한 일자리는 잃지 않는다(어쩔 수 없는 일이라고 스스로 위안할 수 있다). 난 앞으로도 계속 A를 선택할 것이다.

왜 A안은 과학에 문제가 될까? 답을 하려면 앞에서 얘기한 파일 서랍 효과로 돌아가야 한다. 많은 심리학 학술지가 통계적으로 무의한('부정적') 결과보다는 유의한('긍정적') 결과를 선호한다는 사실을 떠올리자. 2010년 다니엘레 파넬리Daniele Fanelli는 심리학 학술지에 게재된 논문 중 약 90퍼센트가 긍정적 결과를

---

* 예를 들어 어느 인구 집단의 평균 신장을 알아보는 연구를 생각해 보자. 어쩌다 보니 내가 조사한 10명 모두 2미터(7피트)가 넘는 사람이었다면 산출한 '평균'은 해당 인구 집단의 진짜 평균을 반영하지 못한다. 120센티미터(4피트)부터 2미터에 이르기까지 키가 모두 다른 10명을 조사한다 해도 마찬가지다. 평균 키는 120센티미터와 2미터 중간 어디쯤이라고 결론 내리며 극단적으로 작거나 큰 사람 수가 150~180센티미터(5~6피트) 사이 사람과 비슷하다고 잘못 판단하게 된다. 이 역시 인구 집단의 실제 키와 거리가 멀다.

보고했다고 밝혔다. A안을 선택한 내 10개 실험 중 하나에서 부정적 결과가 나왔다고 생각해 보자. 어떻게든 논문을 학술지에 발표해야 하는데 부정적 결과는 골칫거리다. 이력서에 논문 수가 많지 않으면 일자리를 얻을 수 없거나 연구보조금을 지원받기 어렵다. 결과가 부정적인 실험은 심리학 저널에 게재될 확률이 낮다. 사실 전에 발표된 다른 비슷한 논문 모두 긍정적 결과가 나왔기 때문에 내 실험 역시 긍정적 결과가 나오리라고 생각했었다. 아마도 피험자 중 한 명(실험 내내 말을 듣지 않아 짜증을 불러일으킨 9번 피험자)을 내보내고 분석 방식을 약간 수정하면 될지도 모른다. 빙고! 이번에는 긍정적 결과가 나왔으니 논문은 세상에 나올 수 있다.

이 시나리오는 모든 심리학자는 아니더라도 상당수가 한 번쯤은 부딪혔을 딜레마다. 사실 분명한 근거가 있고 논문에 명시만 한다면 분석에서 특정 데이터를 제외하거나 분석 방식을 수정해 다시 실험하는 건 문제가 되지 않는다. 하지만 안타깝게도 그런 경우는 많지 않다. 이런 행위들은 '연구부적절행위questionable research practice, QRP'에 해당한다. 과학자들이 부주의하게 저지르는 QRP는 일반적으로 사기나 부정행위로 여겨지진 않는다. 솔직히 많은 심리학자가 알게 모르게 QRP를 저지르는 까닭은 그렇게 배워서기도 하다. 유의한 효과가 발견되지 않아 데이터를 계획보다 많이 취합하거나 분석 초반에 이미 유의

한 효과가 나와 데이터 취합을 중단하거나 연구 과정에서 활용한 모든 방법을 명시하지 않는 것(유의한 효과가 나오지 않거나 논문 작성이 복잡해지므로) 모두 QRP다. 연구자가 QRP에 많이 의존할수록 연구 결과는 왜곡될 가능성이 커진다. 다시 말해 무無에서 유有가 만들어질 수 있다. '의도적으로' QRP를 활용해 결과를 편향되게 하는 극단적인 경우는 분명 날조이며 속임수다. 네덜란드 심리학자 디데릭 스테이플Diederik Stapel이 그랬다.

스테이플은 수년 동안 자극적이고 흥미로운 실험을 발표하며 네덜란드 사회심리학계의 슈퍼스타가 됐다. 그의 연구 중 하나는 고기를 먹는 사람이 채식주의자보다 이기적이고 사회성이 떨어진다고 주장했다. 위트레흐트 기차역에서 실시한 또 다른 연구는 쓰레기가 많은 공공장소에서 사람들은 인종차별 성향을 드러낼 가능성이 크다고 주장했다. 스테이플의 연구들은 언론의 주목을 받았고 대중의 상상력을 자극했다. 그가 사용한 데이터 역시 상상의 데이터였다.

예지력 논쟁이 불거진 2011년 네덜란드 틸뷔르흐대학교Tilburg University 연구원 세 명이 자신의 일자리를 걸고 스테이플의 사기 행각을 폭로했다. 이후 시작된 조사에서 스테이플이 적어도 2004년부터 데이터를 날조했다고 드러났다. 그가 지도한 박사 논문 19편이 조사 대상이었는데 7편은 결국 철회됐고 12편은 의심의 여지가 있다고 판단됐다(하지만 이 중 단 한 편도 철회되지 않았다). 내가 이 책을 집필하는 현재 그의 이름으로 된 논문 58편이 학술지에서 철회됐다. 스테이플은 박사 학위를 자진 반납했고 120시간의 사회봉사를 조건으로 형사처분을 면했다.

스테이플은 학자로서의 삶에 종지부를 찍었고 이후 관련된 수많은 연구자가 타격을 입었지만 스스로 인정했듯이 시작은 얼핏 아무 문제없어 보이는 QRP였다. 놀랍게도 스테이플은 자신의 추문이 드러나고 바로 뒤인 2012년 회고록 《탈선 Ontsporing》을 발표해 실험에서 설명할 수 없는 결과가 나오면 문제가 되는 피험자들을 빼버렸다고 털어놨다. 원하는 결과가 나오지 않을 때는 원하는 결과를 보여주는 데이터 분석만 골라 보고했다. 냉정하게 생각하면 모두 이해하기 힘든 일이지만 앞에서도 지적했듯이 많은 연구자가 의도치 않게 또는 일반적 관행이기 때문에 이런 행태를 범한다. 스테이플은 "난 극단치(평균에서 지나치게 벗어난 예상 밖의 대답을 하거나 측정 결과를 보인 피험자 사례) 데이터를 잡아낸 다음 그들을 배제할 근거를 찾았다"라고 고백했다. "나이가 조금 많거나 아니면 적거나 느리거나 빠르거나 어떻게든 '정상'이 아니라면 모두 배제해 내가 예상했던 것에 결과를 맞추면 됐다."*

---

* 《탈선》은 2014년 심리학자 닉 브라운(Nick Brown)이 영어로 번역했다. 영어판 제목은 《가짜 과학: 학계 사기 사건의 진짜 이야기(Faking Science: A True Story of Academic Fraud)》다. 위 내용은 101~102쪽을 참고하라.

하지만 데이터 조작이 일상이 되면서 그는 원하는 결과를 얻기 위해 점차 극단적 방법에 기댔다. 뒤따를 대가를 생각하면 유혹을 뿌리치기 힘들었다. 저명한 학술지에 게재된 논문이 많아지면서 학계에서 명성은 드높아졌고 수많은 학회의 기조 연설자가 됐으며 언론의 주목을 한껏 받았다. "도저히 멈출 수가 없었다. 안달이 났다. 어딘가에 속하고 싶었고 어떤 일의 일부가 되고 싶었으며 점수를 올리고 싶었다. 잘하고 싶은 마음이 너무나도 간절했다"라고 스테이플은 당시를 회고했다. "강의를 끝내고 커피를 마시러 가거나 점심을 먹으러 갈 때면 사람들이 내 말을 한마디라도 들으려고 모여들길 바랐다."*

결국 스테이플은 악순환에 빠졌다. 흥미로운 아이디어를 떠올린 다음 가짜 데이터를 만들고 분석해 혁신적 결과를 도출하고 영향력 있는 학술지에 발표하는 과정을 반복했다. 그에게 연구는 이제 주변 세상을 이해하는 일이 아니었다. 자신만이 할 수 있는 주장을 떠올린 다음 그에 맞는 완벽한 판타지 세계를 창조하는 것이었다. 스테이플은 자신의 행각을 폭로한 보고서가 나온 뒤 다음 성명을 발표했다. "저는 거의 무엇도 잘못될 수 없고 무엇이든 성공할 수 있는 세계를 만들었습니다. 모든 일이 예정대로, 계획대로, 꿈꾼 대로 이뤄지는 그 세계는 완벽

---

* 앞의 책, 103쪽.

했습니다. 아주 이상하지만 순진하게도 모두에게 좋은 일을 하고 있다고 생각했습니다. 사람들을 돕고 있다고 믿었습니다."

우리는 스테이플이야말로 극단치며 그의 충격적 행각은 전혀 일반적이지 않다고 착각하기 쉽다. 물론 스테이플 사례는 과학계에서 일어난 최악의 사기 사건 중 하나지만(과학계 부정행위를 알리는 웹사이트 '리트랙션 워치Retraction Watch'는 스테이플 사건을 역대 부정행위 3위로 기록했다)* 사기는 많은 사람이 생각하는 것보다 흔하게 일어난다.

2012년 경제학자이자 행동과학자인 레슬리 존Leslie John과 조지 뢰벤슈타인George Loewenstein, 드라젠 프렐렉Drazen Prelec은 심리학자 2,000명을 조사해 QRP 정도를 알아보는 중요한 논문을 발표했다. 대상 심리학자 중 무려 94퍼센트가 실험에서 측정된 사실을 발표 논문에서 일부 생략하는 등 하나 이상의 QRP를 저지른 적이 있다고 고백했다. 더군다나 약 40퍼센트는 한 번 이상 데이터를 위조했다. 밝혀진 제2의 스테이플 수가 이 정도라면 걸리지 않은 사기꾼은 훨씬 많을 것이다. 조금이나마 위안을 찾자면 이렇게 많은 심리학자가 연구 결과의 정확성에 영향을 줄 수 있는 행태를 저지른 세태가 반복 검증 위기를 설명하는 데 도움이 된다는 것이다.

---

* 1위와 2위 모두 마취학자라는 사실은 자못 섬뜩하다. 요아킴 볼트(Joachim Boldt)는 96편의 논문이 철회됐고 후지이 요시타카(藤井善隆)는 무려 183편이 철회됐다.

이제까지의 얘기는 암울하지만 내 의도는 심리학이 논문은 죄다 의심스럽고 학자들은 음흉한 사이비 학문이라고 말하려는 게 아니다. 오히려 그 반대다. 여기서 다룬 문제는 심리학만의 문제가 아니다(인공지능 분야에서도 반복 검증 위기가 시작되고 있다). 그리고 많은 심리학자가 문제를 회피하는 대신 다양한 방식으로 QRP의 영향을 줄여 부도덕한 과학자들이 설 자리를 없앨 방법을 찾고 있다. 그런 개혁 중 하나는 앞으로 특히 게임 연구에서 중요한 역할을 해야 한다. 바로 사전등록제도다.

심리학 연구가 일반적으로 어떻게 진행되는지 살펴보자. 먼저 실험 가능한 가설을 떠올린다. 예를 들어 '〈마리오 카트〉를 하면 기억력이 향상된다' 같은 식이다. 그런 다음 가설을 입증하거나 반박할 데이터를 모을 실험을 설계한다. 실험이 끝난 뒤 적절한 통계 방식을 적용해 데이터를 분석한다. 마지막으로 어떤 결과가 나오면 논문을 작성해 연구 분야를 전반적으로 설명하고 실험에 사용한 방법을 요약하고 데이터 분석 결과를 보고하고 결과의 의미를 고찰하고 앞으로 수행해야 할 연구를 제안한다. 작성한 논문을 학술지에 보내면 편집자는 해당 연구에 참여하지 않은 두세 명의 저명한 연구자에게 이를 전달한다. 논문을 받은 연구자들은 '동료 검토'를 수행한다. 검토 연구자들은 실험 방법이 올바른지, 통계 기법이 적절한지 꼼꼼하게 점검한다. 검토가 끝나면 편집자들에게 자신이 생각하는 논문의 강점, 약점과 함께 학술지에 게재할 가치가 있는지 아니면 게재 전에 추가 실험이나 다른 방식의 분석이 먼저 이뤄져야 하는지 알린다. 검토 과정을 두세 번 통과하면 마침내 논문이 학술지에 실린다.

하지만 이 과정에서 논문 저자들은 눈에 보이지 않는 수많은 결정을 내려야 하고 앞에서도 얘기했듯이 의심의 여지가 있는 행위와 오류를 저지를 수 있다. 실험을 종료하고 분석을 시작하기까지 얼마나 많은 데이터를 모아야 할까? 어떤 데이터가 필요할까? 어떤 분석 방법을 적용해야 할까? 모든 방법을 기록해야 할까 아니면 가장 흥미로운 방법만 보고해야 할까? 합리적인 의문도 있고 그렇지 않은 의문도 있지만 중요한 건 유독 심리학 연구에서 이 같은 질문에 너무 쉽게 답하는 현실이다. 그렇다면 실수가 어떻게 일어나는지 어렵지 않게 예측할 수 있다. 언제까지 데이터를 모아야 하는지 결정할 수 없다면 유의한 결과가 나올 때까지 데이터를 모아 분석을 반복하려는 유혹이 생길 수 있다. 〈마리오 카트〉가 기억력을 향상한다는 가설도 마찬가지다. 유의한 결과가 나온 이유가 게임이 '실제로' 기억력에 영향을 미쳐서인지 아니면 분석을 여러 차례 하다 보니 통계적 오류가 발생해 '유령' 효과가 나타나서인지 알 수 없다.*

---

* 왜 이런 상황이 문제인지 자세히 알고 싶다면 심리학자 탈 야르코니(Tal Yarkoni)가 2010년 블로그에 올린 명쾌한 설명을 참고하라. https://www.talyarkoni.org/blog/2010/05/06/the-capricious-nature-of-p-05-or-why-data-peeking-is-evil/

하지만 연구자가 실험을 시작하기 전에 데이터를 얼마만큼 취합할 것인지, 어떤 실험 방법을 활용할 것인지, 어떤 분석 방법을 적용할 것인지 등록한다면 여러 문제를 해결할 수 있다. 모든 과정은 공개적으로 이뤄져야 한다. 날짜를 기재한 사전등록 서류에 방금 열거한 정보와 함께 연구의 근거와 가설을 기록해 '오픈사이언스 프레임워크Open Science Framework' 같은 누구나 접근할 수 있는 웹사이트에 올린다. '사전등록 보고서'는 이 같은 생각에서 한 걸음 더 나아간다. 사전등록 보고서 접수 시스템을 갖춘 학술지는 제출된 보고서 역시 동료 검토를 받게 한다. 그러면 실험자가 데이터를 모으기 '전'에 해당 분야의 다른 전문가들이 실험 방법과 분석 절차를 평가하므로 잠재적 문제를 미리 바로잡을 수 있다. 이 제도가 실현된다면 검토 과정은 '이번에는 잘못했지만 다음에는 운이 따르길' 바라는 피드백에서 '이 부분을 고치면 결과 신뢰도가 높아질 것'이라고 말해주는 생산적인 조언으로 바뀔 것이다. 사전등록 보고서가 검토를 통과하면 연구자는 본격적으로 실험을 시작할 수 있다. 보고서에 명시한 대로 실험을 진행했다면 그 결과가 무엇이든 논문은 게재돼야 한다. 사전등록 보고서제도의 장점은 이미 보고서가 승인됐으므로 결과가 긍정적이든 부정적이든 학술지에 실리는 것이다. 그렇다면 과학자의 실험 동기는 '좋은 결과'를 얻기 위해서가 아니라 '좋은 방법론'을 발견하기 위해서로 바뀐다. 긍정적이고 새로운 결과를 만들어야 하는 위험한 문화는 유익하고 신뢰할 수 있으며 (바라건대) 반복 검증이 가능한 방법론을 제시하는 바람직한 문화로 탈바꿈한다.

물론 삶에서와 마찬가지로 과학에서는 많은 일이 말처럼 쉽지 않다. 사전등록이 심리학계에서 점차 큰 지지를 받고 있긴 하지만 아직도 많은 과학자가 동의하지 않으며 심지어 실험 연구 방식을 개선하려는 노력을 적극적으로 막는 연구자들도 있다.* 심리학의 일부 하위 분야는 반복 검증 위기를 아직 진지하게 받아들이지 않으며 QRP는 여전히 공공연하게 이뤄진다. 짐작했겠지만 그중 하나가 게임 연구 분야다. 장르별 게임이 인간 행동에 미치는 영향을 연구하는 분야가 특히 심각하다. 심리학 연구가 범할 수 있는 중대한 오류와 그 해결책을 알아봤으니 이제 아주 오랫동안 풀리지 않은 문제를 살펴보자. 폭력적 게임은 공격성을 유발할까?

---

* 반대 이유는 불분명하고 반대자 대부분은 원로 학자다. 아마도 자신이 오랫동안 고수했고 최근까지도 표준적이었던 연구 관행에 문제의식을 느끼지 못해서인 듯하다. 아니면 스스로 깨닫지는 못했지만 망가진 시스템에서 많은 혜택을 누렸기 때문에 개혁은 자신의 업적에 대한 공격처럼 보일 수도 있다. 하지만 개혁 목적은 연구자들을 개인 차원에서 공격하는 것이 아니라 사회구성원 모두가 과학의 혜택을 누리게 하는 것이다.

6

폭력적 게임은 해로울까?

Lost In A Good Game

○□△×

내 생애 최고의 휴가는 1995년 아버지와 함께한 샌프란시스코 여행이다. 우리가 먼 친척이지만 가깝게 지내는 가족을 만나러 미국에 갈 수 있었던 건 울워스Woolworths(오스트레일리아의 슈퍼마켓 체인으로 영국에도 진출했으나 현재는 철수했다_옮긴이)와 폴로Polo 민트 사탕 덕분에 스크래치 카드에 당첨됐기 때문이다. 여행을 떠나기 몇 달 전 〈파워레인저Power Rangers〉에 푹 빠져 있던 나는 슈퍼마켓에서 검과 악기를 조합한 드래곤 대거Dragon Dagger를 샀다. 검 모양의 관악기를 불면 거대한 공룡 로봇을 마음대로 조종할 수 있는 황당한 무기였다. 장난감 무기가 현실에서는 힘을 발휘하지 못한다는 사실에 실망했지만 잔돈으로 산 폴로 사탕에 스크래치 카드가 사은품으로 제공돼 조금이나마 위안이 됐다. 계산대에서 바로 동전으로 카드를 긁자 '1파운드 동전 500개 당첨'이라는 글자가 나타났다. 계산대 점원을 쳐다봤다. 그도 조금 부러운 눈으로 나를 바라봤다. 열한 살짜리에게 스크래치 카드를 권한 사실에 대한 죄책감은 전혀 없었다. 뭔가에 당첨됐다는 사실을 인지한 나는 곧장 아버지에게 달려가 얼른 집으로 돌아가자고 말했다. 다이빙해 헤엄칠 수 있을 만큼 황금이 가득 든 거대한 상자가 배달될 것이기 때문이었다.* 그전까지는 예산이 모자라 희망 사항에만 머물렀던 미국 여행을 가능하게 할 돈이었다.

여행에서 여전히 기억나는 순간 중 하나는 '리플리의 믿거나 말거나Ripley's Believe It Or Not' 박물관에 간 것이다. 박물관 외관이나 그 안에 있던 전시물 때문은 아니다. 입구 로비에 있던 신기한 조형물 때문이다. 허공에 있는 수도꼭지에서 물이 계속 나오는 단순한 구조였다. 마법이라고 생각하진 않았지만 어떻게 한 건지 몰라 계속 바라봤다. 아버지는 과학자가 아닌 건축 감리사였다. 하지만 주변 세상에 과학적 방식으로 접근했고 어린 나도 과학적 시각을 기르길 항상 바랐다. 아버지에게 수도관 없는 수도꼭지에서 어떻게 물이 나오는지 설명해 달라고 하자 아버지는 직접 알아내 보라고 말했다. 나는 다시 수도꼭지로 시선을 돌린 다음 생각에 잠겼다. 그러고는 이내 주춤거리

* 불평할 만한 일은 아니지만 실제로 <도널드 덕 가족의 모험(DuckTales)> 오프닝 장면을 재현할 수는 없었다. 몇 주 뒤 우편으로 도착한 건 수표 한 장이었다.

며 물줄기에 손을 댔다. 손은 물을 통과하지 못하고 수도꼭지를 눈에 보이지 않게 받치고 있던 투명 플라스틱 파이프에 부딪혔다. 내부에서 물줄기가 솟아오르는 플라스틱 파이프가 비밀 열쇠였다. 별것 아니었지만 세상에 대해 뭔가 알아냈다는 뿌듯함에 허공에 뜬 수도꼭지가 진짜 마법이 아니었다는 실망감을 완전히 잊었다. 내가 과학에 매료된 이유도 마찬가지다. 세상이 어떻게 움직이는지 스스로 알아내는 것은 미지의 힘이 세상을 지배한다고 단정하는 것보다 훨씬 흥미롭다.

수도꼭지 속임수 같은 작은 사건이 모여 나를 과학자로 만들었다. 내가 20여 년 전 여행을 추억하며 타고 있는 덜컹거리는 전차는 샌프란시스코 북동부 해안가의 완만한 커브를 따라 움직이며 관광 명소인 피셔맨스워프Fisherman's Wharf를 향하고 있다. 피어 45Pier 45의 조용한 모퉁이에 있는 믿거나 말거나 박물관에서 조금 걸으면 '뮈제 메카니크Musée Mécanique'가 나온다. 거대한 창고형 건물의 문을 열면 〈핀볼〉 기계, 오래된 동전 오락기, 요지경 기계, 손금 기계가 가득하다. 안으로 깊숙이 들어가면 오락실 황금기를 장식했던 기계들이 즐비하다. 고전적인 오락기가 늘어선 좁은 통로는 내가 상상해 온 시간 여행지와 가장 비슷한 공간이었다. 그러다 한 게임에 시선이 사로잡혔다.

1980년 처음 출시된 〈배틀존〉은 선으로 이뤄진 그래픽 화면 안에서 미래형 탱크를 조종해 가능한 한 다른 많은 탱크와 왜 나타났는지 모를 UFO를 맞히는 게임이다. 독특하게도 잠망경 형태의 뷰파인더를 통해 화면을 보기 때문에 진짜 전장에 있는 듯한 느낌이다. 최초의 가상현실 게임 중 하나라고 할 수 있다. 〈배틀존〉은 다른 이유에서도 흥미롭다. 게임이 출시되고 얼마 지나지 않은 1980년 말 미국 육군은 게임 개발사인 아타리에 제안을 하나 했다. 후에 1차 걸프전에서 활약한 다목적 탱크 브래들리 전투 장갑차Bradley Fighting Vehicle 포병들이 훈련 시뮬레이터로 사용할 수 있는 새로운 버전의 게임을 만들어 달라는 요청이었다. 내부에 반대 목소리가 있었지만 결국 〈브래들리 트레이너Bradley Trainer〉 버전이 개발돼 단 2대만 제작됐다.

실제로 〈배틀존〉은 군대에서 큰 역할을 하지는 않았지만 이 일화는 비디오게임이 대중오락 매체가 된 이후 오랫동안 사람들이 품었던 고민을 생생하게 드러낸다. 게임이 우리에게 '해로울까?' 게임을 수정해 탱크 훈련을 할 수 있다면 총으로 다른 사람을 죽이는 훈련도 할 수 있지 않을까? 수정하지 않아도 가능한 일 아닐까? 우리가 폭력적인 게임을 한다면 우리 행동이 폭력적 혹은 공격적으로 변하지 않을까? 탱크 시뮬레이션을 몇 판 끝낸 뒤 나는 오락실에 서서 이제껏 과학적 관점에서 품어 온 의문들을 다시 떠올렸다. 하지만 이 질문을 떠올리게 한 건 〈배틀존〉이 아니었다. 게임을 끝내고 뒤를 돌아보자 눈에 들어온 〈지네잡기Centipede〉 게임이었다.

1981년 출시된 〈지네잡기〉는 〈스페이스 인베이더Space Invaders〉처럼 적을 모조리 쏘아 없애는 방식이지만 표적이… 화면 꼭대기에서 내려오는 지네다. 거미나 다른 벌레도 있지만 지네가 가장 중요하다. 지네 몸통 일부를 맞히면 그 부분이 버섯으로 변하면서 지네가 앞으로 가던 길을 막아 플레이어가 있는 밑으로 내려가게 한다. 버섯 수가 많아질수록 내려오는 시간이 줄어든다. 간단한 게임이지만 생각보다 정교한 전략이 필요하다. 조종도 쉽지 않다. 공 형태의 컨트롤러를 굴려 캐릭터를 움직여야 하는데 레벨이 높아질수록 섬세한 조종이 필요하다. 당시 몇 안 되는 여성 프로그래머 중 한 명인 도나 베일리Dona Bailey가 개발한 〈지네잡기〉 게임은 〈팩맨〉과 함께 폭넓은 여성 팬층을 가진 첫 비디오게임이기도 하다. 그렇다면 왜 〈지네잡기〉에서 폭력성 논란을 떠올렸을까?

2001년 하버드대학교 연구진은 미국에서 6세 이상에 적합한 게임으로 분류되는 'E등급' 게임의 폭력성을 측정하는 실험을 시작했다. 피험자들이 90분 동안 게임을 하면서 게임을 마지막 판까지 끝내거나 그러지 못했을 때 폭력적인 행동을 나타내는 시간을 기록했다. 연구 팀이 정의한 폭력은 '공격자가 다른 캐릭터를 물리적으로 다치게 하거나 죽게 하거나 그러려는 시도'로 그 범위가 상당히 넓었다. 게다가 '캐릭터' 역시 의인화한 사물을 모두 포함했다. 분석 결과 〈동키콩 64〉는 폭력성이 7.4퍼센트였고 〈슈퍼 마리오 브라더스Super Mario Bros〉는 41.3퍼센트였다. 참고용으로 고전 오락실 게임도 분석했는데 놀랍게도 〈팩맨〉의 폭력성은 61.7퍼센트에 달했다. 1위는 무려 92.6퍼센트를 기록한 〈지네잡기〉였다.

'93퍼센트 폭력성'이라든가 '50퍼센트 폭력성'이라든가 하는 말이 현실적으로 무슨 뜻인지 도통 이해하기가 힘들다. 직접 해보면 〈지네잡기〉는 도무지 폭력적으로 느껴지지 않는다. 낮은 화소 캐릭터들은 완전히 비현실적이고 디지털 게임이 아닌 바깥세상에서 비슷한 존재는 결코 찾을 수 없다. 그렇다면 〈배틀존〉의 후예들은 어떨까? 〈콜 오브 듀티〉나 〈배틀필드Battlefield〉 같은 1인칭 슈팅 게임은 게임을 둘러싼 사회 논쟁이나 우려에서 종종 그 중심에 서왔고 총기 난사 사건이 일어난 후에는 더더욱 그랬다. 폭력적 게임과 현실 세계의 폭력적 행동 사이에 연결 고리가 있다고 주장하는 기사들은 더는 새롭지 않다. 1999년 콜로라도 컬럼바인고등학교Columbine High School에서 학생 12명과 교사 한 명이 총에 맞아 사망하는 사건이 발생했다. 당시 범인들은 1990년대 초부터 인기를 끈 전형적인 슈팅 게임 〈둠〉에 빠져 있었고 그런 게임을 했기 '때문에' 현실에서 총을 들게 됐다는 의혹이 제기됐다. 이후 버지니아공과대학교Virginia Tech 총기 난사 사건(2007), 노르웨이 사건(2011), 샌디 훅Sandy Hook 사건(2012), 영국 교사 앤 맥과이어Ann Maguire 살해 사건

(2014), 플로리다 파크랜드 총기 사건(2018)에서 언론은 모두 범인들이 1인칭 슈팅 게임을 즐겼다는 사실에 주목했다.

이는 민감한 문제다. 언론은 총기 사건을 뉴스로 다루면서 어떤 일이 일어났는지 설명하고 끔찍한 사건의 원인을 규명하며 재발 방지 대책을 얘기하려고 한다. 언론의 관심은 늘 그렇듯 살인 동기를 찾기 위해 범인의 배경으로 향한다. 그리고 21세기의 가장 보편적 여가활동 중 하나인 게임이 잠재적 원인으로 지목된다. 바로 여기서 과학이 제 역할을 해야 한다. 과학은 게임과 문제 행동 사이에 실제로 연관성이 있는지 밝힐 방법을 제시할 수 있기 때문이다(정말 연관성이 있다면 그걸 끊을 수도 있다). 어쩌면 폭력적 게임과 사람들이 더 공격적이게 되는 데 확실한 연관성이 있을지 모른다. 반대로 원래 공격적인 사람이 살인을 저지를 가능성과 폭력적 게임을 즐길 가능성이 클지도 모른다. 특정 부류 사람이 특정 환경에서 특정 게임을 한 뒤 공격성을 보일 수도 있다. 아니면 연관성이 아예 없고 정신 건강이나 가정환경 같은 다른 요인이 폭력적 행동을 촉발했을지도 모른다. 안타깝게도 게임의 영향을 다룬 심리학 연구는 여러 어려움 때문에 명쾌한 결론에 이르지 못하고 있다. 앞에서 언급했듯이 2001년 게임의 폭력성을 퍼센트로 나타낸 하버드대학교 연구에서도 한 가지 문제가 분명하게 드러난다. 사실 많은 연구 방법이 게임 현실을 제대로 반영하지 못한다. 게임에 관한 실험이 어떻게 이뤄져야 하는지 살펴보면서 하버드 실험의 문제(그리고 다른 여러 문제)를 알아보자.

게임에 관한 실험뿐 아니라 모든 심리학 실험을 시작하기 전에는 앞으로 할 일에 관한 기본 원칙을 세워야 한다. 실험을 통해 답하려는 구체적 질문은 무엇인가? 어떤 변수를 측정할 것이며 그 변수는 실험 질문과 어떻게 연관되는가? 데이터를 어떻게 분석할 것인가? 간단한 질문을 예로 들어보자. 게임이 삶의 다른 여러 면에서 사람들을 공격적으로 만들까? 이 질문에 답하기 위한 가장 기본적인 실험 형태는 다음과 같을 것이다. 먼저 다수의 피험자를 실험실로 모은 다음 두 집단으로 나눈다. 한 집단은 폭력적인 게임을 하고('폭력군') 다른 집단은 폭력적이지 않은 게임을 할 것이다('대조군'). 게임을 시작하기 전 두 집단 모두 공격성과 관련한 아래 질문에 답한다.

현재 당신의 상태는 어디에 해당합니까?

	매우 그렇지 않다.				**매우 그렇다.**
쉽게 화를 낸다.	○	○	○	○	○
쉽게 짜증 낸다.	○	○	○	○	○
쉽게 기분이 상한다.	○	○	○	○	○
자주 우울하다.	○	○	○	○	○
자주 욱한다.	○	○	○	○	○
항상 불평한다.	○	○	○	○	○

설문지를 작성한 뒤 피험자들은 20~30분 동안 정해진 게임을 한다. 게임이 끝난 후 피험자들에게 처음 작성한 설문지를 다시 작성하게 해 공격성이 변했는지 알아본다. 공격성 점수가 높아졌다면 게임 후 점수에서 게임 전 점수를 빼 피험자 스스로 평가한 공격성이 얼마만큼 변했는지 측정한다. 마지막으로 폭력군 점수를 대조군과 비교해 공격성 변화에 차이가 있는지 살펴본다. 이처럼 실험에서 한 가지 변수(폭력적인 게임과 그렇지 않은 게임)를 만들어 어떤 영향이 나타나는지(공격성이 얼마나 달라지는지) 추적하는 과정은 거의 모든 심리학 실험이 설계되고 수행되는 표준 틀이다.

실험 결과가 다음과 같이 나왔다고 가정해 보자. 폭력군과 대조군 모두 게임 전 설문에서는 공격성 수준이 같았다. 실험을 시작할 때 두 집단 사이에 아무런 차이도 없으면 실험에 도움이 된다. 하지만 게임 후 설문에서는 차이가 나타났다. 폭력적이지 않은 게임을 한 대조군은 공격성이 달라지지 않았다. 반면 폭력적 게임을 한 폭력군은 공격성이 '증가'했다. 그렇다면 이는 폭력적 게임이 공격성을 일으킨다는 증거가 될까? 사실 그렇지 않다. 설문으로 공격성을 측정하는 방식이 언제나 반박의 여지가 없는 합리적인 결과를 도출하진 않는다. 피험자들은 실험 목적을 알게 되면(실험자가 알려줬든 실험 중 우연히 알게 됐든) 이해하기 힘든 방식으로 행동하는 경우가 많다. 실제로

이 같은 실험에서 피험자들은 연구 목적이 게임과 공격성의 관계를 파악하는 것이라는 사실을 쉽게 알아챘다. 그러면 피험자는 '좋은' 피험자가 되려는 마음에서 실험자가 원하는 답을 주는 방식으로 태도를 바꾼다. 아니면 자신이 좋아하는 대상(게임)이 폭력처럼 부정적인 대상과 연관되길 꺼려 실험자가 원하지 않을 답을 줌으로써 실험을 망치려고 한다('골탕 먹이기 효과 screw-you effect'). 다시 말해 피험자의 답은 그들의 실제 감정을 제대로 반영하지 않기 때문에 실험 결과가 변수(게임의 폭력성 정도)의 영향 때문인지 아니면 다른 무작위적 요인 때문인지 확신할 수 없다.

게임을 연구하는 데 나타나는 첫 번째 걸림돌은 이처럼 공격성을 적절하게 측정하기가 어렵다는 것이다. 분명 공격성을 알아내기 위한 실험은 현실적인 여러 윤리 문제를 고려해야 한다. 실험 목적이 게임이 현실에서도 공격성을 일으키는지(예컨대 교내 총기 사건 형태로)에 관한 전반적 사회문제에 답할 과학적 증거를 모으는 것이라면 상황을 최대한 비슷하게 재현해야 하지만 이는 절대 불가능하다. 어느 윤리위원회도 피험자들이 서로 폭력을 행사하는 실험을 허용하지 않는다. 과학자들은 폭력성을 간접적으로 측정할 대안을 찾을 수밖에 없다. 앞에서 설명한 설문지가 한 예다. 골탕 먹이기 효과가 없다고 가정할 경우 피험자들에게 자신이 공격적이라고 생각하는지 묻는다면 실제 물리적 공격을 관찰하지 않더라도 일종의 공격성이라고 간주할 수 있는 뭔가를 측정할 수 있다. 공격적 행동을 더 폭넓게 관찰한 연구 중에는 피험자들을 화나게 한 다음 그들의 언어가 얼마나 공격적으로 변했는지 분석한 방식도 있다. 하지만 이 역시 물리적 공격성과 직접적 연관성은 없다. 몇몇 연구자는 전기충격 장치로 물리적 공격성을 가장 근접하게 측정할 수 있다고 생각했다. 그러나 전기충격 실험의 윤리적 문제는 제쳐두더라도(실제로 고통을 일으킬 만큼 강하지 않은 전기충격이 과연 신체적 공격을 대신할 수 있는지도 의문이다) 밀그램Milgram의 복종 실험* 은 특히 대학생 사이에서 워낙 유명하기 때문에 대부분 대학생인 피험자들은 자신이 실제로 충격을 주고 있다고 생각하지 않는다.

피험자가 게임을 한 후 얼마나 '폭력적'으로 변하는지 알아보는 또 다른 두 가지 실험법이 최근 몇 년 동안 널리 활용되고 있다. 그중 더 일반적인 방식은 1967년 처음 개발된 '경쟁적 반

---

* 1960년대 미국 사회심리학자 스탠리 밀그램(Stanley Milgram)은 사람들이 권위에 복종하려는 의지를 알아보는 실험으로 윤리적 논란을 일으키며 유명해졌다. 밀그램은 피험자들에게 고통이 기억력 향상에 영향을 미치는지 알아보는 실험(거짓 실험)을 위해 '실험자'를 도와달라고 요청했다. 피험자들은 실험 대상자('학습자')가 질문에 틀린 답을 말하면 전기충격을 가해야 했다. 실제로는 어떤 충격도 전달되지 않았지만 피험자들은 학습자의 답이 틀릴 때마다 전압이 상승한다고 생각했다. 피험자가 실험을 멈추고 싶어 해도 실험자는 계속하라고 지시했다. 밀그램 연구의 정확성에는 논란의 여지가 있지만 초기 실험에서 피험자 중 약 65퍼센트가 학습자의 생명을 위협할 수 있는 450볼트의 충격을 가할 때까지 실험자에게 복종했다.

응시간 과제Competitive Reaction Time Task', 줄여서 CRTT의 변형이다. 앞에서 설명한 설문지 기반 실험과 비슷한 환경에서 피험자들은 먼저 폭력적인 게임과 폭력적이지 않은 게임 중 하나를 하라고 요청받는다. 이후 이들은 혼자 방에 들어가 컴퓨터 앞에 앉는다. 실험자는 피험자에게 게임을 하는 동안 그의 반응시간과 다른 방에 있는 보이지 않는 다른 플레이어의 반응시간을 비교할 것이라고 알려준다. 반응시간 게임은 단순하다. 피험자와 상대편 화면에 어떤 표적이 나타난다. 표적을 발견하면 최대한 빨리 키보드를 눌러야 한다. '이기는' 사람은 상대방에게 큰 소리를 내보내 '벌'을 내릴 수 있다.

이 실험에서 눈에 보이지 않는 경쟁자는 사실 존재하지 않는다. 피험자가 '경쟁자'라고 생각하는 적은 피험자에게 반응시간 과제를 수행하게 하는 컴퓨터 프로그램이다. 다시 말해 실험자들은 피험자의 승패 빈도와 순서를 매우 정확하게 제어할 수 있다. 실험자는 피험자에게 그가 이길 때마다 상대방에게 내보낼 소음 크기와 지속 시간을 선택할 수 있다고 알린다. 피험자가 상대방에게 더 오랜 시간 동안 더 큰 소음을 내보내려고 한다면 공격성이 증가했다고 가정할 수 있다.

하지만 잠시 멈추고 생각해 보자. 이 실험에서 공격성을 평가하는 방법은 소음 크기와 지속 시간 '두 가지'다. 그렇다면 뭘 기준으로 삼아야 할까? 사실 실험자가 '공격성'을 어떻게 정의

하느냐에 따라 선택은 수없이 많아진다. 상대방을 시끄러운 소리로 괴롭히려는 것이 명백한 공격 성향이라고 주장하는 실험자는 피험자가 선택한 소리의 평균 크기를 기준으로 삼을 것이다. 한편 오랫동안 시끄러운 소리로 상대방을 괴롭히는 것이 더 분명한 공격 성향이라고 주장한다면 소리가 계속되는 평균 시간이 기준이 된다. 둘 중 무엇이 나은지 명확하게 판단할 수 없다면 소리의 평균 크기와 지속 시간을 곱해 두 가지 모두 기준으로 삼을 수 있다. 아니면 피험자가 한 모든 게임의 데이터를 집계하는 대신 피험자가 진 다음 이어진 게임에서 드러낸 '보복성 공격' 데이터만 분석할 수도 있다. 실험을 극단적으로 설계해 피험자가 첫 번째 표적물에서는 항상 이기게 한 다음 그 반응을 분석할 수도 있다. 첫 번째 표적물을 피험자가 상대방보다 먼저 맞힌다면 한 번도 진 적 없이 이긴 것이므로 그가 상대방에게 내보내는 소음을 '이유 없는 공격'으로 볼 수 있기 때문이다. 아니면 소리 평균 크기에 지속 시간의 제곱근을 곱할 수도 있다. 또는 시간 로그에 크기를 곱할 수도 있고….

이쯤이면 요지를 이해했을 것이다. 데이터를 분석하는 방법은 '무수히' 많다. 그리고 어떤 분석법을 선택할지는 '중요'하다. 2014년 당시 뮌스터대학교University of Münster 소속이던 말테 엘슨Malte Elson은 게임이 공격성의 잠재적 원인인지 알아본 기존 세 가지 CRTT 연구 데이터를 소리 길이, 크기, 게임 수를 여러 방식으로 조합해 재분석했다. 엘슨 연구진은 '정확히 같은 데이터'를 사용했지만 분석 방법에 따라 폭력적 게임이 공격적 행동을 증가시키거나 감소시키거나 어떤 영향도 미치지 않는다는 결론을 도출할 수 있었다. 다시 말해 게임이 폭력성을 일으키는지 알아보고 싶다면 이런 데이터로는 답을 찾을 수 없다. 데이터를 어떻게 다루느냐에 따라 결과는 완전히 달라지기 때문이다.

문제는 여기서 끝이 아니다. 후에 엘슨은 웹사이트(flexiblemeasures.com)를 만들어 CRTT로 공격성을 측정한 모든 논문(게임 관련 논문에만 한정하지 않았다)과 논문에서 적용한 분석 전략을 체계적으로 분류했다. 현재까지 엘슨의 데이터베이스에는 130편의 논문과 총 156가지의 데이터 분석법이 누적돼 있다. 다시 말해 CRTT를 적용한 논문 한 편당 약 1.2가지 분석 방법이 사용됐다. 어떤 논문은 한 가지 이상의 실험을 하거나 '동일한 논문'에서 여러 데이터 분석법을 적용했기 때문에 논문 수보다 분석 전략 수가 많다.

앞 장에서 심리학계의 반복 검증 위기와 사전등록제도의 필요성을 자세히 설명한 까닭은 이런 배경에서다. 이론적으로는 데이터를 분석하는 방법이 아무리 많아도 전혀 문제가 되지 않는다. 공격에는 여러 유형이 있기 마련이고 다양한 공격 유형은 서로 다른 방식으로 데이터를 분석해 연구할 수 있기 때문이다. 하지만 어떤 분석법을 적용할지에는 마땅한 근거가 있어야 한다. 현재 대부분의 논문에는 그 근거가 명시돼 있지 않다. 사전등록제도가 시행된다면 실험자는 근거를 밝힐 수밖에 없다. 그리고 통계적으로 유의한 결과가 나올 때까지 분석 전략을 이것저것 바꾸지 않고 선택한 전략의 결과를 끝까지 지켜봐야 한다. CRTT를 적용한 연구 중 압도적인 수가 데이터 분석 방식을 일관적으로 유지할 조처를 전혀 취하지 않았다는 사실을 고려하면 일부 연구자가 의식적으로든 무의식적으로든 스스로 원하는 답이나 특정 관점에 부합하는 답을 도출할 분석 전략을 선택했으리라는 의심을 떨치기 힘들다.

폭력적 게임에 관한 모든 실험이 CRTT를 활용한 건 아니지만 다른 분석 방법도 그리 나을 건 없다. 그중 하나가 '핫소스 방식hot sauce paradigm'이다. 핫소스 실험에서 실험자는 피험자들에게 폭력적인 게임이나 폭력적이지 않은 게임을 하게 한다. 그런 다음 피험자들에게 음식 선호에 관한 또 다른 실험에도 참여해 달라고 요청한다. 피험자들은 평범한 소스부터 혀가 타들어 가는 듯한 아주 매운 소스에 이르기까지 다양한 소스를 섞으라고 요청받는다. 실험자는 피험자들에게 그들이 떠난 후 들어올 다음 피험자(이번에도 가상 인물이다)가 그 소스를 먹게 되는데 그는 매운맛을 싫어한다고 알려준다. 피험자가 소스를 맵게 만들수록 공격적이라고 판단할 수 있다. 그럴듯하지 않은가.

누군가를 시끄러운 소리나 고춧가루를 잔뜩 뿌린 음식으로 괴롭히는 실험은 분명 사람들의 흥미를 자극한다. 그리고 많은 언론인이 이 같은 실험을 유일한 과학적 근거로 내세우며(아니면 어떤 근거도 내세우지 않으면서) 아무 거리낌 없이 폭력 사건의 원인을 게임으로 돌린다. CRTT 실험은 데이터 분석법이 유연하기 때문에 여러 CRTT 연구 결과를 비교해 의미 있는 결론을 얻기란 몹시 어렵다. 그래도 백번 양보해 CRTT 연구나 핫소스 실험이 일관적이고 비교 가능하다고 가정한다면 이것이 공격성에 관해 우리에게 뭘 알려줄까? 우리는 뭘 알고 싶은 걸까? 많은 논문의 서문에는 앞에서 얘기한 고등학교 총기 난사 사건들이 언급돼 있다. 우리는 현실에서 누군가가 다른 사람을 실제로 다치게 하고 죽이는 폭력 행위를 걱정하고 원인을 알고 싶어 한다. 하지만 큰 소음과 핫소스를 이용한 실험은 어떤 구체적인 '공격' 행위보다는 짜증에 관한 연구에 가까우므로 폭력 사태에 관한 유용한 정보를 얻기 힘들다. 대량 살상은 물론이고 어떤 폭력에 대해서든 거의 아무것도 알려주지 않는다.

실험실 기반 연구에서 우리가 아직 얘기하지 않은 또 다른 걸림돌을 살펴보기 위해 앞에서 다룬 설문지 조사로 다시 돌아가 보자. 실험에 참여할 피험자를 모집하고 나면 각각 폭력적인 게임과 폭력적이지 않은 게임을 할 두 집단으로 나눈다. 게임 종류는 어떻게 정할까? 그저 직관에 의존해 〈콜 오브 듀티〉

같은 게임을 '폭력적' 게임으로 선택할 것이다(좀 더 전문적인 용어로 말하면 폭력적 '조건'으로 선택한다). 피험자가 다른 플레이어나 컴퓨터가 통제하는 캐릭터를 공격해 죽이는 게임이 적당해 보일 것이다. 한편 이상적인 비폭력 조건('대조군')은 상대편을 공격하거나 죽이지 않는 게임일 것이다. 〈캔디크러쉬〉 같은 퍼즐 게임이다. 하지만 〈캔디크러쉬〉와 〈콜 오브 듀티〉에는 폭력성 외에도 여러 차이점이 있다. 〈콜 오브 듀티〉는 1인칭 관점에서 빠르게 전개되는 3차원 멀티플레이어 게임이다. 한편 만화를 보는 듯한 2차원 그래픽의 〈캔디크러쉬〉는 속도가 비교적 빠르지 않고 혼자 하는 게임이다. 두 게임의 플레이어 사이에서 공격성 차이가 발견됐다면 게임의 폭력성 유무 때문이라고 단정할 수 있을까? 다른 차이점 때문일 수도 있다. 실제로 일부 연구자는 게임이 어려워서 느껴지는 짜증 같은 요인이 중요할 수 있다고 지적한다. 브록대학교Brock University 심리학자 폴 아다치Paul Adachi와 티나 윌러비Teena Willoughby를 포함한 여러 연구자는 게임의 폭력성이 아닌 경쟁 요소가 폭력적 행동을 부추긴다고 주장한다. 아다치와 윌러비는 2011년 발표한 일련의 실험에서 피험자들에게 경쟁적이면서 폭력적인 게임(〈모탈 컴뱃Mortal Kombat〉 대 〈DC 유니버스DC Universe〉), 경쟁적이지만 폭력적이지 않은 게임(〈퓨얼Fuel〉), 경쟁적이지 않지만 폭력적인 게임(〈레프트 4 데드 2Left 4 Dead 2〉), 경쟁적이지도 않고 폭력적이지도 않은 게임(〈마블 블래

스트 울트라Marble Blast Ultra〉) 중 하나를 하게 했다. 이후 연구진이 핫소스 방식을 바탕으로 폭력성을 측정한 결과 피험자들은 경쟁적이고 폭력적인 게임과 경쟁적이지만 폭력적이지 않은 게임을 했을 때 가장 공격성이 강했는데 두 조건의 공격성 정도는 같았다. 한편 경쟁적이지 않은 두 게임을 한 피험자들은 공격성 행동이 낮게 나타났으며 경쟁적이지 않지만 폭력적인 게임과 경쟁적이지도 않고 폭력적이지도 않은 게임 사이에서도 공격성에 유의한 차이가 없었다.

아다치와 윌러비의 연구는 분명 흥미롭지만 지나친 해석은 경계해야 한다. 이들의 연구는 핫소스 방식이 공격성을 측정하는 적절한 방법이 아니라는 사실을 보여준 것뿐일 수도 있다. 바로 앞에서 강조한 문제도 발견된다. 이들의 연구에 사용된 네 가지 게임은 서로 전혀 다른 종류라 연구진이 고려하지 않은 다른 요인이 결과에 영향을 미쳤을 수 있다. 그렇다면 가장 이상적인 방식은 플레이 유형과 경험이 거의 같지만 폭력성에서만 차이를 보이는 비슷한 두 게임을 활용하는 것이다. 안타깝게도 그런 연구는 거의 없다. 대부분 서로 비교하기 힘든 '폭력적' 게임과 '비폭력적' 게임을 실험 대상으로 삼는다. 하지만 이 문제를 해결한 연구가 있다. 2016년 로테르담에라스무스대학교Erasmus University in Rotterdam의 율리아 크니어Julia Kneer 연구 팀은 피험자들에게 1인칭 슈팅 게임인 〈팀 포트리스 2Team Fortress 2〉를 변형한 두 가지 게임 중 하나를 하라고 지시했다. '폭력성이 높은' 조건에서 플레이어(그리고 상대편인 컴퓨터 캐릭터)는 적을 잔인하게 죽일 수 있는 화염방사기를 사용했다. 한편 '폭력성이 낮은' 조건에서 플레이어의 무기는 발사하면 무지개가 펼쳐지는 트럼펫 모양 기계였다. 무지개 공격을 받은 적은 주체할 수 없는 웃음이 터져 바닥에 쓰러진다. 그 외 다른 모든 면에서는 완전히 같은 게임이었다. 크니어 연구 팀은 CRTT로 피험자들의 공격성을 측정했는데 높은 폭력성 조건과 낮은 조건 사이에서 어떤 차이도 발견하지 못했다. 다시 말해 CRTT를 유용한 측정법으로 가정한다면 게임의 폭력적 콘텐츠는 플레이어의 플레이 경험이나 행동에 유의한 영향을 주지 않는다고 나타났다.

폭력적 게임이 사람들의 행동에 미치는 영향을 살펴본 실험실 연구는 앞에서 설명한 두 가지 결정적 결함 때문에 설득력 있는 확실한 증거를 제시하지 못한다. 행동에 영향을 준다고 나타난 결과도 있고 그렇지 않은 것도 있지만 이런 차이는 대부분 연구 방식이나 통계분석법이 다른 데서 비롯됐다.

하지만 이 문제 중 일부는 해결할 방법이 있다. 실험실 데이터를 분석하는 대신 '종단 연구longitudinal study'로 얻은 데이터를 관찰하면 된다. 종단 연구는 수만 명에서 수십만 명에 이르는 많은 사람을 오랫동안 추적하면서 일정 기간(예를 들면 6개월이나 1년)마다 분석하는 관찰 연구로 여가를 보내는 방식부터 학교 성적, 가정사에 이르기까지 다양한 주제의 정보를 수집할 수 있다. 어떤 사람은 살아가면서 게임을 할 테고 어떤 사람은 안 할 것이다. 마찬가지로 누군가는 공격적이고 반사회적인 행동을 할 테고 누군가는 그러지 않을 것이다. 종단 연구의 목적은 뭔가(게임을 하는 것)가 이후 삶에서 일어나는 다른 뭔가(공격적이거나 반사회적인 성향)와 상관관계가 있는지 그리고 다른 요소(사회경제적 지위나 부모의 간섭 등)도 영향을 미쳤는지 파악하는 것이다. 연구의 관심 대상에 영향을 줄 수 있는 다른 요소는 '혼란변수confounding variable'라고 부른다.

부모의 감시를 예로 들어보자. 간섭이 심한 부모는 자녀가 친구들과 어떤 놀이를 즐기는지 잘 알고 통금 시간을 정해놓을 것이다. 한편 간섭이 심하지 않은 부모는 자녀가 원하는 대로 하게 하며 자녀 행동에 되도록 개입하지 않는다. 게임이 반사회적 행동과 상관관계가 있는지 알아보는 종단 연구에서는 게임과 반사회적 행동에 모두 영향을 주는 부모의 간섭을 고려해야 한다(전문 용어로 '통제'해야 한다). 간섭하지 않는 부모의 자녀는 게임을 할 가능성이 클 뿐 아니라 나이에 맞지 않은 게임을 할 확률도 높다(부모가 게임 등급을 생각하지 않고 사주거나 아이가 친구 집에서 나이에 맞지 않는 게임을 하거나 그저 부모가 아무런 신경을 쓰지 않기 때문이다). 하지만 간섭하지 않는 부모의 자녀는 비행도 저지르기 쉽다. 무엇이든 할 수 있고 귀가 시간이 정해지지 않은 탓에 불량한 친구와 어울려 나쁜 영향을 받기 쉽다. 그러면 게임을 많이 하는 아이는 이후 반사회적, 공격적 성향을 보일 확률이 높아져 연구 분석에서 게임과 반사회적 행동 사이에 상관관계가 나타나게 된다. 그러나 아이가 게임을 하는 것과 반사회적, 공격적 성향을 보이는 것 모두 부모의 감시 정도 때문은 아닌지 확인해야 한다.

이처럼 종단 연구는 특정 주제에 관해 유용한 정보를 제공하지만 결과의 인과관계를 해석할 때는 주의해야 한다. 혼란 변수를 어떻게 통제하느냐에 따라 결과가 달라질 수 있기 때문이다. 최근 몇 년 동안 게임에 관한 여러 종단 연구가 이뤄졌지만 혼란 변수 때문에 결과를 100퍼센트 신뢰하기는 어렵다. 그중 일부는 폭력적 게임과 폭력적 행동에 상관관계가 있다고 주장한다. 예를 들어 미국 아이오와주립대학교Iowa State University 크레이그 앤더슨Craig Anderson 연구 팀은 2008년 9~18세 학생 1,595명을 대상으로 세 가지 종단 연구를 수행했다. 앤더슨은 저학년 때 게임을 많이 한 아이들이 이후 신체적 공격 성향이 강할 가능성이 크게 나타났다고 주장했다. 하지만 연구진은 피험자의 성별과 기존 공격 성향만 통제했다. 다른 연구자들이 다른 요인을 통제해 분석하자 다른 결과가 나왔다. 예를 들면 2011년 텍사스A&M국제대학교Texas A&M International University 크리스 퍼거슨Chris Ferguson 연구 팀은 학생 165명을 대상으로 한 종단 연구에서 우울증, 가정폭력, 반사회적 행동, 폭력적 성향의 친구를 비롯한 훨씬 많은 변수를 고려했다. 퍼거슨은 이 모든 요소를 통제하면 폭력적 게임과 공격적 행동 사이에는 어떤 상관관계도 나타나지 않는다는 사실을 발견했다. 마찬가지로 앞서 언급한 브록대학교 아다치와 윌러비도 학생 1,492명을 4년 동안 추적한 연구 결과를 2013년 발표했는데 공격 성향과 게임의 상관관계는 게임이 얼마나 폭력적인지가 아니라 얼마나 경쟁적인지에 영향을 받았다.

2016년 나는 이 논쟁의 답을 찾기 위해 브리스틀대학교University of Bristol와 유니버시티칼리지런던University College London 연구 팀과 공동으로 '에이번 부모 자녀 종단 연구Avon Longitudinal Study of Parents and Children'('90년대생 연구'로도 알려져 있다)의 데이터를 분석했다. 진 골딩Jean Golding 교수가 이끈 에이번 종단 연구는 학계의 소중한 자산이며 영국 과학계가 이룬 가장 위대한 성취 중 하나다. 사우스웨스트잉글랜드 에이번 지역에서 1990년대에 들어서자마자 시작된 이 연구는 1991년 4월부터 1992년 12월 사이에 출산할 임신부 약 1만 4,000명을 모집했다. 연구진은 임신 기간과 출산 이후 부모와 자녀를 상대로 주기적으로 설문을 실시해 학교생활, 가정환경, 종교, 건강 상태를 포함해 삶의 거의 모든 면을 조사했다. 그리고 정기적으로 신체검사를 받게 하고 타액, 혈액, 모발, 소변, 발톱, 태반을 채취해 검사했다. 그 결과 지난 25년 동안 유전과 환경이 건강과 발달에 미치는 영향에 관한 매우 광범위하고 중요한 데이터가 축적됐다. 그리고 정말 다행히도 연구진은 게임에 관한 질문도 설문에 포함했다.

나와 동료들이 에이번 연구 데이터베이스를 바탕으로 답하고 싶었던 질문은 비교적 단순하다. 어린 나이(우리 연구에서는 8~9세)에 한 게임이 10대(15~16세)에 나타나는 공격성이나 우울증과 연관성이 있을까? 우리는 방대한 데이터에서 게임과 폭력성 관계에 영향을 줄 수 있는 혼란 변수를 가능한 한 모두 찾아내려고 했다. 완전한 목록은 아니지만 정신 질환 가족력, 어머니의 교육 수준과 사회경제적 지위, 자녀가 여덟 살 때 신체적 괴롭힘이나 감정적 학대에 시달린 경험 같은 다양한 요소를 고려했다. 그리고 '행동장애conduct disorder'를 임상적으로 진단하는 입증된 평가 방식으로 공격 성향을 측정했다. 행동장애에는 폭력 행위, 동물 학대, 기물 파손, 절도, 자신이나 타인에게 위험을 가하는 행위처럼 사회적으로 용인되지 않는 여러 '바람직하지 못한' 행동이 포함된다.

우리는 뭘 알아냈을까? 위에서 열거한 잠재적 혼란 변수를 비롯해 가능한 모든 요인을 고려하자 8~9세에 한 게임 종류와 15~16세에 나타나는 행동장애 증후는 연관성이 약하다고 나타났다. 게다가 행동장애 진단을 받을 절대적 위험도 낮았다. 1,815명 중 행동장애 진단 기준을 모두 충족한 아동은 26명뿐이었다. 다시 말해 어린 나이에 아이들이 한 게임의 종류(적들을 모두 쏴버리는 게임)와 이후 나타나는 공격적 행동 사이에는 상관관계가 있긴 있었지만 무시할 수 있을 만큼 아주 약했다.

이는 종단 연구 고유의 문제를 생생하게 보여준다. 종단 연구에서 연구자가 통제한(또는 통제하지 않은) 요인은 결과에 매우 중요할 수 있다. 어떤 종단 연구도 완벽하지 않다. 연구자가 주목하는 대상이 무엇이든 영향을 줄 수 있는 모든 요소를 하나도 빠뜨리지 않고 고려하기란 불가능하다. 그러므로 어떤 '연관성'이 밝혀졌다거나 X가 Y와 '관련이 있다'고 말하는 연구가 있다면 이는 상관관계가 발견됐다는 의미다. 어떤 연구는 폭력적 게임을 많이 할수록 공격적 행동이 증가한다고 말하고 또 어떤 연구는 감소한다고 말하며 또 다른 연구는 변화가 없다고 말한다. 중요한 점은 게임의 폭력적 콘텐츠 비율과 공격성 증가는 '인과관계'가 아니라는 사실이다. 언제나 그렇듯이 상관관계는 인과관계가 아니다. 그렇다고 종단 연구가 쓸모없다는 얘기는 아니다. 오히려 그 반대다. 하지만 결과를 해석하는 데는 신중해야 한다.

그렇다면 우리는 지금 어떤 상황일까? 나 역시 이제까지 이뤄진 실험실 연구와 종단 연구에서 얻은 모든 지식을 종합해 게임의 영향에 관한 명확한 답을 내놓고 싶은 마음이 굴뚝같다. 하지만 여태껏 살펴봤듯이 상황은 엄청나게 복잡하다. 현재까지 이뤄진 연구가 모두 헛수고라든가 아무것도 얘기해 주지 못한다는 뜻은 아니다. 기억해야 할 정말 중요한 사실은 게임 연구가 이제 막 걸음마를 뗐다는 것이다. 게임은 상대적으로 새로운 기술이며 게임의 영향을 조사하는 과학 연구는 더더욱 새로운 분야다. 그러므로 게임이 우리를 어떻게 변화시키는지 지금 당장 완전히 이해할 수 있다는 생각은 불합리하다. 과학은 그런 방식으로 작동하지 않는다. 우리가 해야 할 일은 게임 연구가 앞으로 나아가야 할 길과 과거 실수를 극복할 방법을 고민하는 것이다.

이를 위해 두 가지 방법을 떠올릴 수 있다. 먼저 연구자들이 게임을 범주화하는 방식을 개선해야 한다. '폭력적' '비폭력적' 같은 구분법은 모호할 뿐 아니라 무의미하다. 대신 1인칭 슈팅 게임을 스포츠 게임이나 플랫폼 게임 또는 비행 시뮬레이션이나 퍼즐 게임과 비교하는 것처럼 장르에 초점을 맞춰볼 수 있다. 하지만 이 방식 역시 비교가 어려운 게임을 대상으로 한다는 문제는 해결하지 못한다. 그렇다면 특정 게임을 수정해 폭력성이나 경쟁성 측면에서만 플레이 경험이 다른 두 가지 버전으로 만드는 방법이 있다. 물론 수정 가능한 맞춤 게임을 개발하는 데는 상당한 시간과 돈이 필요하므로 연구 예산이 늘어난다. 하지만 비용 문제를 피할 방법은 있다. 앞에서 예로 든 크니어 연구 팀은 이 문제를 훌륭하게 해결했다. 〈팀 포트리스 2〉의 열렬한 팬들이 '모드mod'라 불리는 새로운 버전을 직접 개발한다는 점을 활용한 것이다. 〈팀 포트리스〉 플레이어들은 화면에 나타나는 정보의 활자 크기를 바꾸는 단순한 변화부터 게이머가 전혀 다른 방식으로 플레이할 수 있는 과감한 변화에 이르기까지 다양한 버전을 만들어 낸다. 크니어 팀의 연구 목적에 맞는 〈팀 포트리스 2〉 모드를 만드는 일은 비교적 어렵지 않았다. 물론 모든 게임을 이런 식으로 개조할 순 없다. 예를 들어 〈캔디크러쉬〉는 사탕을 움직이는 대신 벌레나 동물을 움직여 죽이는 잔인한 게임으로 바꿀 수 없다.* 하지만 거의 모든 장르의 게임마다 '모드'를 만드는 플레이어들이 있으므로 연구자들은 그들과 소통해 도움을 얻을 수 있다.

이처럼 연구자들은 게임 '콘텐츠'를 체계적으로 변경하고 분석하는 방법을 모색하는 동시에 게임 플레이의 '배경'이 미치는 영향도 신중하게 생각해야 한다. 사람들이 게임을 하는 이유는 저마다 다르므로 게임을 하는 방식도 제각각이다. 어떤 사람은 혼자 게임을 한다. 어떤 사람은 가족이나 친구와 같은 방에서 게임을 하고 또 어떤 사람은 멀티플레이어 온라인 환경에서 지구 반대편의 친구나 낯선 사람과 게임을 한다. 물론 혼자 게임을 하던 사람이 때로는 다른 사람과 하기도 하고 그 반

---

* 물론 원하는 대로 바꿔 새로운 버전의 게임을 만들면 되니 이론적으로는 가능하다. 하지만 그 게임은 더는 <'캔디'크러쉬>가 될 수 없다.

대 경우도 있다. 게임 플레이가 어떤 환경에서 이뤄지는지는 과학자가 당연히 물어야 하는 문제처럼 보이는데도 게임을 하는 상황이 플레이어 행동에 미치는 영향을 살펴본 연구는 놀라우리만큼 적다. 하지만 이는 반드시 물어야 하는 중요한 문제다. 사람들이 누구와 게임을 하는지 또는 어떻게 하는지 이해한다면 단순히 '폭력적'인 게임뿐 아니라 전반적인 게임이 미치는 영향에 관해 우리의 의문과 걱정을 새로운 관점에서 바라볼 수 있기 때문이다. 게임을 공격성의 원인이 아니라 위험의 표지로 생각하는 편이 더 적합하지 않을까? 다시 말해 누군가가 만사를 제쳐둔 채 오로지 게임만 하기 시작했다면 삶에서 어떤 문제를 겪고 있고 그 문제가 공격성을 부추긴다고 해석할 수 있지 않을까? 그리고 더 중요하게는 그 문제를 이겨내도록 도울 수 있지 않을까?

마지막으로 게임 연구의 밝은 미래를 위해서는 '공격성' 측정 방식을 개선해야 한다. 사실 정말 솔직하게 고백하자면 아직은 그 방법을 모르겠다. 어쩌면 새로운 측정 방식이 구체적으로 어떤 모습일지는 그리 대단한 문제가 아닐지도 모른다. 중요한 건 체계적이고 공개적이며 바람직한 방식으로 개발돼야 한다는 사실이다. 편향적 해석이나 분석에 취약한 측정 방식은 이미 수없이 많다. 공격성을 가장 이상적으로 측정하는 방식은 게임의 영향에 관해 어떤 의견을 갖는 학자든 유용하고 합리적이라고 인정하는 방식이어야 한다. 여기서 걸림돌은 오로지 하나다. 지난 몇 십 년 동안 게임이 공격성을 부추긴다는 집단과 그렇지 않다는 집단이 치열한 전쟁을 벌여왔다. 두 집단이 싸움을 멈추고 함께 머리를 모으게 하는 건 연구 자체보다 어려운 일이다.

7

도덕적 공황

○□△×

옥스퍼드대학교 안에 있는 베일리얼칼리지Balliol College의 고풍스러운 캠퍼스에는 옥스퍼드인터넷연구소가 자리 잡고 있다. 이름만 들으면 최첨단 기술이 가득한 현대적 빌딩일 듯하지만 주위 다른 건물처럼 독특한 방과 복도로 이뤄진 오래된 건축물이다. 하지만 옥스퍼드인터넷연구소에는 세계 최고 인재들이 속해 있고 그중에는 게임을 포함한 기술이 인간 행동에 어떤 영향을 미치는지와 같은 도저히 풀 수 없을 듯한 문제를 연구하는 사람들도 있다. 나는 연구소장인 앤디 프지빌스키 교수에게 왜 게임 연구자들은 항상 대립각을 세우는지 물었다. 프지빌스키와 처음 대화한 뒤 여러 번 더 만나면서 나는 그에 관해 두 가지 사실을 알게 됐다. 첫째, 그는 자녀들이 자랄 세상을 진지하게 걱정하는 더없이 가정적인 아버지다. 둘째, 그는 과학자 중에서도 특히 게임 같은 기술 매체의 영향에 주목하는 학자들의 연구 방식에 큰 문제의식을 느끼고 있다. 그는 사전등록 실험과 데이터 공유 같은 개방 과학이 게임을 이해하는 데 크나큰 도움이 되리라고 확신했다.

현재 프지빌스키는 화면 시청이 사회 차원에 미치는 영향과 소셜미디어, 게임, 영화 같은 매체가 전반적인 삶의 행복에 기여하는 정도를 연구하고 있다. 처음에는 구체적으로 게임에 초점을 맞춰 동기이론을 바탕으로 사람들이 게임을 하는 이유, 게임 구조와 콘텐츠가 공격성에 미치는 영향에 주목했다. 연구 결과 폭력적 콘텐츠의 양과 사람들이 게임을 하는 내재적 동기의 연관성은 약했다. 다시 말해 사람들이 게임을 하고 싶어 하는 이유는 폭력적인 콘텐츠가 좋아서가 아니다. 앞에서 얘기한 자기결정이론의 틀 안에서 이뤄진 프지빌스키의 연구는 보통의 믿음과 달리 폭력성은 게임을 더 매력적으로 만드는 요소가 아니라는 사실을 보여줬다.

프지빌스키와 처음 만났을 때 우리는 베일리얼 캠퍼스에 앉아 어렸을 때 한 게임들을 추억했다. 나는 〈소닉 CD Sonic CD〉의 시간 여행 역학과 사운드트랙이 얼마나 훌륭한지 얘기했지만 프지빌스키는 동의하지 않았다. "내 생각에 완벽한 게임은 〈슈퍼 마리오 브라더스〉예요." 그가 단호하게 말했다. "〈슈퍼 마리오〉야말로 플랫폼 비디오게임의 숭고한 이상이죠. 제 마음속에서 다른 모든 건 아류예요." 어느 정도 이해할 수는 있었지만 완벽한 게임에 관한 내 생각은 다르다. 내게 완벽한 게임은 〈젤다의 전설: 브레스 오브 더 와일드The Legend of Zelda: Breath of the Wild〉다. 물론 많은 사람이 나나 프지빌스키와는 전혀 다르게 생각할 것이다. 각자 게임에서 얻는 경험이 모두 다르기 때문이다.

프지빌스키는 최고의 연구 방법들로 사람들이 게임을 하는 이유와 게임의 영향을 분석해 왔다. 게임 연구는 어떤 면에서 보면 꿈의 직업이다. 취미나 개인적 흥미를 직업으로 삼는 사람이 드물다는 사실을 떠올리면 그와 나는 엄청난 행운아다. 사실 나는 게임을 오랫동안 즐긴 경험이야말로 게임의 영향을 과학적으로 깊이 이해하는 열쇠라고 믿는다. 우리는 완벽한 게임에 관해서는 의견이 다를지 모르지만 애초에 완벽한 게임이 뭔지 토론할 수 있었던 이유가 우리 둘 다 게임이 기계론적, 동기적, 감정적 차원에서 어떻게 작용하는지 알기 때문이다. 하지만 게임을 하는 게임 연구자에 대한 태도가 모두 긍정적인 건 아니다. "얼마 전 학회에 갔을 때 아주 신기한 일이 있었어요." 프지빌스키가 말했다. "대학 다닐 때를 기억해 보면 시험 보기 전에 꼭 누군가는 모두 들으라는 듯이 '아, 공부를 하나도 못했어. 어젯밤에 엄청나게 마셨거든' 하고 떠들잖아요. 자신의 실패를 합리화하려는 일종의 핸디캡 전략 아니겠어요? 게임 연구자들도 비슷한 소리를 해요. 내게 '아, 근데 전 게임을 안 해요. 한 번도 한 적 없습니다'

라고 털어놓는다니까요. 연구의 순수성을 의심받을까 봐 두려운 거겠죠. 음악을 연구하는 사람이 여기저기 돌아다니며 '아, 근데 사실 전 음악을 전혀 듣지 않습니다'라고 말하는 격이죠."

여기서 어떤 긴장 관계를 감지할 수 있다. 나를 포함한 많은 연구자는 게임을 연구하면서 취미로 게임을 하는 데 아무 문제도 없다고 생각한다. 탄탄한 과학적 근거를 바탕으로 연구하고 잠재적 편견을 경계하기만 한다면 게임을 하지 말아야 할 이유는 없다. 한편 다른 많은 과학자는 게임을 직접 하면 게임을 제대로 연구할 수 없다고 믿는다. 이런 생각은 게임 연구가 '진짜' 과학이 아니라는 마음속 깊은 불안이나 인식에서 비롯됐을 수 있다. 아니면 학계에 내 정치적 문제가 있어서일지도 모른다. 어떤 연구자가 자신이 게임을 한다고 인정하면 다른 학자들이 연구에 의문을 제기할 수 있다. 이 긴장 관계는 게임의 영향이 크지 않다고 주장하는 연구자들이 게임 산업의 '대변인'이라는 비난을 받는 극단적 상황으로 이어지기도 하며 때로는 홀로코스트를 부정하는 사람들과 동일시되는 촌극이 빚어지기도 한다.* 심리학에 문외한인 사람이라도 비방은 자신의

---

* 꾸며낸 얘기가 아니다. 2014년 게임학자 빅터 슈트라스부르거(Victor Strasburger)와 그의 동료는 《소아과학(Pediatrics)》지에 다음과 같이 주장했다. "미디어의 영향에 관한 연구는 수천 편에 이르지만 많은 사람이 전혀 믿지 않는다. 일부 학자가 이런 불신을 부추기는 까닭은 '널리 알려진 사실을 뒤집는 것'이야말로 자신과 자신의 연구를 알릴 수 있는 손쉬운 방법이기 때문이다. 오바마 대통령이 미국에서 태어나지 않았고 케네디 대통령이 암살되지 않았으며 인류는 달 위를 걸어본 적이 없고 홀로코스트는 일어나지 않았다고 말하는 사람들과 다르지 않다."

의견 입증에 좋은 방법이 아니라는 사실을 잘 알지만 게임 연구계에서는 이런 일이 비일비재하다. 이 같은 분열은 학자들이 과학에 이로운 방식으로 어려운 주제에 접근하는 데 방해가 될 뿐 아니라 연구 결과를 대중에게 알리는 데도 여러 문제를 일으킨다. 게임을 직접 하면 최소한 시스템이 작동하는 방식, 게임을 하면서 만나는 사람 유형, 특정 시점에서 특정 행동을 하는 동기, 기분에 따라 달라지는 게임 경험을 비롯한 게임에 관한 모든 걸 훨씬 명확하게 이해할 수 있다. 한마디로 콘텐츠 종류, 장르, 플레이 환경에 따라 미묘하게 달라지는 효과를 몸소 체험할 수 있다. 이 같은 통찰이 없는 담론은 게임의 다면성을 제대로 포착하지 못한다.

앞선 우리 논의를 포함해 연구 방법의 많은 문제와 일부 학자의 완강한 태도(때로는 터무니없는 비방)를 고려하면 게임과 공격성 또는 폭력 범죄 사이에 연결 고리가 있을 가능성에 관해 과학적 합의가 거의 이뤄지지 않은 상황은 그리 놀랍지 않다. 예를 들어 2015년 게임과 폭력성에 관한 학계 합의를 살펴본 논문이 4편 이상 발표됐다. 게임의 부정적 영향에 관해 학자들이 합의한 정도는 그들의 연구 분야와 질문 성격에 따라 10.1퍼센트('디지털 게임이 공격성에 미치는 영향은 사회문제다')에서 66퍼센트('폭력적 매체에의 노출과 공격성 사이에는 인과관계가 있다')에 이르기까지 폭넓었다. 이 66퍼센트라는 통계에는 이상한 점이 있다.

오하이오주립대학교Ohio State University 브래드 부시먼Brad Bushman 교수 연구진이 《대중미디어문화심리학Psychology of Popular Media Culture》지에 발표한 논문에서 이 수치를 인용했는데 연구 팀은 각각 미디어심리학자, 커뮤니케이션과학자, 소아과 전문의, 부모로 이뤄진 4개 그룹에 의견을 물었다. '폭력적 매체에의 노출과 공격성 사이에 인과관계가 있다'는 문장에 가장 많은 수가 동의한 그룹은 소아과 전문의였고(80퍼센트) 그다음은 부모였다(약 63퍼센트). 연구자로 이뤄진 나머지 두 그룹은 이보다 낮아 심리학자는 61퍼센트였고 커뮤니케이션과학자는 56퍼센트였다. '폭력적 게임이 아동의 공격적 행동을 증가시킬 수 있다'는 의견에는 연구자 중 66퍼센트가 동의했고 17퍼센트는 동의하지 않았으며 나머지 17퍼센트는 확실하지 않다고 답했다. 하지만 연구 결과는 완전히 뜻밖의 방식으로 발표됐다. 부시먼은 논문 보도자료에서 "의견을 밝힌 연구자 10명 중 8명이 폭력적 게임이 공격성을 증가시킨다는 사실에 동의했다"라고 말했다. 이는 데이터를 매우 극단적으로 해석한 것이며 합리적으로 결론을 유보한 많은 연구자를 무시하는 처사다. 그러나 논문이 발표된 후 언론은 역시나 과학계가 폭력적 미디어에의 노출이 공격성을 증가시킨다는 사실에 합의했다고 보도했다.

나는 두 가지 이유에서 부시먼의 논문을 예로 들었다. 먼저 제대로 된 근거가 없는 상황에서 연구자들이 합의를 이뤘다고 주장하면 학계가 논의를 계속할 가능성을 차단할 수 있다. 학자들이 미디어의 폭력성에 대해 '분명한' 합의를 이뤘다면 연구할 이유가 어디 있겠는가? 다음으로 부시먼의 논문이 발표됐을 때쯤 내가 〈가디언〉지에 밝혔듯이 문제는 분석 결과를 그저 창의적으로 해석하는 데 그치지 않았다. 당시 부시먼 연구의 동료 검토에 깊숙이 관여한 익명의 누군가가 나와 내 동료 챔버스에게 연락해 흥미로운 얘기를 들려줬다. 짧게 요약하자면 학술지에 발표돼 모두가 볼 수 있었던 논문은 동료 검토를 거친 원고가 '아니'었다. 익명의 제보자에 따르면 처음에 부시먼의 논문은 여느 논문과 마찬가지로 표준 검토 과정을 거쳤다. 그러던 중 한 검토자가 데이터 분석에 근본적인 통계 오류가 있다고 지적했다. 보통의 상황이라면 해당 논문은 거절당하거나 저자들이 재분석을 통해 검토자의 지적을 해결한 다음 다시 검토를 받아야 한다. 하지만 편집 팀은 무슨 이유에서인지 오류가 수정되지 않은 논문을 그대로 승인했고 오류를 발견한 검토자에게는 통계 문제를 설명하는 의견을 작성하게 해 이를 논문과 함께 게재하기로 했다. 이해하기 힘든 조치였지만 전혀 없었던 관행도 아니어서 검토자는 동의했다.

하지만 상황은 더 이상하게 흘러갔다. 논문 원저자인 부시먼 교수와 동료들은 검토자가 작성한 의견을 보고는 '새로운' 버전의 논문을 제출했다. 편집 팀이 요청하지 않은 새 버전은 검토자가 지적한 문제를 해결했기 때문에 함께 실린 검토자 의견이 무의미해졌다. 내가 이 책을 집필하는 현재까지 이는 대단히 이례적인 상황이다. 편집 팀은 요청하지 않은 논문을 받았다면 거절하거나 최소한 재검토가 이뤄질 때까지 보류해야 한다. 하지만 그러지 않았을 뿐 아니라 최종 게재될 때까지 '세 번'의 수정이 더 이뤄졌다(이 과정에서 저자 한 명이 추가됐다).

최종 발표된 논문에서 특히 미심쩍은 부분은 각주다. 한 각주를 보면 저자들이 '합의'의 정의를 연구 결과에 부합하도록 바꿨다는 사실을 확인할 수 있으며 이는 심사 과정에서 논문이 상당히 수정됐음을 알 수 있는 유일한 기록이다. 이 각주에 따르면 논문 초고 검토자 중 한 명이 "연구 결과들을 '합의'로 해석할 수 없음을 올바르게 지적했다. 편집자는 연구진에게 합의의 다른 조작적 정의를 사용해 다시 분석할 것을 승인했다". 내가 지나치게 보수적인지 모르지만 이는 논문을 처음부터 다시 검토해야 할 아주 중요한 변화로 보인다.

여기서 짚고 넘어가야 할 중요한 사실은 학술지 편집자들이 검토자들에게 추가 의견을 구하지 않고 독단적으로 결정을 내릴 때가 많다는 것이다. 물론 맞춤법 실수를 고치거나 어려운 문장을 쉽게 풀어쓰는 것처럼 연구 의미에 별 영향을 미치지 않는 사소한 문제는 당연히 추가 검토가 필요 없다. 내가 당시 〈가디언〉지에 설명했듯이 합의에 관한 부시먼의 논문은 두 가지 중요한 면에서 일반 관행을 벗어난다. 첫째, 저자들은 편집자들이 논문을 승인한 후 중요한 수정을 했다. 둘째, 저자들의 수정은 결과가 해석되는 방식에 중대한 영향을 미쳤다. 나는 통제되지 않는 연구자의 과욕이 어떤 결과로 이어지는지 뼈아프게 깨달으며 분노와 절망에 휩싸였다. 그리고 게임 자체와 게임을 할 때의 경험에 관한 연구자들의 개인적 믿음이 연구에 접근하는 방식에 영향을 줄 가능성을 다시 생각하게 됐다.

왜 연구자에 따라 게임에 대한 태도가 부정적이거나 긍정적인지의 문제는 최근 몇 년 동안 게임 연구의 중요한 주제다. 2017년 플로리다 스테츤대학교Stetson University로 자리를 옮긴 크리스 퍼거슨 교수는 게임과 폭력성 또는 폭력 범죄의 연관성에 관심 있는 학자 175명을 조사해 그들의 태도가 서로 다른 이유를 살펴봤다. 그는 '도덕적 공황 이론Moral Panic Theory', 줄여서 MPT라고 불리는 이론을 연구 토대로 삼았다. 가장 단순한 형태의 MPT에 따르면 사회는 주기적으로 특정 개인, 집단, 사물을 '공공의 적'으로 만들고 언론은 이들을 온갖 사회문제의 원인으로 지목한다. 사람들은 이 공공의 적을 금지, 제한하거나 그 영향을 차단하면 자신들이 우려했던 사회 위기에 억제력을 갖게 됐다고 믿으며 문제가 뭐든 해결되리라고 기대(착각)한다. 사회학자 에리히 구드Erich Goode와 나흐만 벤예후다Nachman Ben-Yehuda는 1994년 발표한 획기적인 저서 《도덕적 공황: 일탈의 사회적 구성Moral Panics: The Social Construction of Deviance》에서 도덕적 공황의 몇 가지 특징을 정의하며 진짜 문제는 공황 자체라는 사실을 설명했다. 이들은 공공의 적이 사회에 무조건 부정적인 영향을 미치리라고 여기는 도덕적 공황은 예외 없이 늘 '바람직하지 못하다'고 지적했다. 그들은 어떤 문제를 해결하려는 정치적, 사회적 대응과 행동이 사회에 실제로 가해지는 위협보다 훨씬 극단적인 불균형 문제도 꼬집었다(사람들이 '인식하는' 위협과 비교하면 극단적이지 않을 수 있다). 그리고 도덕적 공황 대부분은 휘발성이 강하다. 폭발적으로 일어난 대중의 관심은 이내 저절로 사그라지거나 다른 공공의 적으로 옮겨 간다.

최소한 지난 한 세기 동안에는 다양한 형태의 오락 매체와 커뮤니케이션 매체가 번갈아 가며 공공의 적이 됐다. 사람들은 이 매체들이 청소년 폭력, 마약, 음란물 같은 온갖 '불순한' 형태의 사회 위기를 몰고 와 순수한 아이와 안전한 가정이라는 이상적 개념을 무너뜨릴 거라고 걱정했다. 예를 들어 심리학자 프레드릭 베르담Fredric Wertham은 1954년 《순수의 유혹Seduction of the Innocent》에서 만화책이 청소년 비행의 근본 원인이라고 주장했다. 같은 해 열린 의회 청문회에서 베르담은 다음과 같이 발언했다. "만화책 업계에 비하면 히틀러는 아무것도 아니었습니다. 만화책은 아주 어린 아이들을 표적으로 삼습니다. 글도 못 읽는 네 살배기에게 인종 혐오를 가르칩니다." 1980년대에는 관심 대상이 롤플레잉 보드게임인 〈던전 앤 드래곤〉으로 바뀌었다. 여러 종교 단체가 〈던드〉를 자살, 사탄 숭배 의식, 살인과 연결했다. 록 음악, 데스메탈, 공포영화, '포르노 비디오' 모두 공공의 적이 됐다. 1990년대 초에는 〈심슨 가족The Simpsons〉마저도 도덕적 공황의 위기에 처했다. 당시 조지 부시George Bush 미국 대통령은 '미국 가족들이 [유익한 TV 가족물인] 〈월튼네 사람들The Waltons〉과 비슷해야지 [가족의 제 기능을 못하는] 〈심슨〉이 돼서는 안 된다'고 말했다. 최근 몇 십 년 동안에는 게임이 공공의 적이었다. 이제는 우리가 곧 자세히 얘기할 스크린 타임screen time이 새로운 공격 대상으로 떠오르고 있다. 그리고 몇 년 안에 가상현실이 모든 사회악의 근원으로 여겨질 듯하다.

게임에 주목하는 연구자들을 분석한 퍼거슨의 2017년 연구에 따르면 연구자들도 도덕적 공황을 부추기거나 퍼뜨릴 수 있다. 그 이유 중 하나는 사회에 의미 있는 영향을 미칠 연구를 내놔야 한다는 압박감이다. 일반적으로 도덕적 공황의 출발점은 객관적인 과학 연구가 아니라 입증되지 않은 일화나 지극히 개인적인 경험이다. 특히 인터넷 시대에는 근거 없는 정보가 순식간에 퍼지고 연구자들은 뒤늦게야 증거를 제시한다. 위험이 존재한다고 말하며 공황을 부추기는 증거는 어떤 비평도 없이 받아들여지지만 위험의 존재를 반박하는 연구자나 학자는 의심받는다. 어느 쪽이든 연구 내용의 질과 수준은 중요하지 않다. 2012년 샌디훅에서 일어난 총기 난사 사건이 대표 사례다. 당시 스무 살 청년 애덤 란차Adam Lanza는 코네티컷 뉴타운에서 어머니를 살해하고 초등학교에 난입해 학생과 교사를 향해 총을 발사해 26명의 목숨을 앗아간 뒤 자살했다. 언론은 란차가 홀로 폭력적 게임을 몇 시간 동안 내리 하는 게임광이었다는 주변 얘기를 집중 보도했다. 이는 폭력적 게임과 공격적 성향의 연관성을 주장하는 연구들과 일치했다. 샌디훅 사건을 두고 그런 연관성이 약하거나 이를 성급하게 단정할 수 없다고 주장하면 의심의 눈초리를 샀다. 게임의 무시무시한 영향을 생생하게 보여준 실제 사례를 누가 감히 반박할 수 있단 말인가? 하지만 거의 1년 뒤 발표된 최종 수사 결과는 전혀 달랐다. 란차가 게임을 한 건 사실이지만 그가 사건 전까지 매달렸던 게임은 센서가 장착된 무대 위에서 스크린에 나오는 박자대로 발을 움직여 춤을 추는 DDR이었다. 란차의 만행을 한시라도 빨리 보도하고 싶었던 언론이 폭력적 게임을 원인으로 지목한 것이다.

퍼거슨이 지적했듯이 과학자들도 인간인지라 혼란에서 얻을 수 있는 이득을 거부하기가 힘들다. 현실에서 일어난 일이 아무리 비극적이라도 자신이 오랫동안 공들인 연구가 주요 언론 매체에서 거론되고 갑자기 많은 사람의 관심을 받으면 들뜰 수밖에 없다. 자신의 연구가 진짜 영향력을 발휘하기 시작했다는 생각이 든다. 학계에서 인지도가 올라갈 뿐 아니라 앞으로 더 많은 연구비를 보조받을 수도 있다. 게임 연구 기준이 아직 확립되지 않은 현재 상황에서는 의식적으로든 무의식적으로든 특정 맥락에 부합하는 결과를 도출하기가 조금도 어렵지 않다. 실제로 게임 연구자들이 전문가 지위에서 내놓은 많은 의견이 얼핏 보기에는 증거를 바탕으로 한 것 같지만 자세히 들여다보면 단순 추측이나 개인 견해에 불과할 때가 많아 도덕적 공황을 부추기고 있다. 따라서 연구자들의 의견을 이해하고 출처를 알아내는 일은 중요하다.

퍼거슨 팀은 범죄학자, 심리학자, 미디어 연구자와 소수 소아과 전문의, 정신과 전문의로 이뤄진 학자 175명을 조사했다. 연구진은 조사 대상자의 기본적인 인구통계 데이터와 함께 게임에 대한 태도, 아동과 청소년에 대한 일반적 태도, 자신의 도덕성이 주변 사람보다 높다고 믿는 정도(연구진은 이를 '도덕성에 관한 자기기만'으로 정의했다)도 살펴봤다. 퍼거슨 팀은 여러 가설을 시험한 결과 다양한 차원의 증거를 발견했다. 먼저 나이는 전반적으로 게임에 대한 태도의 중요한 지표로 나타나 나이가 많은 학자들이 젊은 학자보다 게임에 부정적이었다. 하지만 게임 경험을 고려하면 이 관계는 사라졌다. 나이와 상관없이 게임을 해본 시간이 적은 연구자일수록 게임에 부정적이었다. 그리고 젊은 세대에 대한 시각이 부정적일수록 게임에 대한 태도도 부정적이었다. 그러나 도덕성에 관한 자기기만은 게임에 대한 태도와 특별한 관계가 없다고 나타났다.

퍼거슨 팀이 마지막으로 시험한 가설은 범죄학자들(범죄 데이터를 가장 많이 접한 그룹)이 폭력적 게임과 아동·청소년 폭력성의 연관성에 대해 다른 학자들보다 회의적이리라는 가설이었다. 연구 결과 이는 사실로 드러났을 뿐 아니라 미디어 연구자 역시 심리학자보다 게임과 폭력성의 연관성에 훨씬 회의적이라고 밝혀졌다. 그러나 게임을 즐기는 미디어 전문가들은 상대적으로 많은 반면 범죄학자들은 다른 학자들보다 게임을 많이 하지 않았다(게임을 해본 경험과 게임에 관한 부정적 태도의 관계를 떠올리면 다소 의외의 사실이다). 그럼 범죄학자들이 게임에 관해 '가장' 부정적이어야 하지만 이는 그렇게 단순하지 않다. 게임을 해본 경험만으로는 게임에 대한 개인 태도가 긍정적인지 부정적인지 완전하게 설명할 수 없다. 퍼거슨이 지적했듯이 범죄학자들은 실제 세계의 공격성과 폭력에 관한 데이터를 다룬다. 그러므로 대학교 심리학과 실험실에서 이뤄진 공격성 연구의 결론이 실험실을 벗어난 현실 세계에도 적용될 가능성에 회의적이리라고 합리적으로 추측할 수 있다. 퍼거슨의 연구는 게임에 관한 학자의 긍정적, 부정적 견해는 연구 경험, 젊은 세대에 대한 신뢰, 게임을 해본 경험을 비롯한 여러 요소에 영향을 받는다는 사실을 분명하게 보여준다. 하지만 그의 연구에서 주목해야 할 또 다른 중요한 메시지가 있다. 연구 분야마다, 세대마다 게임에 대한 태도가 다른 현상은 학자들도 어떤 식으로든 '특별'하지 않다는 사실을 의미한다. 그들도 여느 사람처럼 시대적, 태도적 편견에 영향을 받는다. 따라서 우리는 언론의 관심을 갈구하는 전문가들의 얘기를 곧이곧대로 믿어선 안 된다. 그들의 얘기가 자신의 편견이나 신념이 아닌 객관적 데이터 분석을 바탕으로 했는지 의심해야 한다. 물론 이는 시간, 노력, 기술이 필요한 쉽지 않은 일이다. 머리기사만 읽는 데 그치지 말고 논평가들이 주장의 근거로 내세운 연구도 찾아봐야 한다. 논문들을 냉정하게 읽으면서 앞에서 얘기한 방법론이나 분석에 문제가 없는지 확인해야 한다. 하지만 모든 사람에게 이를 해낼 능력이 있진 않으므로 전문 지식을 갖춘 과학자들이 좋은 연구와 나쁜 연구가 무엇인지 대중에게 적극적으로 알려야 한다. 대중의 비평적 사고와 더불어 과학계의 적극적인 소통은 학계를 올바르게 규율하는 중요한 수단이다.

게임 연구가들이 지닌 믿음 형태, 믿음 동기, 믿음이 연구 방식에 주는 영향은 중요한 문제다. 이 문제들의 답을 구한다면 게임이 말 그대로 뇌를 녹인다는 과장되고 터무니없는 뉴스에 휘둘리지 않을 수 있다. 하지만 게임 연구가들이 조금도 제대로 대응하지 못하는 현실적 문제도 잊어선 안 된다. 게임에 관한 대부분의 사회적 논의는 편향적이고 단편적이며 이거 아니면 저거라는 식의 이분법적이어서 물어야 하는 중요한 질문을 모두 놓치고 있다. 내가 이 책을 쓰고 있는 지금 미국 대통령은 2018년 2월 일어난 파크랜드 총기 난사 사건과 폭력적 게임 사이에 연결 고리가 있는지 알아내기 위해 논의를 시작하겠다고 밝혔는데 참석자가 업계 지도자들과 총기 허용을 주장하는 보수주의자들뿐이다. 폭력적 게임이 끔찍한 학살을 일으킨다는 증거는 없다고 설명할 과학자들의 모습은 보이지 않는다.

그들의 논의가 총기 난사 사건에만 그쳐선 안 된다. 반드시 답해야 할 다른 문제도 있다. 예를 들면 게임 개발 회사와 미국 군수산업의 관계다. 2002년 미 육군은 정부 지원을 받고 1인칭 슈팅 게임 〈아메리카 아미America's Army〉를 개발했고 2005년까지 신병 중 약 40퍼센트가 입대 전 〈아메리카 아미〉를 한 적이 있다고 밝혔다. 저명한 게임 저널리스트 사이먼 파킨Simon Parkin은 2013년 〈유로게이머〉에 기고한 칼럼에서 〈콜 오브 듀티〉 같은 게임이 어떻게 '배럿 M82Barrett M82' 같은 실제 총의 명칭과 형태를 그대로 사용할 수 있었는지 설명했다. 파킨에 따르면 배럿사 관계자는 "게임이 잠재적 고객인 젊은 세대에게 브랜드를 노출할 기회"라고 여겼다. 그렇다면 연구자들은 〈아메리카 아미〉 같은 게임을 신병 모집 수단으로 삼는 조치의 윤리적 문제와 훈련 시뮬레이션으로 사용하는 게임의 효과를 질문해야 한다. 1980년대 〈배틀존〉을 변형한 〈브래들리 트레이너〉는 〈아메리카 아미〉의 선례다. 게임이 훈련에 효과적인지는 중요한 질문이다. 만약 그렇지 않다면 군인들이 쓸모없는 훈련 프로그램에 시간을 낭비하고 있는 것이기 때문이다. 효과적이라면 군사 훈련용 게임의 상업적 버전은 어떻게 설명할 수 있을까? 비슷한 맥락에서 게임 속 총기 광고가 전통적 광고 형태와 효과가 어떻게 다른지, 총기 소유와 관련한 장기 전망에서 어떤 의미를 띠는지 역시 반드시 질문해야 한다.

폭력적 게임에 주목하는 연구자들이 놓치지 말아야 할 다른 질문도 있다. 예를 들어 특정 인구 집단이 폭력적 매체에 노출될 경우 공격성이나 폭력성을 나타낼 위험이 더 큰지 살펴본 연구는 거의 없다. 위험 집단의 특징을 알아낸다면 게임으로 인한 정신 건강 문제를 예방하는 데 큰 도움이 될 뿐 아니라 게임이 개인마다 다른 영향을 미치는 이유를 더 잘 이해할 수 있다. 아이들이 새로운 형태의 게임을 받아들이는 과정과 현실을 해석하고 이해하는 능력에 게임이 미치는 영향을 다룬 연구도 상대적으로 적다. 시간의 흐름에 따라 게임 플레이 행동은 어떻게 발달하고 변화할까? 특정 연령대의 발달 과정마다 어떤 게임이 적절하며 게임이 발달에 도움이나 방해가 될까 아니면 아무 영향도 주지 않을까? 발달에 미치는 다른 영향과 게임은 어떤 관계일까? 등급 체계 같은 간단한 문제도 연구가 부족하다. 영국과 미국에는 게임에도 영화와 비슷한 등급 체계가 있지만 지켜지는 경우는 거의 없다. 이유가 뭘까? 게임 등급에 대한 사람들의 인식을 어떻게 개선할 수 있을까? 현재로서는 설득력 있는 답이 없다.

내가 이제껏 폭력적 게임에 관한 연구를 부정적으로 그린 건 사실이다. 연구자들이 공격성을 정의하는 방식에는 여러 문제가 있다. '비디오게임'이 정의되는 방식도 마찬가지다. 실험을 설계하고 데이터를 분석하는 방식도, 데이터를 학술지에 발표하는 방식도 그렇다. 무엇보다 연구자들이 뉴스 매체와 소통하는 방식이 심각한 문제다. 그리고 언론은 폭력적 게임과 현실의 살인 사건에 연결 고리가 있다는 근거 없는 얘기를 무분별하게 퍼뜨린다. 게임의 영향을 지나치게 단순화하는 이 같은 악순환 때문에 통찰력 있는 질문을 던지고 유익한 답을 주는 새로운 연구는 애당초 불가능하다. 그래도 우리는 이 모든 문제를 드러내야 한다. 감추는 데만 급급해서는 상황을 바로잡을 수 없다. 다행히 몇몇 긍정적인 신호가 있다.

먼저 폭력적 게임에 관한 많은 사람의 히스테릭한 반응에도 불구하고 상황은 보기보다 나쁘지 않다. 2015년 빌라노바대학교Villanova University 패트릭 마키Patrick Markey 연구 팀은 폭력 범죄와 게임 판매 사이의 장기적 관계를 분석했다. 결과는 상관관계가 아닌 그 반대에 훨씬 가까웠다. 1978년부터 집계한 미국의 가중처벌 폭행 사건과 살인 사건 발생률은 1992년 정점을 찍은 뒤 계속 감소하고 있다. 한편 같은 기간 동안 게임 판매량은 계속 증가했다. 따라서 범죄 발생률과 게임 매출은 반비례 관계라고 할 수 있다. 마키 연구진은 폭력적 게임의 전형으로 여겨지는 〈GTA 산 안드레아스Grand Theft Auto: San Andreas〉(2004), 〈GTA 4Grand Theft Auto IV〉(2008), 〈콜 오브 듀티: 블랙 옵스Call of Duty: Black Ops〉(2010)가 출시된 후의 폭력 범죄 발생률에도 주목했다. 연구진은 단절 시계열 분석법interrupted time-series analysis으로 각 게임의 출시일부터 이후 12개월 동안 일어난 폭력 범죄 양상을 관찰했다. 가중처벌 범죄율은 각 게임이 나온 뒤 미세하게나마 오히려 하락했지만 유의한 효과는 아니었다. 한편 살인 사건은 게임 출시 후 3~4개월 동안 통계적으로 유의한 수준에서 하락했다. 여느 연구에서와 마찬가지로 이 역시 인과관계를 성급하게 단정해선 안 된다. 마키 연구진이 게임 매출과 폭력 범죄에 영향을 줬을 다른 수많은 요소를 모두 고려한 건 아니다. 하지만 폭력적 게임과 현실의 폭력 행위 사이에 분명한 관계가 있다면 데이터에 '뭔가'가 나타나야 한다. 연구진은 폭력적 게임이 폭력 범죄에 미치는 영향이 존재하지 않거나 더 중요하고 강력한 요인에 의해 그 효과가 사라진다고 결론 내렸다.

또 다른 희망적 신호는 게임 개발자들이 지금의 문제를 잘 알고 있다는 사실이다. 물론 연구자들과 대중의 태도가 다양하듯이 개발자들의 태도도 서로 다르다. 〈와우〉 프로덕션 디렉터 하이트는 내게 새로운 관점을 제시해 줬다. "내가 블리자드에

오기 전에는 아주 폭력적인 게임과 전혀 폭력적이지 않은 게임을 동시에 만들었어요. 〈갓 오브 워God of War〉와 〈플로우Flow〉를 같은 시기에 작업했거든요." 소니 플레이스테이션 게임 중 전형적 전투 게임인 〈갓 오브 워〉는 반신반인 캐릭터가 주인공이 돼 악한 그리스 신들에게 복수하는 시나리오다. '생명체 시뮬레이션'으로 정의할 수 있는 〈플로우〉는 전혀 다른 게임이다. 벌레 같은 단순한 수중 생명체가 주변에 있는 다른 미생물을 먹으면서 진화한다. "〈갓 오브 워〉 팀은 자신들이 있어야 할 자리를 잘 알았어요. 가장 마초적인 캐릭터죠." 존이 말했다. 〈와우〉 팀과의 경험은 완전히 달랐다. "〈와우〉에서 우리는 너무 진지하거나 너무 진짜 같은 것보다는 코믹한 걸 원해요. 사람들이 판타지를 현실도피처로 여긴다는 사실을 잘 알거든요. 〈와우〉 세상에는 곳곳에 과속방지턱이 있어요. 상대적으로 안전한 곳이죠." 하이트의 얘기를 들으면서 전부는 아니더라도 많은 개발자가 게임이 제공하는 경험을 진심으로 고민한다는 사실을 깨달았다. "아무래도 직업이 직업이다 보니 집에 늘 게임이 쌓여 있어요." 하이트가 말했다. "아이들은 어떤 게임은 해도 되고 어떤 게임은 하면 안 되는지 규칙을 잘 알지만 친구들이 놀러 오면 다른 걸 해보고 싶어 해요. 그러면 친구 부모에게 전화를 걸어 '애들이 〈콜 오브 듀티〉를 하고 싶어 하는데 나이에 안 맞는 게임 같아서요. 괜찮을까요?'라고 물어야겠다고 생각하죠. 지금 아이들 세대의 부모도 게임을 하며 자라서 그런지 대부분 심각하게 받아들이는 것 같지는 않아요."

게임의 잠재적 악영향에 관한 대중의 논의를 개발자들이 주목하는 동안 주요 게임 개발 회사들도 게임에서 이른바 '독소toxic' 행위를 없앨 방법을 적극적으로 모색하고 있다. 게임 중에 다른 플레이어에게 욕설을 하거나 특정 플레이어를 고의로 계속 공격해 게임을 그만두게 하거나 같은 팀 구성원을 약 올릴 의도로 게임은 하지 않으면서 게임에 계속 머무는 'AFK'* 모두 독소 행위에 포함된다. 이 행위들은 반사회적일 뿐 아니라 심할 경우 인종차별, 성차별, 언어폭력에 해당한다. 독소 행위가 잦아지면 결국 모든 사람에게 게임은 즐겁지 않은 경험이 된다. 연구자들이 현실 세계에서도 나타나리라고 우려하는 게임 부작용도 이런 독소 행위들이다.

2017년 말 블리자드엔터테인먼트의 제프 카플란Jeff Kaplan 〈오버워치〉 수석 디자이너는 독소 행위가 온라인 게임에서 왜 문제인지 날카롭게 지적했다. "우리는 새로운 지도, 새로운 영웅, 새로운 애니메이션 영상을 만들고 싶어 합니다. 그곳에 우리 열정이 있습니다. 하지만 지금 우리는 엉뚱하게도 엄청난 시간과 자원을 들여 나쁜 행동을 한 사람들을 단속하고 있습

---

* AFK는 '키보드 앞에 없음'을 뜻하는 'away from keyboard'의 약자로 잠시 자리를 비울 때 다른 플레이어들에게 보내는 메시지다.

니다. 바람직하지 못한 행동들 때문에 게임 발전 속도가 심각하게 느려지고 있습니다." 블리자드 본사에서 그를 직접 만났을 때 더 자세히 얘기해 달라고 하자 그는 다음과 같이 말했다. "전통적인 1인칭 슈팅 게임에서는 대부분 스코어보드만 바라보죠. 실질적 팀워크는 없어요. 우리는 팀 기반 경험을 만드는 데 심혈을 기울였고 그 노력은 제대로 성공했죠." 하지만 부작용도 있었다. 몇몇 플레이어가 팀이 지거나 자신이 원하는 대로 게임이 풀리지 않으면 돌발 행동을 했다. "그들은 똑같은 주기를 반복해요. 먼저 '게임에 문제가 있어' 하고 생각하죠. 게임에 문제가 없다면 게임을 만든 사람 잘못이고 게임을 만든 사람 잘못이 아니라면 팀원 문제가 되는 거예요."

우리는 현실을 받아들여야 한다. 게임에서 지는 건 기분 좋은 경험일 수 없다. 약 절반의 비율로 진다면(개발 팀이 균형을 잘 맞춘 게임이라면 승률은 50 대 50이어야 한다)* 감정을 조절하는 데 상당한 자기통제력이 필요하다. 플레이어들이 분노를 주체하지 못하고 다른 누군가를 비난 대상으로 삼는 현상은 충분히 예상

---

* 상식에 어긋나는 듯하지만 <오버워치>처럼 잘 설계된 멀티플레이어 온라인 게임에서는 수백, 수천 번 게임을 반복하면 플레이어의 기술이 아무리 뛰어나도 승률은 약 50 대 50으로 나온다. 개발자는 기술이 좋은 플레이어가 초보 플레이어를 상대로 계속 이기길 원하지 않는다. 이는 베테랑 플레이어와 초보 플레이어 모두에게 바람직하지 않다. 능숙한 플레이어는 계속 이기기만 하면 금세 싫증을 낼 테고 미숙한 플레이어는 포기하고 더는 게임을 하지 않을 것이다. 그러므로 개발자는 수준이 비슷한 플레이어끼리 경쟁하는 시스템을 갖춘다. 그러면 모든 승부는 공정해져 각 팀의 승률이 비슷해진다.

할 수 있는 일이다. 카플란은 이 문제를 심각하게 고민한다. "절망적인 건 좀처럼 내키지 않는 극단적 조치를 해야만 독소를 제대로 없앨 수 있다는 거예요." 카플란이 말했다. "예를 들어 익명성을 포기하면 독소 행위를 자제하겠죠. 하지만 난 인터넷 게임이 현실의 정체성을 강요하면 안 된다고 생각해요. 실명제는 또 다른 여러 문제를 불러일으킬 거예요." 다른 방법은 플레이어 사이의 대화를 제한하는 것이다. 하지만 이는 사람들이 게임을 하는 기본 동기를 꺾는다. "이런 조치들은 빈대를 잡으려고 집을 몽땅 태워버리는 격이에요." 카플란이 설명했다. "온라인 게임은 아주 멋지고 다양한 방식으로 사회적 교류의 장이 돼주죠. 이를 방해할 극단적 조치를 쓸 수밖에 없다면 슬플 것 같아요. 그러고 싶지 않아요."

카플란이 슬퍼할 일은 없을 듯하다. 2018년 3월 90여 명의 게임 전문가와 게임 개발 회사가 페어플레이연합Fair Play Alliance을 결성했다. 연합 목적은 여러 공동 연구를 진행하고 다양한 정보와 우수 관행을 공유해 온라인 게임에서 독소 행위를 줄이고 공정한 플레이를 도모하는 것이다. 이제 막 시작된 프로젝트지만 각 개발사가 겪어온 문제와 그 해결책을 서로 공개한다면 언젠가는 게임 업계 전반에 적용할 수 있는 독소 행위 예방 기준과 규칙을 마련할 수 있을 것이다.

독소 행위를 제거하는 최고의 방법이 무엇인지 확실한 답은 아직 나오지 않았지만 나는 카플란 그리고 하이트와 대화하면서 게임 업계가 사람들의 걱정 앞에서 눈감고 있진 않다는 사실을 분명히 알 수 있었다. 게임이 현실에서 폭력적 성향을 부추기는 건 아닌지, 사람들의 입을 거칠게 만드는 건 아닌지 깊이 고민하고 있다. 이 문제들은 게임 개발자 대부분이 묻는 더 포괄적인 질문의 한 부분이다. 어떻게 하면 플레이어에게 긍정적이고 유익한 게임 경험을 선사할 수 있을까? 블리자드 개발 팀과의 짧은 만남을 계기로 나는 심리학자나 미디어 전문가가 물어야 하는 질문을 훨씬 더 진지하게 생각하게 됐고 왜 우리가 개발자들의 목소리는 잘 들을 수 없는지 궁금해졌다. 블리자드 팀과 잠시 나눈 대화는 내가 지난 5년 동안 읽은 게임의 영향에 관한 논문보다 훨씬 흥미로운 아이디어와 영감을 줬다. 그리고 과학자로서 우리가 얼마나 미성숙한지도 깨달았다. 우리는 잘못된 방식으로 잘못된 방법을 사용해 잘못된 질문을 하고 있다. 이 문제들이 풀리지 않으면 게임 연구계는 심오하면서도 유용한 질문에 답할 만큼 성숙하지 못할 것이다. 그중 가장 중요한 문제 하나는 내가 게임 과학에 흥미를 갖게 된 후 줄곧 품은 의문이다. 게임에 중독성이 있을까?

8

게임에 중독성이 있을까?

Lost In A Good Game

아버지가 돌아가시던 날은 잉글랜드 북부의 여느 11월처럼 음울한 회색빛 하늘로 시작했다. 금요일 아침마다 내가 얼마나 운동에 젬병인지 깨우쳐 주는 체육 수업은 이제 곧 주말이라는 신나는 사실을 잊게 할 만큼 진저리가 났다. 그 주에 우리는 사계절 내내 이용하는 야외 운동장에서 축구를 했다. 눈이 오나 진눈깨비가 내리나 비가 오나 해가 쨍쨍하나 상관없이 체육 수업을 하기에는 언제나 끔찍한 곳이었다. 두더지가 파놓은 두둑이 가득한 울퉁불퉁한 들판에 사포를 아무렇게나 덮은 듯했다.

운동장은 랭커셔 올드햄 외곽에 있는 언덕 한편에 있었다. 맑은 날에는 맨체스터 한복판까지 보였지만 운동장에 나가는 날이면 거의 어김없이 날씨가 궂었다. 멍하니 몽상에 빠져 먼

곳을 바라볼 여유는 없었다. 온몸이 어는 추운 날에는 가만히 서 있기보다는 점점 진창이 돼가는 흙색 지면 위에서 갈팡질팡하는 공을 아무 생각 없이 따라가는 편이 나았다. 좀 뛰다 보면 몸이 따뜻해지는 듯한 착각이 들었다. 난 언제나 그랬듯이 위험이 가장 적은 왼쪽 풀백 포지션을 맡았다. 축구는 나와 영 맞지 않았다.

그러다가 그 일이 벌어졌다. 운동장에서 저 멀리 떨어져 있는 누군가가 내 쪽으로 공을 힘껏 찼다. 허공을 나는 공 밑으로 달려가며 오버헤드킥을 해야겠다는 생각이 빠르게 머리를 스쳤다. 아 얼마나 '환상적'인 모습일까! 시간과 바람 모두 잠시 멈추고 모두가 지켜보는 가운데 가볍게 몸을 돌려 허공에 있던 공을 차면 모든 이의 긴장이 한순간에 무너질 것이다.

발은 빗나갔다.

균형을 잃은 난 넘어지지 않으려고 열네 살짜리 캉캉 댄서처럼 허공으로 차올린 오른발을 다시 땅으로 디뎠다.

또 발이 빗나갔다.

사실 착지에 실패한 건 아니다. 발이 아닌 다리의 다른 부분이 땅에 닿았을 뿐이다. 나는 온몸의 무게를 실어 발목으로 땅을 디뎠다. 통증이 바로 찾아오지 않은 건 추위 때문이었는지 수치심 때문이었는지 모르겠다. 하지만 1~2분 뒤 또 공을 차려고 한 건 분명 알량한 자존심과 고집 때문이었다. 이번에는 공을 차내는 데 성공했다. 그러자 고통이 다리를 타고 밀려왔다. 나는 바닥으로 쓰러졌고 손은 진흙 곤죽에 파묻혔다. 도저히 참을 수 없는 한기가 한순간에 온몸을 덮쳤다.

***

낮에 겪은 수치스러운 발목 부상과 밤에 겪은 아버지의 죽음으로 한동안 학교에 가지 않았다. 어머니가 연인과 함께 사는 집으로 이사한 후(부모님은 몇 년 전 이혼했다) 몇 주 동안 소파에서 꼼짝하지 않았다. 걱정하던 어머니는 내 생각을 다른 데로 돌리게 할 마음으로 좀 이른 생일 선물이라며 최신 게임기 닌텐도 64와 내가 가장 갖고 싶었던 게임을 사줬다. 〈007 골든아이GoldenEye 007〉는 당시 엄청나게 중요한 게임이었다. 게임 모티프가 된 본드 영화가 개봉하고 2년 뒤인 1997년 출시된 〈007 골든아이〉는 가정용 게임기를 위한 최초의 1인칭 슈팅 게임 중 하나로 집에서도 멀티플레이어 장르가 가능하다는 사실을 증명했다. '제임스 본드' 브랜드는 큰 효과가 있었다. 고전적인 오프닝이 시작될 때마다 마음이 설렜다. 나는 첫날부터 정신없이 빠져들었다. 행복한 몇 시간 동안이나마 아버지의 죽음과 창피한 발목 부상의 이중고를 잊을 수 있었다. 이후 한 주 동안 게임에 집착했다. 거실에서 게임을 하지 않는 동안에는 위층으로 올라가 느려터진 인터넷으로 게임을 잘할 수 있는 정보를 검색했다. 무슨 일이 있었는지 떠올리기 싫었다. 다음 레벨만 생각했다. 1인용 플레이를 계속 반복했다. 그러다 지겨워지면 멀티플레이어 모드로 들어가 홀로 어두운 구석을 찾아다니며 공격할 대상을 찾았다. 멀티플레이어 모드라고 해서 누군가와 같이한 건 아니었다. 나는 전형적인 게임 폐인이 돼갔다. 추운 겨울 잠시나마 해를 볼 수 있을 때도 밖에 나가지 않아 점차 하얘진 피부가 TV 화면에 창백하게 반사됐다. 그렇다고 무슨 문제가 있을까? 아무 문제도 없었다. 얼마 전 나는 어머니에게 당시 내 걱정을 했는지 물었다. 어머니는 내가 걱정되긴 했지만 게임을 한다는 사실은 걱정하지 않았다고 답했다. 어머니가 보기에 게임은 내가 거대한 상실에 대처하는 방식일 뿐이었다.

학교로 돌아왔을 때 누구도 아버지 일을 묻지 않았고 나 역시 〈007 골든아이〉와 잠시 맺은 관계를 누구에게도 말하고 싶지 않았다. 그동안 놓친 수업 진도를 따라가느라 순식간에 게임에 흥미를 잃었다. 아버지를 잃은 슬픔을 한 번도 정면으로 마주하지 않았다. 대신 상자에 담아 마음 한구석에 놓았다. 어쩌다 상자에서 슬픔이 새어 나오면 한동안 물리적, 감정적으로 스스로를 가뒀다. 이후 닌텐도 64의 또 다른 게임 〈시간의 오카리나〉를 알게 됐고 또다시 짧은 기간 동안 빠져들었다. 한 달가량 게임만 하다가 언제 그랬느냐는 듯 완전히 잃어버리는 주기가 몇 년 동안 반복됐다.

게임의 악영향에 관한 대화에서 항상 등장하는 주제는 집착, 좀 더 구체적으로 말하면 집착이 중독으로 바뀔 수 있는지, 그렇다면 그 시기는 언제인지다. 내가 생각하기에 이건 부모들이 게임에 관해 가장 이해하기 어려워하는 문제다. 아이가 자신이 잘 모르는 뭔가에 몰두하는 모습을 보면 불안하고 걱정되는 게 당연하다. 아이들은 다른 모든 일은 일어나지 않고 심지어 존재하지도 않는 것처럼 화면 앞에서 벌어지는 일에만 온정신을 쏟는다. 저녁을 먹거나 숙제를 하거나 잠자리에 들 시간이 되면 격렬한 말싸움이 벌어지기도 한다. 언론에서 전문가가 게임이 아이들에게 위험하다거나 '중독성'이 있다고 주장하면 자신의 경험을 떠올리며 내 아이 역시 중독되고 있는 건 아닌지 의심하게 된다. 하지만 게임의 중독성이 큰 주목을 받고 있더라도 우리가 언론에서 접하는 얘기와 과학이 하는 얘기는 전혀 다르다. 그렇다고 게임에 대해 아무 걱정도 할 필요 없다는 뜻은 아니다. 나는 무엇보다 아이들을 돈벌이 대상으로 삼아 마케팅하는 개발 업체에 정말로 걱정된다. 중요한 것은 게임의 몇몇 측면에 문제가 있다고 해서 게임 자체가 문제라는 식의 단순 논리가 게임 담화를 지배하는 현실이다. 가뜩이나 게임은 결코 쉽게 다가갈 수 없는 주제인데 언론이 게임 중독에 관한 혼란스럽고 때로는 모순되는 메시지를 쏟아내니 부모들은 어떻게 해야 할지, 얼마나 걱정해야 할지 갈피를 잡지 못한다. 우리가 뭘 걱정해야 하는지 알기 위해서는 과학적 연구가 제시하는 증거를 살펴봐야 한다.

비디오게임이 처음 나왔을 때부터 사람들은 중독성을 얘기했다. 1982년 듀크대학교 의학센터Duke University Medical Center 연구진은 《미국의학협회저널Journal of the American Medical Association》에 '〈스페이스 인베이더〉 집착증'을 앓고 있다고 주장한 25~35세 사이 남성 세 명의 사례를 보고했다. 세 남자는 각각 결혼하기 전 몇 주 동안 게임하는 시간이 크게 늘었고 매일 밤 잠들기 전 게임 장면을 떠올렸다. 듀크대학교 의학센터의 주장은 표본 수도 너무 적을 뿐 아니라 몇몇 부분에서는 고개가 갸우뚱해진다. 이를테면 저자들은 〈스페이스 인베이더〉에 대한 남자들의 집착은 결혼 결심에서 비롯된 분노를 다스리는 방식이었다고 분석했다. 자신들의 '본거지'를 쳐들어오려는 외계인을 물리치는 게임 행동에는 상징적 의미가 내포돼 있다는 주장이었다. 나처럼 결혼은 축복받아야 할 일생일대의 경사라고 여기는 사람도 있지만 결혼에 관한 사람들의 의견은 천차만별이라는 사실을 새삼 일깨워주는 언급이다.

듀크대학교 의학센터 연구진은 게임 집착이 일으킬 수 있는 개인 차원의 위험과 대인관계 문제를 최초로 질문한 학자들이었다.* 1980년대 연구자들은 게임 중독이 도박 중독이나 약물 중독과 비슷한 형태의 행동장애를 일으킬 수 있는지 관찰하기 시작했다. 하지만 당시 대부분의 연구는 관찰에만 머물렀다. 본격적으로 실험 연구가 시작된 건 1990년대와 2000년대 초다. 대부분은 도박이나 약물중독을 측정하기 위해 개발된 설문의 주제를 게임으로 바꾸는 방식이었다. 이런 접근법은 게임을 하는 사람 중 다른 종류의 중독과 같은 증후를 보이거나 다른 중독 진단 조건을 충족하는 사람들이 있으리라는 인식으로 이어졌다. 이 같은 맥락의 연구들이 발표되면서 2018년 여름 게임 중독이 정신 질환으로 분류됐다.

하지만 폭력적 게임과 공격적 행동의 관계를 규명하기 어려운 것처럼 게임 중독 역시 수많은 논란과 논쟁에 부딪혀 왔다. 무엇보다 도박이나 약물중독의 기준을 게임 중독에 적용할 수 있는지를 둘러싼 의견이 팽팽하게 맞섰다. 많은 연구자는 이런 방식으로 게임 중독 연구를 제한한다면 게임 관련 장애에만 나타나는 다른 고유한 증후를 놓칠 수 있다고 주장했다. 게다가 게임을 다른 형태의 중독과 동일시하는 접근법은 게임이 도

---

* 닌텐도 야뇨증(Nintendo Enuresis) 역시 게임 중독에 관한 초기 연구에서 빼놓을 수 없는 얘기다. 1991년 줄리언 싱크(Julian Schink)는 《미국아동질환저널(American Journal of Diseases of Children)》에서 닌텐도 엔터테인먼트 시스템(Nintendo Entertainment System)으로 게임을 한 뒤 야뇨증을 앓게 된 아동 세 명의 사례를 분석했다. 싱크는 '아이들이 정지 버튼 사용법을 알게 되면 1~2주 뒤 문제가 해결됐다'고 설명했다.

박과 약물처럼 그 자체로 유해하다고 가정한다. 게임은 뭔가에 몰입하고 다른 사람과 교감하기 위한 취미다. 따라서 '몰입'이나 '다른 취미보다 우선하는 것'을 유해성 판단의 기준으로 삼기는 어렵다. 어떤 사람이 게임에 몰입한다고 해서 삶의 다른 면에 반드시 문제가 생기지는 않는다. 특히 친구 관계에서 이 사실을 잘 알 수 있다.

많은 사람이 온라인에서 이뤄지는 사교는 오프라인에서 이뤄지는 사교보다 가치와 진정성이 떨어진다고 단정한다. 하지만 지난 20년 동안 이뤄진 연구 결과는 다르다. 2000년대 초 뉴욕대학교New York University 사회심리학자 케이틀린 매케너Katelyn McKenna를 시작으로 많은 과학자가 인터넷으로도 깊고 의미 있는 관계를 형성할 수 있을 뿐 아니라 관계가 상당히 오랫동안 지속된다는 사실을 밝혔다. 온라인 인간관계는 오프라인 관계보다 더 낫거나 나쁜 게 아니라 그저 다를 뿐이다.* 예를 들어 어떤 사람이 온라인 게암을 하느라 더는 친구들과 영화관을 찾지 않는다고 해서 위험한 습관에 빠졌다고 여길 수는 없다. 사람들은 게임을 통해 원래 알고 지내던 친구들을 만나거나 더 큰 집단의 새로운 사람과 관계를 맺는다. 현실을 모방한 디지털 세상에 빠져 있는

---

* 일련의 설문과 연구실 실험을 바탕으로 한 매케너 연구에 따르면 누군가를 온라인으로 처음 만나면 신체적 특징이나 불안, 부끄러움 같은 감정이 드러나지 않기 때문에 직접 만날 때보다 서로 호감을 느낄 가능성이 크다. 또 온라인에서는 사람들이 좀 더 솔직해지는 경향이 있기 때문에 관계는 빠르게 친밀해지고 장기적으로 이어진다.

것처럼 보일지 모르지만 사실은 술집에서 이뤄지던 친구와의 만남이 시대가 변하면서 새로운 형태를 띠게 된 것뿐이다.

앞에서 언급했듯이 2018년 여름 게임 중독이 질병으로 분류된 건 세계보건기구World Health Organization, WHO가 의사들이 질병을 분류하고 진단하는 데 참고하는 가장 중요한 자료 중 하나인 《국제질병분류International Classification of Diseases, ICD》의 개정판을 만드는 과정에서 게임 중독에 주목했기 때문이다. 《ICD》는 의료보장, 연구, 보험을 비롯한 여러 목적으로 환자를 진단하고 분류하는 데 도움이 되는, 질병의 광범위한 기준을 명시한 지침서다. 11번째 개정판인 《ICD-11》에 처음으로 '게임 장애'가 공식적 행동 질환으로 등록됐다. 이는 학계에 열띤 논쟁을 일으켰다. 일부 학자는 WHO의 결정을 반기면서 게임 관련 중독 증상을 공식적으로 인정한다면 게임 부작용을 앓는 사람들이 제대로 된 치료와 보험 혜택, 경제적 지원을 받을 수 있을 거라고 주장했다. 반대편에서는 《ICD》에서 정의하는 게임 장애는 과학적 근거가 부족하다며 반발했다. 게임 장애 분류를 찬성한 사람들은 게임이 부정적 이미지에서 벗어날 기회가 될 거라 주장한 반면 반대파는 오히려 그 반대일 거라 주장했다. 게임을 많이 하지만 아무런 부작용도 겪지 않는 사람과 부작용을 겪는 사람의 구분도 제대로 이뤄지지 않은 상태에서 게임이 '우리에게 안 좋다'는 낙인 효과가 오히려 강해지리라는 지적이었다.

이 논란은 여전히 진행 중이며 한동안 계속 이어질 것으로 보인다.

이 시점에서 내가 반대파라는 사실을 분명히 밝혀둬야 할 듯하다. 나는 2018년 초 《중독행동저널Journal of Addictive Behaviors》에 공동 저자로 기고한 글에서 게임을 질병으로 분류한 WHO의 결정이 여러 면에서 성급했다고 지적했다. 게임 관련 행동을 질병으로 공식 분류하는 일은 여러 가지 이유로 신중해야 한다. 먼저 게임 중독으로 부르든 게임 장애로 부르든 그것이 실제로 무엇인지 아직 분명한 그림이 없다. 가장 큰 이유는 앞에서 설명했듯이 게임 중독을 다룬 논문들이 너무 경직된 방식으로 문제에 접근하고 연구하기 때문이다. 2013년 최신 개정판이 나온 또 다른 진단 지침서가 좋은 예다. 미국정신의학회American Psychiatric Association의 《정신 장애 진단 및 통계 편람Diagnostic and Statistical Manual of Mental Disorders》 2013년 개정판(《DSM-5》)에는 게임 중독이 '인터넷 게임 장애Internet Gaming Disorder, IGD'라는 이름으로 포함됐다.* 《DSM-5》에서 인터넷 게임 장애가 언급된 부분은 공식적 정신 질환으로 분류하기 전 임상 연구와 더 많은 사례가 필요한 신체적, 정신적 상태를 정리한 특별 섹

* 이상하게도 인터넷 게임 장애에는 오프라인 비디오게임도 포함됐다. '인터넷'은 도박 장애와 구분하는 기준으로 사용됐다. 아마도 2000년대 초 많은 게임 중독 연구가 대규모 멀티플레이어 게임을 주로 살폈기 때문일 것이다.

선이다. 이런 조치의 가장 큰 목적은 게임 관련 현상 연구를 장려해 실제 장애로 진단할 수 있는지 판단하는 것이었다. 향후 연구자들이 연구 토대로 삼을 수 있는 아홉 가지 기준도 제시했다. 1) 인터넷 게임에 대한 집착 2) 게임을 하지 않을 경우 금단 증상 발현 3) 게임에 대한 관대함(게임에 상당한 시간을 쏟으려는 의지) 4) 절제력을 발휘하지 못하는 어려움 5) 다른 취미에 대한 관심 감소 6) 여러 문제에도 불구하고 계속 게임을 하려는 태도 7) 가족이나 친구에게 실제 게임 시간을 속이는 태도 8) 부정적 감정에서 도피하기 위해 게임을 하는 행위 9) 게임으로 직업이나 인간관계를 잃는 현상이 그것이다. 참신한 아이디어였지만 《DSM-5》가 나온 후 몇 년간 이뤄진 연구들은 인터넷 게임 장애가 실제로 존재하는지가 아니라 실제로 존재함을 확증하는 데만 초점을 맞췄다. 다시 말해 게임을 자주 하지만 어떤 부작용도 나타나지 않은 사례를 통해 게임 중독을 정확하게 정의 내리는 대신 《DSM-5》가 제시한 진단 기준이 옳다고만 믿었다. 그 결과 《DSM-5》 기준이 애초에 옳은지 그른지 판단하지 않은 채 이 기준을 뒷받침하는 증거를 찾는 데만 집중했다.

내가 WHO의 게임 질환 분류가 성급했다고 판단한 또 다른 이유는 유병률이다. 우리가 게임 중독의 본질을 이해하지 못했다면 게임을 하는 사람 사이에 문제가 얼마나 많이 퍼져 있는지 알기 힘들다. 게임 중독이 실제로 얼마나 많은 사람에게 영향을 주는지(또는 영향을 받는 사람의 특징이 무엇인지) 모른다면 서로 관련된 두 가지 문제가 생긴다. 첫째, 과잉 진단으로 실제 임상 장애에 해당할 수 있는 문제는 오히려 축소될 수 있다. 전혀 해롭지 않은 행동을 해롭고 중독적인 것으로 규정한다면 게임을 하는 사람 중 많은 수가 환자로 여겨지겠지만(정신적으로 비정상으로 분류) 사실상 대부분 오진일 것이다. 둘째, '실제로' 게임에 심각하게 중독된 사람들이 제대로 된 이해와 치료를 받지 못할 수 있다. 더 심각하게는 아무 효과도 입증되지 않은 값비싼 사설 치료 프로그램이 사람들을 현혹할 수 있다. 이미 중국에서는 몇 년 전부터 '인터넷 중독 전염병'을 물리치기 위한 '신병 훈련소'식 기관이 등장하기 시작했다. 〈뉴욕타임스New York Times〉와 BBC 보도에 따르면 산둥성에 있는 인터넷중독센터를 비롯한 기관은 환자를 '디톡스'한다는 명목으로 잔인한 방법을 동원해 비난받고 있다. 전기충격 요법과 구타는 일상적으로 이뤄지고 있으며 몇몇 어린 환자는 극단적 조치로 사망에까지 이르렀다.

게임 중독의 특징과 더불어 유병률에 대한 정확한 이해는 학계의 큰 고민거리로 연구 기관마다 0.2퍼센트에서 46퍼센트에 이르기까지 집계 결과가 광범위하다. 2011년 게임학자 퍼거슨이 기존 연구를 검토한 결과 게임을 하는 인구 중 약 3.1퍼센트가 중독 증상을 보인다고 나타났다. 하지만 퍼거슨은 이 수치에도 신중하게 접근해야 한다고 경고했다. 그가 검토한 연구 중 상당수가 병리학적으로 유해한 경우와 몰입 정도는 높지만 무해한 경우를 분명하게 구분하지 않았다고 지적했다. 다시 말해 하루에 몇 시간씩 게임에 열중하지만 인간관계나 건강, 일에는 아무 문제도 없는 사람은 게임 부작용에 시달리고 있다고 말할 수 없다. 사실은 그 반대다. 그런 사람에게 게임은 긍정적 경험일 가능성이 크다. 심지어 게임이 소득원인 경우도 있다. 게임을 전문적으로 테스트하고 평가하는 사람이나 프로게이머는 게임에 '몰입'할 수밖에 없다. 하지만 일부 연구는 '하루에 많은 시간을 게임하는 데 보내는 것'을 병리학적으로 유해한 경우로 단정하기 때문에 이런 사람이 게임 중독으로 잘못 분류돼 유병률이 실제보다 높아진다. 유병률이 실제보다 높다면 게임을 하는 많은 사람이 잘못된 진단을 받는다는 뜻이므로 반드시 바로잡아야 한다.

게임 중독의 본질과 실제 유병률은 중요한 문제다. 틀린 과학 때문에 게임은 모조리 중독성 있다는 메시지가 대중에게 전달됐다면 예상치 못한 여러 결과가 뒤따를 수 있기 때문이다. 롭 커버Rob Cover, 루네 닐센Rune Nielsen, 다니엘 카르데펠트 빈테르Daniel Kardefelt-Winther 같은 게임학자들은 몰입이 중독으로 잘못 해석되면 아이들이 해롭지 않고 오히려 긍정적인 영향을 주는 뭔가에 접근할 권리를 침해당할 수 있다고 주장한다. 더군다나 그런 제한은 효과가 없을뿐더러 오히려 역효과를 낳을 수 있다. 나 역시 2018년 《중독행동저널》에 기고한 글에서 도덕적 공황에 편승해 게임을 공식적 진단 지침에 포함하거나 관련법을 제정하는 조치는 대부분 비생산적이라고 지적했다. 한국이 청소년 게임 시간을 제한하기 위해 시작한 규제가 대표 사례다. 청소년들이 밤에 잠을 자지 않고 게임을 하는 상황을 많은 사람이 우려하자 2011년 말 한국 정부는 16세 미만은 자정부터 새벽 6시까지 인터넷에 접속하지 못하게 하는 '셧다운제'를 시행했다. 구체적 연구를 바탕으로 시작된 정책은 아니지만 얼핏 보기에 그렇게 극단적인 접근법은 아니었으며 오히려 합리적으로 여겨졌다. 누구라도 새벽에 게임을 해야 할 '필요'는 없다. 더군다나 한국 청소년의 수면 시간(하루 중 31퍼센트)은 일본이나 미국 청소년(하루 중 33~37퍼센트)보다 적었기 때문에 단순하지만 여러모로 바람직한 해결책으로 보였다. 문제는 효과가 없다는 것이었다. 2017년 싱가포르국립대학교 National University of Singapore 이창준 연구진은 셧다운 정책의 효과를 분석했는데 무슨 이유에서인지(논문에서는 언급되지 않았다) 정책 시행 후 청소년이 하루 동안 인터넷을 사용하는 시간은 오히려 '증가'했다. 잠자는 시간은 조금 늘긴 했지만 증가 폭은 큰 의미가 없었다. 남자 청소년은 하루 1.5분, 여자 청소년은 2.7분 더 잤다. 분명하고 일관된 과학적 증거 없이 마련된 정부 정책이 어떤 결말을 맞는지 생생하게 보여주는 사례다.

WHO가 《ICD-11》에 게임 장애를 포함하기로 발표한 이후 한국보다 더 과감한 정책을 편 국가는 없었지만 전 세계 뉴스 매체가 한국의 결정을 알리면서 2018년 여름 시작된 공황 상태를 더욱 부추겼다. 《중독행동저널》 저자들은 걱정했다. 언론은 합리적 증거 없이 마련된 정책을 무턱대고 알리는 데만 급급하고 그런 정책과 자신들의 기사가 대중에게 미칠 연쇄효과에는 무관심한 듯했다. 게다가 비슷한 시기 〈포트나이트〉가 큰 인기를 끌면서 많은 부모가 우려하기 시작했고 학교들은 게임을 금지했으며 일부 부모는 아이들이 게임을 하다가 진짜 마약에도 손을 댈 수도 있다고 생각했다(누군가가 〈포트나이트〉를 하다가 코카인에 중독됐다는 소문이 돌기 시작했다). 같은 해 6월 나는 정확한 정보를 전달해 사람들을 진정시키려고 옥스퍼드인터넷연구소와 영국 왕립보건소아과학회Royal College of Paediatrics and Child Health 연구진과 공동으로 런던 중심부에 있는 웰컴컬렉션Wellcome Collection 산하 과학미디어센터Science Media Center에서 기자회견을 열었다. 앞에서 언급한 WHO 발표의 문제점을 언론인들에게 직접 설명했고 이후 우리 의견은 대부분 정확하게 보도됐다. 우리 행동이 모두에게 환영받은 건 아니었다. 이후 한 주 동안 나는 학계와 대중 모두에게 공격적이고 부정적인 메시지를 수없이 받았다. 전문가나 비전문가나 모두 감정적이었고 자신의 믿음을 전혀 의심하지 않는 듯했다.

여기서 짚고 넘어가야 할 중요한 사실이 있다. 게임이 개인 삶에 부정적인 영향을 미치는 경우는 절대 없다고 주장하는 사람은 없다. 단지 얼마나 많은 사람이 영향을 받았는지, 그런 사람의 특징이 무엇인지 그리고 가장 중요하게는 게임이 삶의 부정적 경험의 '인과적' 요인이 될 수 있는지 분명하게 밝힌 연구가 없을 뿐이다. 이런 상황에서 잠재적 장애를 해결할 뭔가를 생각해 내기란 거의 불가능하다. 더군다나 깊은 고민 없이 구상한 국가 정책은 득보다 실이 많고 실제로 게임 때문에 건강에 문제가 있는 사람들이 피해를 볼 수 있다.

내가 무엇보다 강조하고 싶은 점은 게임을 하는 대다수에게 게임이 말 그대로 '중독 증상'을 일으키리라는 걱정은 불필요하다는 사실이다. 나는 이제까지 나온 논문 대부분을 검토한 뒤 이 같은 결론에 이르렀고 믿음직스럽고 투명한 논문이 내 의견을 합리적으로 반박한다면 언제라도 기꺼이 태도를 바꿀 것이다. 걱정할 필요가 없는 이유 중 하나는 지금까지의 최고 연구는 게임 중독이 많은 사람에게 영향을 끼치더라도 만성적이지는 않다고 말하기 때문이다. 예를 들어 카디프대학교 와인스타인 연구진은 사전등록한 연구를 통해 6개월간 미국인 피험자 약 6,000명의 데이터를 분석했다. 연구가 시작될 때 인터넷 게임 장애로 진단받은 피험자(9개 기준 중 5개 이상을 충족하고 게임으로 인한 문제를 경험한 피험자) 중 누구도 6개월 후 같은 진단을 받지 않았으며 인터넷 게임 장애가 건강에 직접적 또는 관찰 가능한 영향을 미치지도 않았다. 유엔아동기금United Nations International Children's Emergency Fund이 현재까지 이뤄진 연구를 바탕으로 2017년 발간한 보고서 역시 오랜 시간 게임을 하는 것이 아동 복지에 악영향을 미친다는 증거는 찾기 힘들다고 결론 내렸다.

그렇다고 완전히 마음을 놓아도 된다는 뜻은 아니다. 지난 몇 년 동안 스마트폰이 게임기 기능을 할 정도로 발전하면서 게임 마케팅 방식과 타깃 고객층이 눈에 띄게 변했다. 최근 빠르게 유행하는 무료 게임은 처음에는 돈이 전혀 들지 않지만 게임을 하는 동안 소규모 거래를 통해 플레이어의 지갑을 열게 하는데(소액 결제로 다음 레벨로 올라가거나 새로운 캐릭터, 아이템, 액세서리 등을 구매하는 방식) 대부분 도박이 악용하는 심리적 약점을 같은 방식으로 공략한다. 이 현상이야말로 게임 중독 연구를 하루빨리 바로잡아야 하는 이유다.

게임 제작으로 돈을 벌기란 쉽지 않고 모바일 게임의 경우는 더욱 그렇다. 일반적으로 게임기는 소비자가가 약 50파운드(60~65달러)지만 모바일 게임 앱은 약 99페니(99센트)에 불과하다. 지난 10여 년 동안 게임을 통한 수익 창출 방식은 매우 다양해졌다. 그중 '프리미엄freemium' 방식은 플레이어가 게임을 다운로드할 때는 어떤 비용도 청구하지 않는다. 최소한 특정 레벨까지는 무료로 즐길 수 있다. 게임을 플레이한 시간, 흥미나 애착 같은 형태로 게임에 투자를 한 플레이어는 어느 정도 레벨이나 진도에 도달한 이후에는 적은 금액이지만 자주 돈을 지불하게 된다. 전형적인 프리미엄 방식은 플레이어에게 일정 시간이 지나야 콘텐츠에 접근할 수 있게 하는 것으로 '그림 맞추기' 게임에서 가장 많이 활용된다. 여러 모양의 그림을 바로 옆이나 위아래에 있는 그림과 자리를 바꿔 같은 모양을 3개 이상 한 줄로 정렬하면 그림이 없어지는 방식이다. 줄을 없애면 아이템을 획득할 수 있고 특정 단계를 넘어가기 위해서는, 예를 들면 30번만 움직여 100개의 그림을 없애야 하는 식이다. 목표에 도달하지 못하면 제한된 수의 목숨 중 하나를 잃는다. 어느 단계에서 목숨을 다 써버리면 다시 목숨이 생길 때까지 기다리거나 (30분에서 24시간) 소액을 지불하고 바로 목숨을 얻을 수 있다. 당신이 애써 번 현금과 게임에서 레벨을 깰 기회의 관계는 대부분 직접 드러나지 않는다. 일단 플레이어는 주로 황금 주화나 보석으로 된 가상화폐를 산 뒤 목숨을 얻거나 레벨을 쉽게 깨는 데 사용한다. 이는 퍼즐 게임에만 국한하지 않는다. 어느 게임이든 콘텐츠를 일정 시간 동안 무료로 제공하다가 이후 접근을 제한해 플레이어에게 적은 돈을 자주 쓰게 만들기는 어렵지 않다. 〈해리 포터: 호그와트 미스터리Harry Potter: Hogwarts Mystery〉는 2018년 4월 출시된 후 한 주 동안 게임 앱 내부 결제 시스템을 통해 하루 100만 달러 이상을 벌었다. 하지만 소액을 자주 지불하게 하는 프리미엄 모델은 오용 위험이 크다. 안타깝게도 지금까지 어떤 규제도 없이 성장해 온 프리미엄 모델의 악영향이 점차 현실로 나타나고 있다.

나도 스마트폰을 갖게 된 뒤로 가끔 프리미엄 게임을 한다. 하지만 합리적 수준에서만 돈을 쓰려고 한다. 될 수 있는 한 무료로 게임을 즐기다가 정말 원하는 기능이 있거나 충분한 가치가 있다고 판단하면 최대 5파운드까지만 결제한다. 그 정도는 공정하다고 생각한다. 어쨌든 개발자들이 날 위해 시간, 돈, 노력을 들여 훌륭한 게임을 만들어 줬으니 어느 정도의 보상은 타당하다. 하지만 기왕이면 초기 비용을 내고 나서 더는 돈을 쓰지 않아도 되는 게임을 훨씬 선호한다.

2017년이 저물어 갈 무렵 나는 게임에 엄청난 돈을 쓸 수 있다는 사실을 몸소 깨달았다. TV에서 〈왕좌의 게임〉 마지막 시즌이 방영되길 기다리는 동안 내 판타지 열망을 채워줄 뭔가를 찾다가 즉흥적으로 〈왕좌의 게임: 컨퀘스트Game of Thrones: Conquest〉(이하 〈컨퀘스트〉)를 내려받았다. 미지의 세계 웨스테로스Westeros에 성을 짓는 게임인 〈컨퀘스트〉에서 달성해야 할 목표는 기본적으로 두 가지다. 첫째, 나무, 식량, 철 같은 자원을 모아 영역 내에 건물을 짓고 군대를 결성하고 강력한 무기를 구비하는 것이다. 둘째, 다른 플레이어의 성으로 군대를 보내 이를 무너뜨린 다음 영역을 넓히는 것이다. 처음에는 아주 단순하다. 나무와 식량 같은 자원이 충분하다면 군인을 모집해 훈련할 수 있다. 하지만 여기에는 시간이 필요하다. 예를 들어 어떤 작업이 완성되기까지 20분이 걸린다면 그 시간 동안 접속할 수 없다. 게임을 처음 시작할 때는 대부분의 작업이 몇 분 걸리지 않기 때문에 짧은 시간에 많은 일을 할 수 있다. 하지만 게임을 계속하면서 성이 강력해지면 새로운 자원이나 병력을 얻을 때까지 더 오랫동안 기다려야 한다. 내가 게임을 그만두기 직전에 도달한 레벨 15에서는 뭐 하나를 하려고 하면 24시간을 넘게 기다려야 했다. 여태껏 긴 시간을 들여 작은 영토를 꾸렸으니 조금 돈을 들여(황금 형태의 게임 통화) 속도를 내고 싶다는 생각이 점차 간절해졌다. 문제는 끝이 안 보인다는 사실이었다. 내가 게임을 할 당시 최고 단계였던 레벨 30까지 가는 건 거의 불가능해 보였다. 더군다나 이런 장르의 게임은 주기적으로 업데이트되기 때문에 최고 레벨이 점차 높아진다. 앱 내 결제로 지급할 수 있는 금액의 범위는 99페니~100파운드에 이르는데 가장 많은 돈을 지급하고 가상 통화를 얻더라도 몇 분도 안 돼 다 써버릴 수 있었다. 게다가 게임 자체도 완성된 상태가 아니라 갑자기 자원을 모두 잃어버리는 경우가 허다했고 아직 나오지 않은 기능의 광고가 걸핏하면 나타났다. 이런 게임에 돈을 쓰는 건 너무나도 어리석은 일이었다.

〈컨퀘스트〉는 먼저 나온 〈클래시 오브 클랜Clash of Clans〉의 유사품이라고 할 수 있지만 내가 전에 경험한 여느 프리미엄 게임과는 다르게 느껴졌다. 〈컨퀘스트〉가 더 재밌는 까닭은 다른 플레이어들과 연합이나 팀을 구성해 함께 소통하며 작전을 짜 적을 공격할 수 있기 때문이었다. 게임에 익숙해진 뒤 나는 게임 커뮤니케이션 앱인 디스코드Discord의 한 채팅방에 가입했다. 일부 플레이어는 돈을 전혀 쓰지 않고 낮은 레벨에 머무는 데 만족했다. 한편 월급날을 손꼽아 기다리며 게임에 돈을 쏟아붓는다고 말하는 플레이어도 있었다. 그중에는 끝이 보이지 않는 퀘스트를 클리어하고 다음 레벨에 올라가려고 1,000파운드 이상을 쓴 적이 있다고 털어놓은 사람도 있었다. 하지만 내가 앱 내 구매 기능이 게임 산업을 어떤 방향으로 이끄는지 더욱 진지하게 생각하게 된 건 한 플레이어의 얘기를 듣고 나서다. 킹 아에리스King Aerys(소설 《왕좌의 게임》의 등장인물이다_옮긴이)—확실하진 않지만 실명이 아닐 것이다. 실명이라면 부모의 선견지명에 놀랄 따름이다—는 우리 서버에서 레벨이 가장 높은 플레이어로 레벨 30까지 올라갔으며 그의 가공할 만한 군대가 공격하는 성은 공격당하고 있다는 사실을 미처 깨닫기도 전에 한순간에 무너질 수 있었다. 게임이 출시된 지 그리 오래되지 않았고 성을 업그레이드하는 데 걸리는 시간을 생각하면 그는 최고의 자리까지 올라가기 위해 의심의 여지 없이 엄청난 돈을 퍼부었을 것이다. 도대체 얼마나 썼을까? 그와 직접 얘기해 본 플레이어들은 그 금액이 무려 1만 3,000파운드에 달하리라고 추정했다.

어떤 게임도 그만한 돈을 쓸 가치는 없다. 언젠가 끝까지 깰 수 있지도 않고 최종 목표도 없는 게임은 더더욱 그렇다. 아에리스와 얘기해 본 플레이어들은 그가 개발자들에게 게임 품질에 대한 불만을 제기했고 그 대가로 돈을 받았으며 그 돈을 성을 업그레이드하는 데 썼다고 말했다. 부끄러운 사실 하나를 고백하자면 나 역시 평소 나 자신에게 쓰는 돈보다 많은 돈을 〈컨퀘스트〉에 쓴 적이 있다. 기다리다 지친 나머지 100파운드를 내고 가상 통화를 사버린 것이다. 다행히 게임 설계 결함으로 그때까지의 진도가 모두 물거품이 되면서 돈을 돌려받았다. 내가 가장 걱정한 건 돈에 대한 무감각이었다. 나는 ATM 기계에 가서 화폐를 출금한 다음 가시적이거나 실용적인 재화로 교환하지 않았다. 내 은행 정보를 앱스토어 계정에 연결하고 패스워드를 입력하면 순식간에 돈이 이체돼 가상의 황금 토큰으로 바뀌었다. 바뀐 토큰은 가상의 카운트 시계를 조금 빠르게 가게 할 뿐이었다. 완전히 불만스러운 일이었지만 게임을 할수록 이 과정에 무뎌지지 않을까 두려웠다.

아에리스처럼 돈을 많이 쓰는 플레이어들은 '고래whale'라고 불린다. 원래 고래는 라스베이거스에서 어떤 게임이든 엄청난 판돈을 계속해서 거는 도박꾼들을 조롱조로 일컫는 말이다. 프리미엄 모바일 게임은 고래들에게 크게 의존한다고 알려져 있다. '모바일 통화 및 몰입 기업'*인 탭조이Tapjoy의 2016년 분석에 따르면 몇몇 게임 계정에 돈을 쓴 플레이어 중 상위 10퍼센트가 총매출 중 약 60퍼센트를 차지했으며 이들이 매달 쓴 평균 금액은 약 260파운드(335달러)다. 어떤 면에서 보면 프리미엄 모델에서는 불가피한 일이다. 플레이어 대부분이 내려받은 게임에 돈을 전혀 쓰지 않거나 아주 조금만 쓰므로 개발자들은 고래들에게 기댈 수밖에 없다. 하지만 고래들이야말로 게임과의 관계가 부정적일 가능성이 가장 큰 집단이다. 나는 100파운드를 돌려받고 얼마 지나지 않아 휴대전화에서 〈컨퀘스트〉를 삭제했고 그 이후로 다시는 하지 않았다. 그러지 않았을 경우를 상상하는 일은 그리 어렵지 않다. 나는 절대 달성할 수 없는 목표에 돈을 쏟아부으면서도 얼마나 많을 돈을 쓰고 있는지 몰랐을 것이다. 플레이어가 흥미를 잃지 않도록 심리적 약점을 공략하는 프리미엄 게임이 늘고 있는데도 이 문제는 합당한 관심을 받지 못하고 있다.

프리미엄 게임이 활용하는 핵심 메커니즘 중 하나는 '변동

---

* 나도 어떤 회사인지 잘 모르겠다. 아마도 모바일 앱과 게임에 설치된 광고 플랫폼을 운영하는 회사를 그럴듯하게 말하는 게 아닐까 싶다. 탭조이 공식 웹사이트에 들어가면 온갖 전문 용어와 '최대 효과'라는 말만 가득해 도통 정체를 알 수 없다. 여기서 인용한 수치는 탭조이의 광고 플랫폼을 사용한 게임을 바탕으로 했지만 구체적으로 어떤 게임인지는 밝히지 않았다.

비율 강화계획variable-ratio schedules of reinforcement'이라는 행동심리학 개념이다. 학습과 관련한 심리학 기본 개념인 '강화reinforcement'는 어떤 행동을 수행하게 하는 긍정적이거나 부정적인 사건을 일컫는다. 이제까지 강화 연구 대부분은 쥐를 대상으로 한 실험으로 이뤄졌는데 가장 단순한 형태의 '정적positive' 강화 실험은 쥐가 버튼을 누르면 먹이가 나오는 방식이다. 버튼을 누른 쥐는 맛있는 간식이라는 보상을 받는다. 버튼을 계속 누르면 보상이 계속 주어지므로 간식은 버튼을 누르는 행동을 긍정적으로 강화한다고 할 수 있다. '부적negative' 강화도 있다. 당신이 피부가 가려워 항히스타민제를 복용했다고 가정해 보자. 약을 먹고 가려움이 좀 가라앉았다면 당신은 주기적으로 약을 먹을 것이다. 그렇다면 가려움은 약을 먹는 행동을 '부정적으로 강화'한다고 할 수 있다. 어떤 좋은 현상을 위해서가 아니라 나쁜 현상을 없애기 위한 강화이기 때문이다. 직관적으로 생각하면 어떤 행동을 강화하는 가장 효과적인 방법은 그 행동을 할 때마다 보상을 주는 것일 듯하지만 수많은 연구에서 강화는 보상이 간헐적으로 주어질 때 가장 효과적으로 나타났다. 바로 여기에서 앞서 말한 변동비율 계획이 등장한다. 카지노의 슬롯머신이 변동비율 계획 효과를 극대화하는 대표 사례다. 4번을 하면 1번 돈을 따는 슬롯머신이 있다고 상상해 보자. 돈을 잃는 비율은 75퍼센트이므로 따는 비율보다 훨씬 높다. 하지만 슬롯머신에서 돈이 나오는 건 무작위다. 당신이 레버를 3번 당겼다고 해서 그다음에 무조건 돈을 따는 게 아니다. 대신 승패는 다음과 같이 나타날 수 있다.

패 승 패 패 패 승 패 패 패 패 패 승 패 승 패 패

위 패턴에서 당신은 16번 시도해 두 번째, 여섯 번째, 열두 번째, 열네 번째에서 이겨 모두 4번 돈을 따고 12번 잃었으므로 승률은 평균 4분의 1이다. 그러면 어떤 강화 효과도 없는 듯 보이지만 두 가지 사실을 고려해야 한다. 첫째, '언제' 잭폿이 터질지 절대 알 수 없기 때문에 돈을 딸 때까지 계속 레버를 당긴다. 둘째, 돈을 따는 빈도는 돈을 잃는다고 단념할 만큼 낮지 않다. 이 두 가지 요인 때문에 확률이 불리하더라도 쉽게 슬롯머신 앞을 떠나지 못한다. 많은 프리미엄 게임이 완전히 이와 같은 수법을 쓴다. 전형적인 '그림 맞추기' 게임인 〈캔디크러쉬〉도 그중 하나다. 각 레벨에서 퍼즐은 무작위로 배열되므로 같은 레벨을 2번 하면 각각 다른 배열이 나타난다. 따라서 어떤 레벨을 깨기 위해 전략을 짜거나 전에 했던 게임을 기억하는 건 소용없다. 때에 따라서 유난히 쉬운 배열이 나오므로 이기고 지고는 변동비율 계획으로 결정된다. 플레이어는 자신이 승률에 어느 정도 통제권을 갖고 있고 실력으로 결과

에 영향을 준다고 '느끼지만' 이는 개발자들이 플레이어가 계속 게임을 하도록 세심하게 유도한 착각이다.

프리미엄 게임이 플레이어를 게임에 매달리게 하는 다른 메커니즘 중에는 직관에 어긋나는 것도 있다. 예를 들어 게임을 할 수 있는 시간을 제한하는 방식은 바람직한 조치처럼 보이지만 사실 게임을 하고 싶은 마음을 더 간절하게 만든다. 많은 프리미엄 게임이 한 레벨에서 플레이할 수 있는 횟수를 제안한다. 예를 들어 어떤 레벨을 깨는 데 5번의 기회나 '목숨'만 있어 5번 실패하면 새 목숨이 생길 때까지 기다려야 하는데 이 목숨이 30분마다 하나씩 생기는 식이다. 이런 메커니즘 역시 플레이어의 지갑을 여는 또 다른 기회가 된다. 소액을 지불하면 곧바로 목숨을 얻을 수 있기 때문이다. 하지만 플레이어를 더 안달 나게 하는 또 다른 효과도 선사한다. 게임 연구가이자 작가인 제이미 매디건Jamie Madigan은 이 효과가 심리학의 '쾌락 적응hedonic adaptation' 개념과 연관된다고 지적한다. 쾌락 적응 이론에 따르면 스스로 원하는 뭔가에 무제한으로 접근할 수 있다면 쾌락 정도는 점차 낮아지지만 접근이 제한되면 보상 효과가 유지된다. 매디건은 하버드대학교 조르디 쿠아드박Jordi Quoidbach 연구 팀이 2013년 피험자 55명을 일주일 간격으로 2번에 걸쳐 관찰한 연구를 예로 들었다. 피험자들은 초콜릿 한 조각을 받은 뒤 맛을 보고 만족도를 기록하라는 요청을 받았다. 그리고 피험자 중 16명에게는 다음 실험이 있을 때까지 한 주 동안 초콜릿을 먹지 말라고 지시했고 18명에게는 일주일 동안 먹을 약 900그램의 초콜릿을 줬으며 나머지 21명에게는 초콜릿과 관련해 아무 지시도 내리지 않았다. 일주일 뒤 피험자들이 다시 실험실로 찾아왔을 때 연구진은 초콜릿 한 조각을 주면서 만족도를 기록하라고 요청했다. 집계 결과 한 주 동안 초콜릿을 먹지 못한 피험자들의 만족도가 특정 양의 초콜릿을 먹을 수 있었던 집단과 무제한으로 먹을 수 있었던 집단보다 높았다. 한마디로 보상을 제한하자 쾌락이 상승했다.

이 같은 심리학적 전략이 걱정스러운 까닭은 게임 개발자들이 도박에서 활용되는 기법을 빌려 와 수익을 올리고 있기 때문이다. 많은 개발자가 게임 업계 전반과 플레이어들에게 미칠 장기적 영향은 전혀 고려하지 않은 채 돈을 버는 데만 집착한다. 이는 아직 일어나지 않은 잠재적 문제거나 극히 일부만 겪는 문제가 아니라 이미 법적 분쟁이 시작된 현실 문제다. 2018년 봄 벨기에 게임위원회Gaming Commission는 '루트 박스loot box' 방식(플레이어가 실제 통화를 지급하면 게임에서 사용할 수 있는 캐릭터나 아이템이 무작위로 들어 있는 가상의 상자를 제공한다)을 적용한 게임에 관한 광범위한 조사 결과를 발표했다. 루트 박스 시스템은 내가 어릴 때 인기 있었던 피파 월드컵 앨범이나 영국 프리미어리그 앨범 스티커의 디지털 버전이다. 상자를 사면 앨범을 완성할 수 있는 스티커가 들어 있는데 스티커 종류의 분포는 언제나 같았다. 백이면 백 반짝이는 스티커는 거의 없었고 기본 스티커는 너무 많아 나중에는 수백 장씩 갖게 됐다. 앨범을 완성하려면 다른 친구들과 스티커를 교환하거나 희귀 스티커를 얻을 때까지 계속 사야 했다. 루트 박스 역시 사람들이 계속 돈을 쓰도록 변동비율 계획을 활용한다. 예를 들어 캐릭터의 경험치가 상승하면 보상으로 선물이 가득한 상자가 주어진다. 일부 아이템은 항상 포함돼 있어 똑같은 아이템을 계속 받게 된다. 희귀하고 좋은 아이템일수록 잘 안 나온다. 공짜 박스는 아주 가끔 주어지지만 진짜 화폐를 지급하면 곧바로 루트 박스를 살 수 있다. 벨기에 게임위원회 조사 결과 〈오버워치〉, 〈피파 18FIFA 18〉, 〈카운터-스트라이크: 글로벌 오펜시브Counter-Strike: Global Offensive〉(이하 〈카스〉)의 루트 박스 시스템은 벨기에의 게임 관련법을 위반해 실제 통화가 거래되는 '도박' 방식을 적용했다.* 루트 박스가 미치는 영향에 이제 막 주목하기 시작한 연구

---

* 루트 박스 게임을 전부 문제 삼지 않고 세 가지 게임만 특정한 까닭이 의아할 것이다. 첫 번째 이유는 루트 박스 시스템을 적용하는 방식이 실제로 매우 다양하기 때문이다. 루트 박스를 적용하더라도 플레이어가 돈을 전혀 쓰지 않는 게임도 있다. 어떤 게임은 플레이에는 영향을 미치지 않는 외형(cosmetic) 아이템만 제공하고 어떤 게임은 승률을 높이는 아이템을 제공한다. 박스 안에 든 희귀 아이템을 미리 보여주는 경우도 있고 그러지 않는 경우도 있다. 루트 박스 아이템이 게임 밖에서는 아무런 가치가 없는 게임도 있지만 현실에서 실제 통화로 매매할 수 있는 아이템이 들어 있는 게임도 있다. <카스> 같은 게임에서는 박스 안 내용물이 최대 4,000달러에 거래되기도 했다.

도 문제의 심각성을 지적한다. 영국 요크세인트존대학교York St. John University 데이비드 젠들David Zendle 연구진이 수행한 일련의 연구는 도박이 일으키는 문제와 루트 박스 시스템의 작용 방식 사이에서 두드러진 연관성을 발견했다. 그중 가장 최근 이뤄진 연구에는 평소 게임을 즐기는 사람 약 1,200명이 참여했다. 연구진은 그들에게 어떤 게임을 하는지, 게임에 루트 박스 시스템(무료든 유료든)이 있는지, 있다면 어떤 유형인지, 피험자에게 문제가 될 만한 도박 관련 습관이 있는지 물었다. 젠들은 연구를 사전등록하고 데이터를 공개했지만 동료 검토는 이뤄지지 않았으므로 성급한 해석은 금물이다. 하지만 플레이어가 루트 박스에 돈을 지급하는 정도와 그들이 보고한 도박 습관 사이에 나타난 상관관계에는 주목할 필요가 있다. 피험자들이 보고한 도박 관련 증후 중 약 9퍼센트는 루트 박스와 관련됐다. 루트 박스 시스템이 실행되는 방식에 따라 상관관계의 강도가 달라지긴 했지만 루트 박스에 돈을 지급할 수 있는 옵션이 존재하는 한 도박 문제와의 연관성은 분명히 존재했다. 하지만 젠들 연구진의 데이터는 둘 사이의 직접적 인과관계는 증명하지 못했다. 루트 박스에 돈을 쓰는 것이 도박 습관의 원인일 수도 있고 이미 도박 문제가 있는 사람이 성향상 루트 박스 게임에 더 이끌릴 수도 있다. 그러나 어느 방향이든 루트 박스가 게임 중독 연구에서 시급하게 다뤄야 할 중요한 문제임은 분명하다.

그렇다면 우리는 게임의 중독성을 걱정해야 할까? 답은 '그렇다'이면서 '아니다'이기도 하다. WHO가 게임 중독을 질병으로 분류했지만 우리는 '게임 중독 장애'가 어떤 형태를 띠는지 제대로 알지 못하며 따라서 플레이어가 어떤 위험을 겪을지 모른다. 현재까지 파악한 사실은 유병률이 매우 낮기 때문에 진정한 의미에서 게임 중독자를 만날 확률도 아주 낮다는 것이다. 하지만 프리미엄 게임과 루트 박스가 쏟아져 나오는 상황은 앞으로 게임이 중독성을 띨 '가능성'이 존재함을 암시한다. 게임 고유의 특성 때문이 아니라 플레이어들이 입을 피해는 전혀 고려하지 않은 채 도박 산업에서 수익성이 높다고 판명된 기법을 무턱대고 받아들이는 게임 개발자들의 행태가 문제다. 최근 몇 년 동안 개발자들은 대부분 이 문제에 눈감고 있지만 계속 방관한다면 결국 자신들이 타격을 입을 것이다. 그리고 게임이 아이들에게 미칠 영향에 대한 부모들의 우려도 현실이 될 수 있다.

게임에 관한 사회 논의 대부분은 게임이라면 죄다 아이들에게 마약 같은 존재라는 신경과민적 주장으로 귀결된다. 이는 결코 과장이 아니다. 2016년 영국 타블로이드 신문 〈더선The Sun〉은 "게임의 중독성은 헤로인급"이라는 머리기사를 실었다. 신경과학의 기본을 제대로 이해하지 못한 글이었다. 중독과 관련한 얘기에는 도파민이라는 뇌 분비 물질이 자주 등장한다.

도파민에 관한 주장 대부분은 '쾌락'을 주는 일(게임이나 약물복용)을 하면 뇌의 도파민 수치가 상승해 그 일에 중독되는 악순환이 반복된다는 단순한 내용이다. 실제로 〈더선〉 기사도 같은 방식으로 게임 중독을 해석하며 폭력적 게임에 관해 다음과 같이 경고했다. "속도가 빠르고 폭력적인 게임일수록 자극적이기 때문에 도파민 분비가 더 왕성하다."

하지만 실제 상황은 훨씬 복잡하다. 사실 신경과학계는 도파민이 약물복용에 쾌감을 일으키는 유일한 요인이라는 주장을 거의 폐기한 상태다. 쾌감을 키우거나 중독 가능성을 높이는 요인이 도파민 수치 상승뿐인 건 아니다. 더군다나 게임으로 분비되는 도파민양은 코카인이나 헤로인 같은 약물로 분비되는 양과 비교할 수 없을 만큼 적다. 사회 담론이 게임을 위험천만한 약물과 연결하는 자극적인 얘기에만 집중한다면 아동이나 청소년을 돈벌이로만 삼는 게임 업계 행태를 진지하고 합리적으로 논의할 여지는 줄어들 수밖에 없다. 모든 이해당사자가 대화에 참여하고 각자 맡은 역할을 해내야 한다. 게임 중독을 연구하는 과학자는 연구 방식을 개선하고 사전등록 같은 우수 관행을 적극적으로 받아들여야 한다. 게임 개발자, 특히 이 장에서 논의한 유해한 메커니즘을 활용하는 개발자는 자기성찰을 통해 플레이어에게 미칠 수 있는 영향을 진지하게 고민해야 한다. 개발자들의 태도가 개선되지 않으면 게임 메커니즘과 마케팅 규제가 마련돼야 한다. 하지만 무엇보다 게임과 그 영향을 걱정하는 모든 사람이 합리적이고 냉정하게 대화해야 한다. 빅토리아시대 증거주의 철학자 윌리엄 킹던 클리퍼드William Kingdon Clifford가 1877년 발표한 《믿음의 윤리The Ethics of Belief》에서 설명했듯이 사회적 존재로서 우리는 철저한 논리와 충분한 증거가 있는 것만 믿어야 할 도덕적 책임이 있다. 그리고 그 믿음에 관해 소통하고 토론하는 방식은 인류 공동의 지식을 훼손하지 않아야 한다. 클리퍼드의 말처럼 "우리의 말과 문장, 사고 형태와 과정 그리고 방식은 세대가 거듭되면서 발전하고 완벽해지는 공동의 재산이다. (중략) 여기에 찬성이든 반대든 의견을 가진 모든 사람의 믿음이 엮여 있다". '후세가 살 세상을 건설하기 위한 장엄한 특권이자 책임을 이행해야 한다'는 클리퍼드의 주장을 우리는 새겨들어야 한다. 게임이 아이들의 뇌를 녹여버린다는 자극적이고 어처구니없는 주장만 반복하는 논의만 계속된다면 변화는 없다. 우리는 나아질 수 있다. '반드시' 지금과는 달라져야 한다. 그리고 변화는 게임 중독 논의에만 필요한 게 아니다.

9

스크린 타임

Lost In A Good Game

2014년 여름 나는 알래스카 앵커리지에 있는 하드록카페Hard Rock Cafe에 앉아 있었다. 앵커리지는 한없이 드넓은 바다와 초현실 같은 산맥 사이에 완벽하게 자리 잡은 아름다운 도시다. 산등성이로 향하고 싶은 마음은 굴뚝같았지만 내 목적은 휴양이 아니었다. 알래스카대학교University of Alaska가 주최하는 전염병학회에 참석하기로 돼 있었다. 사실 전염병은 내 영역이 아니지만 당시 나는 게임이 정신 건강에 미치는 잠재적 영향을 연구하고 있었으므로 공중보건 관련 학회가 도움이 될 거라고 생각했다. 하지만 아는 사람이 많지 않은 생소한 분야의 학회에 참석하면 주눅이 들고 지치기 십상이다. 나는 일단 근처 술집으로 피신해 생각을 정리한 다음 앞으로 며칠 동안 어떤 발표를 들을지 계획하며 마음의 준비를 했다. 재밌어 보이는 주

제도 일부 골랐지만 대부분 내가 실제로 이해할 수 있을 것 같은 발표를 기본으로 했다.

잠시 술집 벽에 설치된 화면에서 재생되는 뮤직비디오로 눈을 돌렸다. 들어본 적 없는 노래였지만 귀에 쏙 들어왔다. 다음 노래로 넘어가기 전에 제목과 가수 이름을 검색했다. 데드마우스deadmau5의 〈더 벨트The Veldt〉. 이름은 심오했고 가사는 왠지 익숙했다. 더 검색해 보니 왜 익숙한지 금세 알 수 있었다. 내가 좋아하는 공상과학소설가 레이 브래드버리Ray Bradbury의 단편을 토대로 쓴 가사였기 때문이다. 1950년 9월 〈아이들이 만든 세상The World the Children Made〉이라는 제목으로 처음 발표된 이 단편은 자동화 주택에 사는 조지 하들리George Hadley, 리디아 하들리Lydia Hadley 부부와 두 자녀 피터Peter 그리고 웬디Wendy의 관계를 그린다. 소설 속 집은 신발 끈을 묶거나 이를 닦는 것 같은 모든 일을 해주지만 서사 전개의 중심 무대는 아이들의 놀이방이다. 거대한 방 천장과 벽면은 〈스타 트렉: 넥스트 제너레이션Star Trek: The Next Generation〉에 나오는 홀로데크holodeck처럼 원하는 현실을 투영할 수 있다. 궁극적인 현실도피 형태의 오락 매체다.

조지와 리디아는 아이들이 놀이방에서 아프리카 대초원을 감상하는 데 너무 빠져드는 것 같아 걱정한다. 사자들이 계속 어슬렁거리고 가상의 파란 하늘에서 뜨거운 태양이 작열하는 방에서 이상하게 익숙한 비명이 새어 나오자 점차 불안해진다. 부부는 친구이자 심리학자인 데이비드 매클레인David Mclean에게 조언을 구한다. 데이비드는 조지에게 방을 없앤 다음 아이들을 1년 동안 매일 데려와 상담을 받게 하라고 말한다.* 이후 조지는 아이들이 격렬하게 반항하자 집의 전원을 꺼버리겠다고 으름장을 놓는다. 아이들은 마지막으로 한 번만 놀이방에 들어가게 해달라고 간청하고 조지는 마지못해 허락한다(안 돼, 조지!). 웬디와 피터를 따라 방으로 들어간 부부는 사자 무리와 마주하게 되고 왜 그렇게 비명이 익숙했는지 깨닫는다. 얘기는 집으로 찾아온 데이비드가 아이들에게 조지와 리디아는 어디 있는지 물으며 끝난다. 멀리 놀이방에서 사자들이 뭔가를 먹고 있는 동안 웬디는 데이비드에게 아무 일 없다는 듯 차를 권한다.

이 얘기는 소름 돋을 만큼 정확하게 미래를 내다보며 게임을 비롯한 전반적인 화면 기술에 관한 현대인의 걱정을 탁월하게 포착한다. 웬디와 피터는 놀이방 속 가상현실에 점차 집착하면서 다른 어떤 것에도 흥미를 느끼지 않게 된다. 주변 세상에 전혀 호기심을 보이지 않는 아이들은 수동적이고 게으르며 자기중심적인 좀비로 묘사된다(한번은 피터가 이렇게 말한다. "보고,

---

* 데이비드의 선견지명이 엿보인다. 그는 다음과 같이 말하며 약 60년 뒤 있을 반복 검증 위기도 예언했다. "조지, 심리학자는 자신의 삶에서 어떤 사실도 보지 못한다네. 감정과 모호한 뭔가를 들을 뿐이지."

듣고, 냄새 맡는 거 말고는 아무것도 하기 싫어. 다른 할 일이 뭐 있겠어?"). 얼핏 이 얘기의 메시지는 기술을 무분별하게 받아들이면 가족이 파멸한다는 경고처럼 들린다. 하지만 여기에는 좀 더 심오한 도덕적 주제가 담겨 있다. 바로 양육을 기술에 떠넘겼을 때의 결과다. 초반부에서 조지와 리디아는 아이들의 양육을 거의 전부 자동화 주택에 맡기고 피터와 웬디는 놀이방에서 스스로 즐거움을 찾는다. 아이들과의 관계가 돌이킬 수 없을 만큼 망가졌다는 사실을 깨달았을 때도 부부는 자신들이 초래한 상황을 바로잡기 위해 아이들과 대화하는 대신 간편한 선택을 한다. 게다가 자신이 무슨 얘기를 하는지도 모르는 형편없는 심리학자 때문에 가족은 더 빠르게 파멸한다.

이 줄거리가 낯설지 않은 까닭은 비슷한 얘기가 훨씬 광범위하게 사람들 입에 오르내리기 때문이다(물론 소시오패스 자녀가 부모를 가상 세계 사자의 먹이로 만드는 일은 없다). 지난 10년 동안 스마트폰 보급률이 치솟으면서 그 영향에 대한 사람들의 걱정도 덩달아 폭발했다. 스마트폰, 태블릿 PC, 노트북, 게임기, 데스크톱 사용 시간을 일컫는 '스크린 타임'은 사회가 점차 퇴행적이고 자기중심적이며 무관심하고 불건전해지고 있다는 공포를 압축적으로 상징하는 용어가 됐다. 우리는 게임이 사람들을 끔찍하게 만들 수 있다며 걱정한다. 소셜미디어는 그 이름과 달리 전혀 사교적인 수단이 아니며 개인의 어두운 면만을 끄집어 낸다고 걱정한다. 휴대전화를 손에서 놓지 않는 아이들이 주변 세상에 관심을 가질 의지나 능력을 잃고 있다고 걱정한다. 이 모든 상황이 정신 건강에 치명적이고 회복할 수 없는 손상을 일으키고 있다고 걱정한다.

지극히 현실적이면서도 어느 정도는 타당한 이런 두려움은 쉽게 해결할 수 없는 문제다. 물론 스크린 타임이 실제로 우리에게 어떤 영향을 미치는지 이해하기 위해 과학적 증거에 기댈 수 있지만 객관적이고 냉철한 논문은 개인의 생생한 경험에 비하면 공감하기가 힘들다. 과학자가 화면에 대해 굳이 걱정할 이유가 없다고 말한다 해도 주변을 둘러보면 그렇지 않다. 모두가 휴대전화에 눈을 고정한 채 주위 사람에게 아무런 관심도 보이지 않는다. 우리는 화면이 미치는 영향을 걱정하지 말라고 말하는 과학자들이 사람들의 진짜 생각과 감정, 현실의 인간관계와 정신적 상처를 이해하지 못한다고 여긴다. 한편 어떤 과학자가 화면의 악영향을 경고하며 소셜미디어, 게임, 스마트폰, 인터넷이 젊은 세대를 무감각하고 우울하며 자기중심적인 좀비로 만들고 있다고 말하면 귀를 기울인다. 우리가 목격하는 세상과 일치하기 때문이다. 당신의 실제 경험이 틀렸다고 말하는 건 아니다. 하지만 스크린 타임에 관한 논의 대부분이 극단적이고 자극적으로 변해 무분별하고 잘못된 정보가 홍수를 이루면서 사람들의 이해를 돕고 걱정을 해소하는 데 진정으로 도움이 될 제대로 된 과학이 갈 곳을 잃고 있다. 당신이 화면에 대해 어떤 믿음을 갖고 있든지 이번 장에서만큼은 잠시 잊길 바란다. 물론 나는 과학계가 화면의 영향에 관해 무슨 얘길 하는지 설명할 것이다. 하지만 과학은 그 자체로만 존재할 수 없다. 데이터가 실제로 뭘 말하는지 이해하는 것만큼이나 과학이 왜 대중과의 소통에 실패했는지 이해하는 것도 중요하다.

영국 언론의 화면 비난에는 신경과학자이자 스릴러물 작가이며 바이오기술 회사 대표인 수전 그린필드Susan Greenfield가 앞장서고 있다. 그린필드는 2011년 게임이 아동에게 치매를 일으킨다고 주장해 뉴스에 등장하면서 내 레이더에 처음 포착됐다. 그는 화면 시청과 자폐증 관련 장애에도 상관관계가 있다고 암시했다. 이후 그가 언론에서 드러내는 우려는 조금씩 바뀌었지만(예를 들어 2017년에는 스마트폰이 기억력 감퇴를 일으킨다고 말하고 2018년에는 소셜미디어가 아동의 정신 수준을 유아 수준으로 떨어뜨린다고 주장했다) 핵심 메시지는 일관적이다. 2014년 발표한 책 《마인드 체인지Mind Change》에서도 알 수 있듯이 그린필드는 화면이 '우리 뇌를 변화'시키고 이는 광범위한 차원에서 안 좋은 일이라고 걱정한다.

우리가 하는 모든 일은 뇌를 변화시킨다. 지금 이 문장을 쓰는 동안에도 내 뇌는 변하고 있다(좋은 변화인지 안 좋은 변화인지는 지켜봐야 한다). 이 글을 읽고 있는 당신의 뇌도 변하고 있다. 우리 뇌가 환경에 의해 바뀐다는 주장은 그다지 흥미롭거나 유익하다고 할 수 없다. 뇌의 변화는 우리가 뭔가를 배우고 기억하는 능력의 밑바탕이기 때문이다. 한마디로 뇌가 변하지 않으면 우리는 죽는다. 하지만 뇌가 '어떻게' 변하는지에 관한 맥락이나 근거 없이 뇌가 바뀐다고만 말하면 신경과학 지식이 없는 사람은 공포를 느낀다. 지난 몇 년 동안 그린필드의 주장이 일관된 건 사실이다. 화면의 잠재적 이점을 말하는 경우는 거의 없고 조기 치매, 우울증, 불안장애, 집중력 감퇴, 난독증, 대화 능력 저하처럼 부정적 증후만을 지적해 왔다. 하지만 그의 주장은 피상적이다. 구체적인 과학 증거를 기반으로 하지도 않으며 과학에 그다지 유용하지도 않다. 앞에서도 얘기했듯이 도덕적 공황에 기댄 정책과 연구는 유익하거나 실질적인 효과를 기대하기 힘들다.

지난 몇 년 동안 많은 과학 저술가와 연구자가 그린필드의 주장을 접했다. 그린필드를 향한 비판 중 하나는 과학자로서 주장을 가설로 분명하게 정리해 다른 연구자들이 검토할 수 있도록 논문을 발표할 수 있는데도 그렇게 하지 않는다는 점이다. 그린필드가 직접 연구를 수행한다면 다른 연구자들이 추가 연구의 토대로 삼을 수도 있을 것이다. 하지만 그린필드는 한 편의 논문으로는 자신의 주장을 충분히 입증할 수 없다며 논문

집필을 거부하고 있다. 그 말만큼은 사실이다. 단 한 편의 논문으로 어떤 심리학 현상이 실제로 존재하는지 아니면 존재하지 않는지 입증하기란 불가능하다. 이런 이유에서 과학자들은 끊임없이 실험한다. 하지만 그의 다른 말들은 도통 이해할 수 없다. 어떤 대상(사회 전반에 지나치게 부정적인 영향을 미친다고 믿는 것)에 열정적인 과학자가 그 영향을 이해하고 예방하는 데 필요한 연구는 꺼리고 있다. 신경과학자로 알려진 누군가가 대중에게 혼란스러운 선언만 계속하는 상황이다. 화면이 나쁘다는 말만 하고 논의를 발전시키거나 상황을 개선할 구체적 방법이나 증거는 제시하지 않는다.

누군가가 화면에 대해 근거 없는 주장을 하면(주로 그린필드지만 다른 사람일 때도 있다) 벤 골드에이커Ben Goldacre나 도로시 비숍Dorothy Bishop 같은 과학 저술가, 블로거, 과학자 들이 이내 반박하는 주기가 수년 동안 주요 보도 매체에서 반복됐다. 몇 달 후 또 다른 주장이 나오면 다시 주기가 시작된다. 하지만 2017년에는 약간 다른 점이 있었다. 화면이 어떤 영향을 미칠지 걱정하는 대중이 눈에 띄게 증가한 것이다. 사회심리학자 진 트웬지Jean Twenge가 대중지에 기고한 글들이 원인 중 하나였다. 그중 맨 처음 발표됐고 가장 큰 파장을 일으킨 칼럼은 2017년 여름 《디애틀랜틱The Atlantic》에 실린 〈스마트폰이 한 세대를 파괴했는가?〉다. 이 글에서 트웬지는 1995~2012년에 태어나 인터넷이 없던 세상을 한 번도 살아보지 않은 이른바 i-세대*가 스마트폰과 태블릿 PC에 어떻게 집착하게 됐는지 얘기했다. 트웬지와 그린필드는 화면의 유해성을 걱정한다는 데서는 같지만 그는 직접 연구를 수행했다는 데서 차이가 있다. 아이들과 화면의 관계에 관해 그가 제시한 그림은 암울하다. 스마트폰 보급률은 2010년대에 들어선 이후 계속 늘고 있다. 10대의 태도와 행동에 관한 설문을 바탕으로 이뤄진 트웬지의 연구에 따르면 같은 기간 동안 10대들이 친구들과 밖에서 만나는 시간, 데이트하는 시간, 섹스하는 시간이 줄어들었고 그에 따라 행복 지수도 크게 하락했다. 한편 우울증과 자살은 급증해 외로움 지수가 매우 높게 나타났다. 트웬지는 이 현상들이 서로 단순한 상관관계를 맺는 게 아니라 모두 화면에서 비롯됐다고 추측한다.

온라인 콘텐츠 분석 플랫폼인 '버즈수모Buzzsumo'에 따르면 트웬지의 글은 2017년 가장 많이 인용된 과학·기술 논평으로 페이스북에서만 거의 70만 회 공유됐다. 이후 대중의 초점이 화면의 부정적 영향으로 완전히 옮겨 가면서 그 잠재적 이점은 거의 주목받지 못하고 있다. 트웬지를 비롯한 전문가들의 조언에 따라 애플Apple의 최대 주주들인 자나파트너스Jana Partners와 캘리포니아주교직원퇴직연금California State Teachers' Retirement System은 2018

* 이 기사는 그보다 한 달 전 출간된 책 《#i세대(iGen)》를 바탕으로 한 것이다.

년 초 스마트폰 '중독'이 아이들에게 미치는 정신적, 신체적 영향을 예방할 조치를 요구하는 공개서한을 발표했다. 같은 해 애플은 새로운 모바일 운영체제 버전인 iOS12에 스크린 타임 기능을 추가했다. 사용자는 이 기능을 통해 스마트폰이 언제 어떻게 사용됐는지 확인하고 사용 제한을 설정할 수 있다. 이 기능을 도입한 배경은 알려지지 않았으며 신뢰할 만한 과학적 증거를 토대로 했는지도 확실하지 않다. 《와이어드Wired》지에 따르면 애플은 관련 분야를 연구하는 심리학자들과 논의하는 대신 커먼센스미디어Common Sense Media 같은 압력단체나 아리아나 허핑턴Ariana Huffington 같은 언론인에게 자문했다. 비슷한 시기 여러 신문에 페이스북과 구글에서 일했던 직원들이 전 고용주를 압박하며 기술 '중독'을 예방하기 위한 캠페인을 펼치고 있다는 기사가 대대적으로 보도됐다. 한편 영국에서는 정부 산하 과학기술위원회Science and Technology Committee가 화면과 소셜미디어가 아동의 건강과 행복에 미칠 수 있는 영향에 관한 대규모 조사를 시작하면서 과학자, 기술 기업, 부모, 학교로부터 서면, 구술 증언을 수집했다. 화면에 대한 대중의 우려가 폭증하는 가운데 화면이 실제로 어떤 영향을 일으키는지 말해줄 연구는 혼란 속에 묻혀버렸다. 그리고 내가 이제까지 게임에 관해 얘기한 것처럼 화면에 관해서도 분명하고 유의미하며 설득력 있는 답을 줄 연구를 수행하기가 몹시 어려워졌다.

"심리학자가 훌륭한 과학을 바탕으로 최고의 방법을 적용하는 일은 일상적인 투쟁이에요"라고 옥스퍼드대학교 박사 후 과정 연구생인 에이미 오벤Amy Orben이 말했다. "신중하지 않은 사람들은 너무 단순한 답을 무턱대고 저명한 학술지에 발표해 버리죠. 답이 옳은지는 중요하지 않아요." 게임과 화면의 영향을 연구하는 많은 학자와 마찬가지로 오벤도 처음에는 다른 분야를 연구했다. "케임브리지 자연과학부에서 물리학과 수학을 공부했지만 회로나 행성처럼 살아 있지 않은 대상을 그다지 좋아하지 않는다는 사실을 곧 깨달았어요." 오벤이 당시를 회상했다. "그래도 숫자와 패턴 같은 개념은 여전히 좋아해요." 이후 심리학에서 흥미를 발견한 오벤은 화면과 소셜미디어가 우리에게 미치는 영향을 연구하기에 이르렀다.

내가 오벤의 연구를 알게 된 건 그가 2017년 11월 자신의 블로그에서 트웬지의 논문을 반박했을 때다. 몇 달 전 트웬지가 《디애틀랜틱》에 대략적으로 제시한 주장에 관한 과학적 증거를 설명한 논문이었다. 《임상심리과학Clinical Psychological Science》지에 실린 트웬지의 논문에서 사용된 청소년 50만여 명의 데이터는 미국의 대표적인 두 가지 설문 연구에서 추출한 것이다. 미국은 1991년부터 현재까지 '미래 점검Monitoring the Future' 프로젝트와 '청소년 위험 행동 조사 시스템Youth Risk Behavior Surveillance System'을 진행하고 있다. 두 조사 모두 설문을 통해 미국 고등학생의 태도, 가치, 건강에 해로운 행동(술, 약물, 의도치 않은 부상이나 폭력의 원인이 될 수 있는 행동 등)에 관한 다양한 정보를 수집한다. 또한 트웬지는 두 설문 프로젝트에 참여하고 있는 청소년들과 같은 연령대의 자살률 데이터를 질병통제예방국Centers for Disease Control and Prevention 자료에서 가져왔다. 연구 목표는 여러 화면 관련 활동에 우울증, '자살 관련 행위'(자살하려는 생각이나 계획, 시도 같은 행동) 같은 정신 건강 문제와 상관관계가 있는지 알아보는 동시에 사회경제적 지위, 성별, 인종 같은 다른 요소의 영향 정도를 규명하는 것이었다. 분석 결과 화면 사용과 정신 건강의 부정적 연관성을 입증하는 듯한 증거가 나타났고 이는 그린필드의 견해를 뒷받침하는 것처럼 보였다. 트웬지의 분석에 따르면 10대 우울증과 자살 관련 위험에 관한 여러 수치가 2010~2015년 상승했다. 소셜미디어를 1개 이상 한다고 보고한 10대는 정신 건강 문제를 겪고 있을 확률이 높았다. 화면 관련 활동보다는 집 밖에서 친구들을 만나거나 스포츠를 즐기는 10대에게서는 반대 경향이 발견됐다.

여기서 '경향'이라는 용어가 중요하다. 이런 설문 연구에서 연구자들이 관찰하는 결과는 본질적으로 대부분 상관관계가 있다. 연구자가 이미 취합된 데이터를 사후에 관찰하며 잠재적 연관성을 유추하려고 하기 때문이다. 하지만 관계에 영향을 줬을 가능성이 있는 모든 요소를 고려하기란 불가능하다. 화면 사용과 우울증 수치가 같은 기간 동안 동시에 상승했다고 해서 화면이 우울증을 일으켰다고 단정할 순 없다. 우울증 환자 비율은 다른 이유에서 증가했을 수 있으며 다른 이유로 우울해진 청소년이 스마트폰을 더 많이 사용했을 수도 있다. 아니면 경제적 결핍 같은 제3의 요인이 화면 사용과 우울증 환자 비율을 모두 상승시켰을지도 모른다. 트웬지 연구 팀은 논문에서 이 사실을 지적하긴 했지만 화면 사용과 정신 건강의 관계가 상관관계보다는 인과관계에 가깝다고 암시하는 부분이 많다. 안타까운 사실은 트웬지가 이처럼 근거가 부족한 인과관계를 대중지 과학 칼럼에서 주장했다는 것이다. 그중 한 기사의 제목은 〈지난 5년간 10대 정신 건강을 해친 주범 드러날 듯〉이었다.

오벤은 자신의 블로그에서 트웬지의 글을 반박하며 또 다른 문제점을 지적했다. 트웬지 연구에서는 우울증 증후와 소셜미디어 사용의 상관관계가 10대 전체에서 나타났지만 사실 여기에는 여자 청소년의 데이터가 영향을 미친 것으로 보인다. 남자 청소년 표본에서는 우울증 증후가 2010년부터 거의 변하지 않았고 자살 관련 행위는 오히려 감소했다. 이처럼 데이터에 남녀 차이가 있었지만 연구진은 이를 알리거나 설명하지 않았다. 화면이 여성에게만 부정적 영향을 미쳤다면 여성의 기술 사용 방식이 남성과 어떻게 다른지는 향후 연구의 중요한 주제가 될 수 있다.

다행히 트웬지가 사용한 설문 데이터는 공개돼 있기 때문에 오벤은 이를 직접 재분석할 수 있었다. 그러자 더 심각한 문제가 드러났다. 그는 우울증 증후와 소셜미디어 사용에 연관성이 있긴 했지만 정도가 아주 미미하다는 사실을 발견했다. 오벤은 "트웬지 주장에 관해 설득력 있는 증거를 하나도 찾지 못했어요"라고 말했다. 소셜미디어 사용은 여자 청소년 표본에서 우울증 지수 변동성 중 0.36퍼센트에 불과했지만 이 사실은 트웬지 연구에서 언급되지 않았다. 다시 말해 10대 여성들이 보고한 우울증 증후 중 소셜미디어 사용 빈도와 관련한 비율은 0.5퍼센트에도 미치지 못했다. 그렇다면 우울증 증후 중 99퍼센트 이상이 연구에서 밝히지 못한 다른 요소와 관련돼 있다는 얘기다.* 남자 청소년 표본에서는 소셜미디어 사용이 우울증 변동성에서 차지하는 비율이 이보다도 낮아 약 0.01퍼센트에 불과했다. 따라서 트웬지의 논문은 대략 다음과 같이 요약할 수 있을 듯하다. 스마트폰 사용과 여러 정신 건강 문제는 관련이 있긴 하지만 연관성은 대체로 약해 보이고 가족이나 학교, 금전 문제로 인한 스트레스 같은 다른 요인이 동일하거나 더 큰 영향을 미칠 수 있다. 프지빌스키는 2018년 《와이어드》지와의 인터뷰에

* 이는 특정인의 잘못이 아니라 이런 종류의 연구 대부분이 갖는 위험일 뿐이다. 분석에 포함되지 않은 뭔가나 애초에 '미래 점검'과 '청소년 위험 행동 조사'에서 포착하지 않은 요인이 우울증과 자살 위험을 높였을 수 있다. 이 요인들이 무엇인지는 흥미로운(그리고 중요한!) 질문이지만 설문으로는 쉽게 답할 수 없을 가능성이 크다.

서 트웬지의 연구에 관해 다음과 같이 얘기했다. “연구 팀이 사용한 데이터를 바탕으로 저는 감자를 먹는 것이 우울증에 부정적 영향을 일으킨다고 주장할 수 있습니다.”

어쩌면 트웬지가 발견한 경향은 훨씬 단순하게 설명할 수 있을지도 모른다. 최근 몇 년 동안 정신 건강에 관한 사회적 논의는 많은 면에서 긍정적으로 변했다. 연구를 통해 객관화하기는 어렵지만 지금의 10대는 과거 청소년보다 자기 감정을 얘기하는 데 솔직하다. 그러므로 10대 우울증 환자가 상승한 건 자신의 정신 건강 상태를 밝히는 청소년이 늘어났기 때문일 수도 있다.

얼핏 보기에 스크린 타임은 과학적으로 연구하기에 간단한 주제 같지만 실험실에서 정확하게 분석하기는 여러 면에서 매우 어렵다. 사실 스크린 타임 자체가 모호한 개념이다. 누군가 하루 동안 스마트폰, 태블릿 PC, 컴퓨터를 몇 분 또는 몇 시간 사용했는지는 쉽게 측정할 수 있으므로 과학자들이 활용하기에 좋은 데이터로 보일지 모르지만 스크린 타임은 무의미하리만큼 불분명한 용어다.

한 가지 예를 들어보자. 어느 두 사람이 하루 3시간 동안 화면을 본다고 보고했다. 대부분의 연구는 두 사람을 같은 범주에 포함한다. 이를테면 두 사람을 모두 ‘중간 사용자’로 분류하며 아무런 구분도 하지 않는다. 하지만 화면을 본 시간만 관찰하는 방식이 과연 얼마나 유용할까? 스크린 타임은 실험자들이 어렵지 않게 얻을 수 있는 데이터지만 화면이 '뭔가를 하기 위해' 존재한다는 사실을 간과한다. 최근 많은 과학자가 화면이 사용되는 '목적'과 맥락이 중요함을 깨달았다. 앞서 예로 든 두 명의 피험자에 관해 더 자세히 살펴보자. 두 명 모두 열세 살 소녀다. 한 명은 하루 3시간의 스크린 타임 중 일부를 친구들과 〈마크〉를 하면서 쓰고 일부는 인터넷에서 숙제에 필요한 자료를 검색하는 데 쓰고 나머지는 부모와 함께 넷플릭스Netflix를 시청하는 데 쓴다. 다른 한 명은 페이스북과 인스타그램을 하면서 자신의 몸매가 어떻게 보일지 고민하거나 학교 친구들과 말다툼하거나 내일까지 제출해야 하는 에세이를 베낄 웹사이트를 찾는다. 부모는 딸의 상황을 전혀 알지 못한다. 당연히 이 3시간의 스크린 타임은 두 소녀에게 완전히 다른 영향을 미치지만 이 차이가 연구에 반영될 가능성은 낮다. 둘 모두 '중간 사용자'로 분류될 뿐이다. 이런 일이 일어나는 원인은 스크린 타임을 이용한 연구로는 화면의 영향에 관한 더 구체적인 지식을 얻기 어렵게 하는 문제점이 된다. 연구자들이 스크린 타임의 실제 영향을 명확하게 파악하지 못하는 것도 있지만 대부분의 경우 위의 예시처럼 스크린 타임이 어떤 맥락에서 사용되는지 분명하고 일관된 데이터를 도출하기가 어려운 것이 문제다.

그렇다고 스크린 타임에 관한 훌륭한 연구가 없는 건 아니다. 단지 제대로 된 연구들이 자극적이고 공포를 조장하는 연구가 일으킨 소음 때문에 주목받지 못할 뿐이다. 우리가 기억해야 할 사실은 그 메시지가 부정적이든 긍정적이든 스크린 타임 연구자들은 자신이 측정하는 대상과 그 대상의 의미, 측정 방법을 아직 완전히 이해하지 못했다는 것이다. 이 모든 상황을 고려했을 때 화면이 사람들의 행복에 미치는 영향에 관해 이제까지 나온 가장 훌륭한 증거 하나를 꼽는다면 프지빌스키와 와인스타인이 2017년 심리학계 대표 학술지인 《심리과학Psychological Science》에 발표한 연구 결과일 것이다. 연구진은 영국 정부의 '국가 학생 데이터베이스National Pupil Database'를 출발점으로 삼아 15세 학생 12만여 명의 정신 건강 상태와 평소 여가 시간에 하는 화면 관련 활동 종류뿐 아니라 정신 건강에 영향을 줄 수 있는 다른 데이터(인종, 성별, 거주 지역의 실업률과 범죄율 등)를 조사했다. 이 연구는 스크린 타임 연구의 본보기였다. 연구를 사전등록했고 모든 데이터와 자료를 무료로 공개해 누구라도 내려받고 분석할 수 있게 했다.

연구 목표는 스크린 타임이 청소년에게 미치는 영향에 관해 기존의 이론 하나와 새로운 이론 하나를 실험하는 것이었다. 첫 번째는 현재까지 과학계와 언론에서 가장 널리 받아들여지는 '대체 가설displacement hypothesis'이다. 1988년 아동 언어교육 전문가 수전 노이만Susan Neuman 교수가 처음 발표한 대체 가설은 화면을 사용하는 시간과 화면이 일으킬 수 있는 부작용은 직접적이고 선형적인 관계에 있다는 주장이다. 화면 시청이 친구와의 만남, 야외 활동, 독서 같은 다른(더 유익하다고 여겨지는) 활동들을 대체하므로 스크린 타임이 늘어날수록 부정적 영향이 커진다는 논리다. 두 번째 이론은 프지빌스키와 와인스타인이 탁월하게 명명한 '디지털 골디락스 가설digital Goldilocks hypothesis'이다(〈골디락스와 곰 세 마리Goldilocks and the Three Bears〉라는 영국 전래 동화에서 한 금발 소녀가 곰들이 사는 집에 찾아온다. 곰들이 각각 수프를 끓여주는데 하나는 너무 뜨겁고 하나는 너무 차갑고 하나는 적당히 식어 있었다. 소녀는 적당히 식은 수프만 다 먹었다_옮긴이). 이 가설은 연결성이 높은 현대사회에서는 화면 시청이 그 부작용과 단순한 비례관계에 있지 않고 어떤 이점이 있을 수 있다고 가정한다. 다른 활동이 대체되는 경우는 지나치게 오랫동안 화면을 시청할 때뿐이다. 〈골디락스와 곰 세 마리〉 얘기의 수프 온도처럼 스크린 타임에도 '적당한 수준'이 있을 것이다.

일반적 의미의 스크린 타임은 과학자가 사용하기에는 모호한 개념이므로 프지빌스키와 와인스타인은 화면 활동을 TV 및 영화 시청, 게임 플레이, 컴퓨터 사용(인터넷 검색, 이메일 확인 등), 스마트폰 사용(소셜미디어 접속, 채팅 등)으로 구분했다. 이 네 가지 스크린 타임 활동 모두에서 대체 가설이 아닌 디지털 골디락스 가설을 뒷받침하는 증거가 발견됐다.

이 논문은 여러 이유에서 중요하다. 먼저 앞에서 이미 언급했듯이 프지빌스키와 와인스타인의 연구는 스크린 타임 연구계에서 하나의 기준이 됐다. 연구가 발표되고 얼마 후 나는 런던 LBC 라디오 방송국에서 인터뷰를 했는데 논문 저자들이 기술 기업의 후원을 받아 연구가 편향적일 가능성에 관한 질문이 있었다. 이들의 연구는 그런 재정적 이해관계에 얽히지 않았을 뿐 아니라 더 중요하게는 저자들이 논문을 사전등록했고 데이터와 자료를 인터넷에 무료로 공개했기 때문에 연구 후원자가 문제를 일으킬 여지가 전혀 없었다. 연구진은 데이터를 취합하기 전 분석 계획을 미리 등록해 예상치 못한 외부 압력을 사전에 차단했다. 사전에 밝힌 방식으로 통계를 분석해야 했기 때문에 어떤 외부 후원 기관도 자신에게 '유리한' 답을 도출할 방법으로 분석하도록 강요할 수 없었다. 이는 이례적인 일이지만 화면 연구 분야의 투명성을 위해 꼭 필요한 방식이다(사실 어느 분야나 마찬가지다).

연구에서 가장 주목할 부분은 적절한 화면을 적당한 시간 동안 보는 경우가 전혀 보지 않는 경우보다 행복도에 긍정적인 영향을 미쳤다는 것이다. 스크린 타임 활동 종류와 일주일 중 어느 시점에 화면이 사용됐는지에 따라 영향은 달랐다. 예를 들어 피험자들이 주중 1시간 45분 동안 게임을 하면 행복도가 정점에 달하는 '극값extremum'이 나타났다. 한편 주말에는 이 시간이 3시간 35분으로 늘어났다. 스마트폰 사용도 주중과 주말에 차이가 있었다(주중은 2시간 미만, 주말에는 4시간 이상). 우리는 이 결과를 직관적으로도 이해할 수 있다. 아이들은 주말보다 주중에 자유 시간이 적으므로 스크린 타임 증가의 부정적 영향은 토요일과 일요일에는 적게 나타날 수밖에 없다. 일반적인 컴퓨터 사용은 수치에 큰 변화가 없었다. 주중 극값은 4시간 17분이고 주말은 4시간 39분이었다. TV와 영화 역시 주중은 3시간 41분, 주말은 4시간 50분으로 차이가 크지 않았다. 게다가 스크린 타임이 극값을 넘어서도 행복도의 하락 폭은 상대적으로 적었다. 다시 말해 스크린 타임이 앞에서 말한 시간보다 늘어나더라도 청소년이 느끼는 행복은 크게 달라지지 않았다. 스크린 타임 증가가 행복도 지수 변동에서 차지하는 비율은 기껏해야 약 1퍼센트였다.

결국 이 연구에서 드러난 바에 따르면 스크린 타임은 아이들의 우울증과 행복 같은 요소에 영향을 미치긴 하지만 그 효과가 미미해 주된 요인으로 보기는 힘들다. 트웬지의 연구와 골디락스 연구 모두 이 같은 메시지를 전하지만 이상하게도 그 결과들이 언론에 발표되는 방식은 어떤 전문가가 얘기하느냐에 따라 완전히 달라진다. 프지빌스키와 와인스타인은 스크린 타임 영향이 미미하다고 분명히 밝혔지만 트웬지 같은 연구자들은 확실한 데이터가 없는데도 화면이 원인이라고 단언한다.

이는 아마도 인간 본성이 과학에 투영되기 때문일 것이다. 우리(연구자)는 개인적 감정에 치우치지 않고 객관적으로 데이터를 관찰한다고 믿지만 과학적 절차에서 개인적 편견을 차단하기란 몹시 어렵다. 트웬지의 연구를 재분석한 오벤이 증명했듯이 연구 방식 공개는 편견의 영향을 최소화하는 데 도움이 된다. "우리는 재분석한 자료처럼 대규모 데이터 세트를 활용하기 시작했어요. 공개된 데이터의 기본 상관관계를 분석하는 것만으로도 상당히 영향력 있는 논문을 작성할 수 있죠"라고 오벤이 설명했다. "하지만 그렇게 한 논문이나 분석이 항상 훌륭하다는 뜻은 아니에요." 다시 말해 대규모 데이터를 분석하는 데는 어느 정도 책임이 뒤따른다. 훌륭한 통계분석법은 대부분 복잡하고 결과를 설명하기가 쉽지 않다. 화면 사용량이 변한다고 해서 우울증 같은 다른 요소가 덩달아 같은 방식으로 달라지지는 않는다는 뜻이다. 그러므로 연구자들은 단순한 상관관계를 보여주는 기초적인 분석 방식을 사용하고 싶어 한다. 하지만 단순한 분석은 두 가지 요소가 서로 어떻게 연관돼 있는지만 보여줄 뿐 한 가지 요소가 다른 한 가지 요소에 인과적 영향을 미치는지에 관한 통찰은 불가능하므로 그다지 유용한 정보를 주지 못한다. 그런데도 이런 분석들이 훌륭한 대규모 데이터베이스를 활용했다는 이유만으로 저명한 학술지에 실린다. 10명의 표본에서 나타나는 화면 사용과 우울증의 상관관계는 큰 관심을 받지 못한다. 하지만 1만 명에게서 같은 상관관계가 나타난다면 그 관계가 거의 무의미할 만큼 아주 약해도 사람들은 걱정한다. 게다가 연구자가 그런 상관관계를 어떻게 밝힐지 사전에 투명하게 공개하지 않는다면 5장에서 살펴본 것처럼 사적 견해가 반영된 결과가 나타날 때까지 분석을 계속할 위험이 있다.

스크린 타임 연구 문제는 화면이 우리에게 좋은지 나쁜지에 관한 결정적 증거가 부족한 것뿐만이 아니다. 스크린 타임은 복잡한 현상이기 때문에 관련 데이터가 우리에게 뭘 말하는지를 다양한 방식으로 해석할 수 있다. 과학이 들려주는 얘기가 모호하다면 사람들은 자신의 믿음을 지탱하는 해석을 선호할 수밖에 없다. 오벤은 이제 우리는 "사람들이 자신의 견해를 뒷받침하는 증거만 찾는 상황"에 이르게 됐다고 꼬집었다. "기술의 부정적 영향을 둘러싼 사회 담론이 일면 대중의 관점을 반영한 연구만이 공감을 얻죠." 다른 사람들이 화면만 쳐다본다고 한탄하거나 스스로도 화면을 너무 많이 본다고 자책한 적이 한 번 이상 있을 것이다. 어떤 사람은 전철에서 누구도 서로 대화하지 않고 휴대전화만 쳐다보고 있다며 사회가 붕괴하고 있다고 말한다. 커피숍에 가면 엄마는 휴대전화에서 눈을 떼지 못하고 같은 테이블에 앉은 어린 아들은 태블릿 PC에 넋이 나가 주변에는 전혀 호기심을 보이지 않는다. 10대 자녀가 매일 저녁 방에서 게임만 하느라 아무리 잔소리해도 숙제할 생각을 전혀 하지 않는다고 푸념하는 부모도 있다. 시간이 흐를수록 이런 일화들이 쌓이면서 화면이 우리에게 아주 안 좋을 거라는 인식을 만들어 낸다.* 스크린 타임과 정신 건강 문제의 연관성을 보여주는 논문이 발표됐다는 머리기사가 나오면 사람들은 아무런 의심 없이 받아들인다. 우리가 동의하지 않는 뭔가를 비판적으로 평가하기는 너무 쉽다. 한편 굳게 믿는 뭔가는 비판 가능성을 '고려'조차 하지 않는다. 하지만 입증되지 않은 일화를 과학적 증거와 혼동해서는 절대 안 된다. 세상을 관찰해 떠올린 의견은 시험 가능한 가설을 세우는 출발점은 될 수 있지만 그 자체로 입증된 증거는 결코 아니다. 증명되지 않은 일화를 객관적 증거로 간주한다면 우리는 눈앞에 펼쳐진 상황의 실체를 제대로 파악하지 못한다. 커피숍에서 휴대전화를 보던 엄마의 아들은 자폐증을 앓고 있어 태블릿 PC를 사용해야만 주변의 무수한 감각 정보에 방해받지 않고 엄마와 효율적으로 대

---

* 물론 특정 상황에서는 화면을 절대 보면 안 된다. 2017년 경제학자 마라 파치오(Mara Faccio)와 존 매코널(John McConnell)은 <포켓몬 GO> 게임이 출시되기 전후 몇 달 동안 인디애나주 티피카누에서 경찰에 신고된 사고 1만 2,000건을 분석했다. 게임 출시 후 6개월 동안 포켓스톱(Pokestop, 게임 속 지도에서 아이템을 얻을 수 있다고 표시된 장소) 주변에서 자동차 사고가 크게 늘었고 그로 인한 경제적, 인적 손실 증가는 집계 당국에 따라 500만~2,500만 달러에 달했다. 연구 결과에 따르면 운전자들이 <포켓몬 GO>를 하지 않았다면 6개월 동안 31건의 부상과 2건의 사망을 막을 수 있었다. 운전 중에는 '절대' 휴대전화를 사용하면 안 된다.

화할 수 있었을지도 모른다. 10대 자녀는 학교생활에 어려움을 겪고 있어 숙제를 하면 다음 날 아침 반복될 일을 생각하게 될까 봐 게임만 하고 있었을지도 모른다. 그리고 우리 모두 솔직해지자. 낯선 누군가가 전철에서 말을 걸었을 때 좋아할 사람은 없다. 백이면 백 모두 이상하다고 여긴다.

이제까지 나온 연구 증거가 일관되고 전혀 모호하지 않다고 가정하더라도 화면이 미치는 구체적인 영향은 아직 알 수 없다. "연구자들이 10년은 뒤처져 있는 것 같아요."라고 오벤은 말했다. "게임 연구가 전혀 끝나지 않은 상황에서 사람들은 게임은 물론이고 게임과 관련한 다른 문제도 걱정하고 있어요. 그러고는 이내 또 다른 문제를 말하며 걱정하죠." 프지빌스키는 스크린 타임 연구의 현재 상황은 축구를 막 배우기 시작한 아이가 포지션을 이탈해 공이 움직이는 곳으로 무조건 달려가는 것과 비슷하다고 말한다. 그렇다고 앞으로 몇 년 동안 상황이 나아지지 않을 거라는 뜻은 아니다. 기술에 능통한 젊은 연구자들이 활동하기 시작하면서 이른바 '자가보충self-replenishing' 논문이 학계에서 활발하게 논의되고 있다. 이 논문은 사람들이 몇 년 동안 스마트폰이나 태블릿 PC로 생성하거나 입력한 데이터를 분석하는 경도 연구를 바탕으로 한다. 새로운 정보가 전달될 때마다 온라인상의 논문이 자동으로 업데이트된다. 연구자는 화면이 사용되는 방식, 화면이 미치는 영향, 화면 자체와 그 영향이 변화하는 방식을 몇 년 동안 실시간으로 기록하고 이해할 수 있다. 하지만 현재로서는 화면이 우리에게 어떤 영향을 주는지 단언할 만한 확실한 증거가 거의 없다.

안타깝게도 화면에 대한 사람들의 걱정은 충분히 이해할 수 있지만 해결 방법은 없다. 그래도 분명한 증거가 나올 때까지 기다리는 동안 스크린 타임에 관해 부당한 공포를 조장하는 인터넷상의 수많은 의견에 현혹되지 않을 몇 가지 방법은 있다. 먼저 어떤 증거를 접했을 때의 우리 자세가 얼마나 비판적인지 되돌아봐야 한다. 이는 비단 게임과 화면에 관한 논의에 국한하지 않는다. 인터넷의 큰 장점은 우리가 역사상 그 어느 때보다 쉽고 빠르게 인류 지식의 보고에 접근할 수 있다는 것이다. 그러나 정보의 바다를 제대로 항해하기란 쉽지 않다. 물론 검색 엔진이 도움이 될 순 있지만 이는 우리가 쉽게 이해할 수 있는 정보를 제공하기 위해 정보를 순위화함으로써 더 큰 그림을 보기는 힘들게 한다. 정보를 검색했을 때 화면에서 가장 위에 표시되는 사이트가 반드시 최고의 증거는 아니라는 사실을 기억해야 한다. 검색 엔진이 제공하는 정보는 완벽한 그림이 아닐뿐더러 정치적 의도나 영향에서도 자유롭지 않다. 간단히 말해 검색 엔진은 결과를 내용이 아닌 인기 기준으로 배열한다. 오벤은 공격성에 관한 강의를 하면서 학생들에게 '무기 효과weapons effect'를 가르치고 있다. 이는 무기(실제 무기나 무기 사진)가 있는 것만으로도 사람들의 감정이나 행동이 공격적으로 변하는 현상이다. "한때 무기 효과에 대해 비판이 인 적이 있어 구글 학술 검색Google Scholar에서 검색해 봤죠. 하지만 대부분 한 명의 저자가 썼거나 그 저자가 편집한 글이었고 검색창에 뜬 글은 모두 서로의 주장을 지지했어요." 얼핏 보면 무기 효과가 실재한다는 주장을 뒷받침하는 증거가 아주 많다고 느껴진다. 하지만 좀 더 꼼꼼하게 검색하면 무기 효과를 반박하는 논문이 훨씬 많다는 사실을 알 수 있다. 검색 방법과 대상에 따라 얻을 수 있는 정보는 달라진다. 오벤도 "완전한 그림을 얻는 건 거의 불가하다"는 사실에 동의했다. 그렇다고 인터넷을 무용지물 취급하는 건 아니다. 잠깐의 검색으로는 제대로 된 증거를 찾을 수 없을 뿐이다.

제대로 된 증거를 얻으려면 시간을 들이고 신중히 접근해야 한다. 그러므로 불필요한 두려움을 겪지 않기 위한 또 다른 조치는 논의 방식 변화다. 우리는 화면의 본질이 무엇인지 기억해야 한다. 화면은 우리를 완전히 장악해 긍정적 혜택(우리가 운이 좋다면)을 주거나 부정적 피해(운이 좋지 않다면)를 주는 자율적인 존재가 아니다. 화면은 도구다. 여느 도구와 마찬가지로 올바른 사용법을 익히면 최대 효과를 누릴 수 있다. 예를 들어 많은 사람이 걱정하는 소셜미디어는 뜻밖의 방식으로 사람들을 결집하는 소중한 자산이 될 수 있다. 트위터Twitter 같은 플랫폼은 자신의 연구를 기꺼이 공유하려는 최신 분야 과학자들과 직접 소통할 수 있는 창구가 돼준다. 하지만 여기에는 마땅한 책임이 따른다. 오벤은 "전 천성적으로 기술을 좋아하지는 않아요. 과학적 증거를 옹호할 뿐이죠"라고 털어놨다. "언론은 우리가 모두 기술을 옹호한다고 묘사하고 심지어는 우리를 거대 기술 회사의 앞잡이로 취급하기도 하죠." 이는 바람직하지 않은 현상이다. 최근 온라인에 난무하는 언어폭력을 떠올리면 과학자들이 악성 댓글이 두려운 나머지 입을 다물고 대중과 소통하기를 거부할 위험이 크다. 나 역시 트위터로 사람들과 논쟁을 벌이다가 크게 상처받은 적이 있다. 부당한 비난을 받고 나면 스스로의 자질과 경험을 의심하게 된다. 심지어 과학계와 대중의 소통에 과연 가치가 있을지 의문이 든다. 하지만 전에는 전혀 알지 못한 청중에게 내 연구를 알릴 수 있는 곳도 온라인이다. 나는 새로운 사람과 대화하면서 연구의 영감을 얻었고 실제로 구체적 성과로도 이어졌다. 예를 들어 내가 발표한 논문 중에는 온라인에서만 만난 저자들과 공동으로 발표한 것도 있다. 이 소중한 기회들은 어떤 것도 완벽할 수 없다는 사실을 새삼 깨닫게 한다. 우리는 언제나 좋고 나쁨 사이에서 타협점을 찾아야 한다.

중요한 건 과학의 문을 모두에게 열어놔야 한다는 사실이다. 연구자는 훌륭한 연구를 수행할 의무뿐 아니라 연구에 대해 소통할 책임이 있고 소통은 반드시 합리적이고 차분한 방식으로 이뤄져야 한다. 내가 이 글을 쓰고 있는 현재까지 화면의 영향에 관한 완전한 그림은 아직 그려지지 않았다. 하지만 언젠가는 그려질 테고 그러면 최고의 증거를 바탕으로 내 견해를 정립할 것이다. 지금까지의 증거는 화면에 대한 지나친 걱정은 불필요하다고 말한다. 우울증, 불안 같은 정신 건강 질환 증가를 둘러싼 복잡한 문제가 스크린 타임 제한이라는 단순한 조치로 해결되리라고 기대해서는 안 된다. 정신 질환을 일으키는 광범위한 요소들이 아직 다 밝혀지지 않았는데도 스크린 타임에만 집착한다면 게임, 소셜미디어 같은 기술이 선사하는 긍정적 혜택을 모두 놓칠 수 있다. 당분간 우리가 해야 할 일은 스마트폰에 대한 불합리한 얘기들에 휘둘리지 않도록 마음을 단단히 먹는 것이다.

10

몰입과 가상현실

○□△×

게임 연구에서 우리가 아직 얘기하지 않은 또 다른 이상한 점은 사람들이 게임을 하면서 얼마나 오랜 시간을 보내는지 누구도 제대로 알지 못한다는 것이다. 경도 연구를 비롯해 많은 연구가 '자기보고 방식self-report measure'을 활용한다. 다시 말해 실험자가 피험자들에게 하루나 한 주에 몇 시간 게임을 하는지 직접 묻는다. 이 방식이 실제로 그다지 유용하지 않은 까닭은 우리가 하는 게임의 본질 때문이다.* 게임은 우리를 몰입시키고 마음을 사로잡는다. 원한다면 잠깐이나마 아니면 꽤 오랫동

---

* 2018년 11월 랭커스터대학교(Lancaster University) 심리학자 데이비드 엘리스(David Ellis)는 애플 아이폰의 스크린 타임 앱을 통해 사람들이 실제로 휴대전화를 사용하는 시간을 측정한 다음 스마트폰 사용과 중독성에 관한 데이터와 비교했다. 분석 결과 둘의 상관관계는 높지 않았고 연구진은 휴대전화 사용에 관한 기존의 자기보고 방식이 기술 사용 시간을 정확하게 예측하는 데 큰 효과가 없다고 결론 내렸다.

안 주변 세상의 경계에서 벗어날 수 있는 판타지 공간이다. 재밌는 게임에 빠져들면 시간 감각이 사라지기 마련이다. 이 같은 경험은 철학적으로 전혀 정량화할 수 없기 때문에 사람들에게 이를 숫자로 표현하라고 요청하는 건 무의미하다. 나는 종종 게임을 시간 여행이라고 생각한다. 게임의 보호막 안에서 시간은 멈춘다. 바깥에서는 몇 시간이 흘렀어도 내게는 매혹적인 단 한순간일 뿐이다.

사이먼 파킨은 그의 멋진 저서 《비디오게임으로 인한 죽음Death by Video Game》에서 게임이 다른 오락 매체들과 마찬가지로 시간을 순식간에 사라지게 하는 현상을 '크로노슬립chronoslip'이라고 불렀다. 하지만 게임에는 고유의 다른 뭔가가 있다. 물론 영화나 책 그리고 넷플릭스에서 방영하는 〈기묘한 이야기Stranger Things〉나 〈굿 플레이스The Good Place〉를 보면서도 나 자신을 잊어버린다. 그러나 이런 경험은 게임의 독특한 그것과 다르다. 게임에서는 '불신의 유예suspension of disbelief'가 필요 없다(영국 시인 새뮤얼 테일러 콜리지Samuel Taylor Coleridge가 한 말로 현실을 잊고 초현실을 믿으려는 상태를 뜻한다. 시와 같은 문학작품을 온전히 즐기기 위한 의지로 해석되기도 한다_옮긴이). 오히려 그 반대다. '능동적'으로 믿어야만 내게 주어진 세상을 충만하게 경험할 수 있다. 게임이 우리 정신을 완전히 사로잡는다는 사실을 많은 사람이 걱정하는 건 충분히 이해할 만한 일이다. 하지만 몰입이야말로 게임을 통해 우리가 인간존재의 의미를 탐구할 수 있는 근본적인 이유다. 그리고 최근 많은 과학자가 깨닫고 있는 것처럼 게임의 가상현실은 인류의 가장 난해한 질환을 이해하고 치료하는 새로운 방법이 될 수 있다.

* * *

나는 1989년과 2018년을 동시에 경험하고 있다. 2018년의 나는 자동차 정비소 대기실에 앉아 있고 내 앞의 둥근 탁자 위에는 노트북과 정말 커피인지 알 수 없는 음료가 담긴 베이지색 플라스틱 컵이 놓여 있다. 1989년의 나는 와이오밍 쇼쇼니 국유림Shoshone National Forest의 초원 어딘가에 있다. 발밑의 황동색 풀들은 말라 있고 주위는 고요하다. 근처에서 강이 졸졸 흐르는 소리만 희미하게 들리고 내가 선 곳에서 멀지 않은 작은 연못에 뜬 스노모빌의 잔해는 이곳에 다른 사람이 있었다는 유일한 흔적이다. 1989년의 나는 바싹 메마른 숲이 불의 지옥으로 바뀌기 전에 미스터리를 풀어야 하는 화재 감시관* '헨리Henry'다. 눈앞에 있는 화면에서 게임이 펼쳐지는 동안 내 목 뒤로 태양이 뜨겁게 내리쬐는 듯하다. 발아래 풀밭에서 올라오는

* 인적이 드문 야생 지역 타워에서 화재를 감시하는 사람이다. 뭔가를 발견하면 소방서에 무전을 보낸다.

내음도 상상해 보려고 하지만 커피 컵에서 올라오는 향과 요란한 문소리에 공상에서 빠져나온다. 2018년의 나는 피트이고 내 차는 엉망이 돼 있다. 정비공은 무심하게 내 노트북을 쳐다보면서 수리가 끝나려면 몇 시간 더 있어야 한다고 말한다. 정비소는 집에서 멀고 자동차 말고는 다른 교통수단이 없으므로 이대로 나갔다가는 게임과 다를 바 없는 상황이 된다. 정비공은 차가 어떻게 망가졌고 어떻게 고칠지 알려줬고 나는 애써 이해하는 척했다. 그리고 그가 떠난 후 다시 헤드폰을 쓰고 게임으로 눈을 돌렸다. 어디선가 길을 잃어야 한다면 과거의 와이오밍이 훨씬 낫다.

〈파이어워치Firewatch〉는 내가 해본 가장 아름다운 게임 중 하나다. 장엄하고 고요한 자연이 무대라는 사실을 떠올리면 당연하다. 하지만 전개되는 얘기는 이보다 더 섬세하고 우아하다. 게임이 시작되면 플레이어는 화면에 뜨는 글을 읽으며 헨리가 막 성인이 된 몇 년을 어떻게 보낼지 선택한다. 1975년 콜로라도주 볼더에 있는 술집을 배경으로 한 첫 장면에서 헨리는 줄리아Julia를 만난다. 둘은 연인이 되고 같이 살기로 하면서 관계는 진지해진다. 함께 강아지를 키우기로 하는데 비글과 저먼 셰퍼드 중 하나를 선택할 수 있다. 그렇게 몇 년이 흐른다. 1979년 어느 여름 저녁 줄리아는 헨리에게 아이를 낳고 싶은지 묻는다. 결과는 플레이어 선택에 따라 달라진다. 이제 글이 사라지고 플레이어는 등산로 초입에 서 있다. 길을 따라 천천히 걷기 시작하면 다시 글이 뜬다. 지금은 1980년이고 줄리아와 싸운 뒤다. 플레이어가 글을 읽고 선택을 내려 상황을 해결하면 헨리는 다시 등산로에서 쓰러진 나무를 건너며 걷고 있고 저 멀리 산등성이로는 해가 비치고 있다. 다시 글이 뜬다. 이제 1982년이고 헨리는 줄리아에게 뭔가 문제가 있음을 감지한다. 줄리아는 스트레스를 받을 때면 말을 하지 못한다. 줄리아가 지금 사는 곳과 반대편에 있는 코네티컷주 예일에 취직하는 바람에 아이를 낳기로 했던 계획은 뒤로 미뤘다. 이제 1985년이 됐다는 글이 뜨면 줄리아의 상태가 더 나빠졌음을 알 수 있다. 줄리아는 기억력에 문제가 생겨 휴직하고 집으로 돌아왔다. 의사는 조기 치매 증후가 나타났다고 진단했다. 몇 년의 시간이 빨라도 너무 빨리 흐른다. 1987년 개는 많이 늙었고 줄리아는 복직했지만 치매가 더 나빠져 다시 휴직했다. 글이 사라지고 헨리는 다시 등산로다. 숲을 거니는데 앞에 사슴이 얼핏 보인다. 사슴이 덤불로 뛰어들면 화면에는 다시 글이 나타난다. 헨리는 줄리아를 돌보려고 하지만 사이가 계속 틀어지자 술에 기대기 시작했다. 1989년 어느 저녁 음주운전을 하다가 경찰 단속에 걸려 하룻밤 유치장 신세를 진다. 이 사실을 오스트레일리아에 사는 줄리아의 부모가 알게 된다. 그들은 비행기를 타고 와 딸을 데리고 가면서 조만간 오스트레일리아로 오라고 말한다. 그리고 몇 주가 지난 뒤 헨리는 지역신문에서 화재 감시관 구직 광고를 보게 된다.

그렇게 헨리는 화재 감시관이 되고 게임이 시작된다.

처음 〈파이어워치〉를 했을 때 오프닝 서사에 압도됐다. 시간의 흐름을 막을 수 없다는 절망이 다시 떠올랐다. 처음에는 모든 게 좋았고 괜찮은 인생이었다. 그러다 일들이 조금씩 꼬이기 시작한다. 힘든 일이 잦아지더니 상황을 어찌 해보기도 전에 사랑하던 사람이 떠나고 그 충격에 휩싸이게 된다. 나는 아무런 준비도 되지 않은 상황에서 게임을 시작했다. 〈파이어워치〉에 대해 들은 정보라곤 1인칭 모험 미스터리물이라는 게 전부였다. 하지만 오프닝과 함께 나타난 그 글들은… 곧바로 아버지의 기억을 끄집어냈다.

불행한 일 앞에서 어찌할 도리가 없었다는 좌절감은 마음 깊은 한구석에 오랫동안 자리해 있었다. 아버지는 병을 진단받고 고작 몇 년 만에 세상을 떠났다. 1994년까지 내 삶은 대체로 평범했다. 나는 학교에 다녔고 아버지는 회사에 다녔다. 그러다 미묘한 이상이 감지됐다. 뒷마당에서 함께 캐치볼을 할 때면 아버지는 금세 숨이 찼다. 그리고 얼마 후에는 계단을 올라갈 때도 숨이 가빠지기 시작했다. 그렇게 1년이 흘렀다. 아버지가 처음 휠체어를 탄 날을 기억한다. 나는 아버지가 가끔씩 도움을 받으려고 휠체어를 구했다고 생각했다. 피곤해지면 휠체어를 타고 돌아다니겠지만 대부분은 걸어서 다닐 예정이었다. 그때 난 열두 살이었고 모든 사람이 내게 그렇게 말했다. 아버지는 힘들 때만 휠체어를 타실 거라고. 휠체어가 집에 도착한 뒤 나는 아버지가 걷는 모습을 다시 보지 못했다.

또 금세 1년이 지났고 상황은 더 나빠졌다. 아버지가 타던 진녹색 복스홀 카발리에Vauxhall Cavalier는 여전히 차고에 있었지만 오랫동안 움직이지 않았다. 아버지는 이제 전동 휠체어를 탔다. 바퀴를 굴릴 힘이 없어서였다. 간병인이 집으로 와 아버지를 돌봤고 할머니, 할아버지가 우리와 함께 살기 시작했다. 모두가 소리 없이 슬픔을 품고 있었다. 아버지가 병을 발견하기 약 1년 전 부모님이 이혼했는데 내가 엄마를 만나는 일정은 무척 복잡했다. 화요일과 목요일 방과 후 1시간 그리고 3주에 한 번은 주말 동안 엄마 집에서 하룻밤을 지내되 일요일 저녁 식사 전에는 돌아와야 했다. 주말에 못 본 주에는 월요일, 수요일, 금요일에 한 시간 조금 넘게 만날 수 있었다. 하지만 나는 아버지의 병세가 심해지면서 아버지와 시간을 더 보내고 싶어졌다. 이 사실을 의식적으로 깨달은 건 아니었다. 엄마와 있다가 시간이 늦어지거나 이번 주말에는 아버지와 떨어져 있어야 한다는 사실을 알면 불안했다. 엄마 잘못은 아니었다. 나는 엄마를 조금의 의심도 없이 사랑하다. 엄마와 보낸 시간이 즐겁지 않은 것도 아니다. 그저 아버지와의 시간이 얼마 남지 않았기 때문에 한순간도 놓치고 싶지 않았다. 그리고 정말 눈 깜빡할 사이에 1998년이 됐고 아버지는 떠났다.

〈파이어워치〉를 여러 번 했지만 오프닝 텍스트가 나올 때마다 그때의 기억이 생생하게 떠오른다. 일종의 카타르시스일지도 모른다. 그렇다고 내가 오래된 상처를 떠올리며 희열을 느끼는 사람이라는 뜻은 아니다. 아픈 기억을 떠올리는 일이 그다지 즐겁진 않다. 하지만 본격적으로 게임이 시작되면 이제까지 일어난 모든 일에 초연해진다. 달콤하면서도 쌉싸름하고 아름다운 〈파이어워치〉 세상은 그 어떤 게임보다 나를 몰입시켰다. 아버지가 정말 좋아했을 곳이다. 하지만 〈파이어워치〉가 사람들을 몰입시키는 건 강렬한 얘기 때문만은 아니다. 게임 시나리오 작가 아비섹 아이어Abhishek Iyer가 지적하듯이 〈파이어워치〉 설계자들은 플레이어가 헨리에게 완전히 감정이입해 게임을 하고 있다는 사실조차 잊게 하는 데 엄청난 공을 들였다. 플레이어와 헨리가 같은 사람이 돼 정보를 얻고 결정을 내리는 혁신적인 사용자 인터페이스 덕분에 가능한 일이었다. 플레이어가 게임 환경을 탐험하는 방식을 대대적으로 향상한 것이다. 1인칭, 3인칭 슈팅 게임 대부분은 플레이어에게 지도를 제공한다. 하지만 지도는 게임 속 캐릭터가 아닌 현실 플레이어에게만 제공된 것이므로 지도를 확인할 때마다 게임 흐름이 끊긴다. 예를 들어 〈포트나이트〉에서는 플레이어가 지도를 확인하려고 하면 화면 위로 지도가 펼쳐진다. 그동안 캐릭터는 사실상 아무것도 하지 않는다. 가만히 멈춰 있거나 앞으로 곧장 달릴 뿐이다. 잠깐이긴 해도 플레이어와 캐릭터가 분리될 수밖에 없다. 플레이어가 보는 건 게임 속 디지털 지도인데도 게임 흐름이 끊기는 건 어쩔 수 없다. 그 결과 게임 속에 있는 듯한 몰입감은 방해받는다. 아주 작은 방해라 하더라도 엄연히 존재한다. 〈와우〉도 비슷한 방식으로 지도가 제공되지만 캐릭터가 스스로 주머니에서 지도를 꺼내게 해 이 같은 분리를 최소화하려고 한다. 플레이어는 실제로 이 일이 일어나는 걸 볼 수 없지만 최소한 주변에 있는 다른 플레이어들은 당신이 뭘 하는지, 왜 갑자기 가만히 있는지 알 수 있다.

〈파이어워치〉는 지도를 확인하는 사소한 일도 게임 몰입도를 높이는 수단으로 활용한다. 플레이어가 숲을 걷다가 현재 위치를 확인하고 싶어지면 헨리가 주머니에서 종이 지도를 꺼내 '당신과 함께' 본다. 당신이 지도의 여러 위치를 확대하면 헨리는 지도를 얼굴 가까이 가져온다. 나도 모르게 진짜 지도를 보듯이 화면으로 머리를 갖다 댄 적도 있다. 게임이 계속되면서 헨리(와 나)는 진짜 숲속을 하이킹할 때처럼 지도에 점을 찍고 중요한 정보를 메모한다. 이런 방식은 플레이어에게 탐험 경로를 알려주는 데는 조금 비효율적일지 모르지만 플레이어가 실제로 게임 속에 있다고 느끼는 데는 매우 효율적이다.

지도를 보면서 일어나는 짜증이 오히려 내게는 현실감을 높인다. 내 아내가 아주 잘 알듯이 나는 지도를 영 볼 줄 모르는 길치다.* 〈파이어워치〉의 다른 장치 역시 같은 방식을 쓴다. 숲에서 뭔가 발견하면 마우스를 클릭해 정보를 얻는 대신 헨리에게 무전기를 꺼내게 해 근처 다른 화재 감시 타워에 있는 동료 딜라일라Delilah의 설명을 듣게 한다. 화면 한구석에 가상 나침반이 계속 움직이는 대신 헨리가 실제 나침반을 꺼내 현재 움직이고 있는 방향을 확인한다. 이 모든 장치의 의도와 목적은 당신이 헨리고 헨리가 당신이게 하는 것이다.

〈파이어워치〉는 쇼쇼니 국유림이라는 물리적 환경뿐 아니라 인간의 복잡한 감정을 탐험하는 곳이다. 오프닝 텍스트를 통해 헨리가 어쩌다 화재 감시관이 됐는지 자세한 내막을 알고 나면 그가 홀로 고요한 숲을 거닐게 됐다는 사실에 당신 역시 안도하게 된다. 당신은 게임 서사를 이끄는 미스터리를 푸는 동안 잠시 떠난 실제 삶을 생각하게 된다. 딜라일라와 어떤 대화를 나눌지 선택해 마음을 열거나 거리를 둘 수도 있고 원한다면 작업을 걸어볼 수도 있다. 사실 대화를 어떤 방향으로 끌

---

* 이제까지 살면서 딱 한 번 비행기를 놓친 적이 있는데 결혼식 이틀 뒤에 떠난 신혼여행 때다. 개트윅공항으로 향하면서 나는 내비게이션이 안내한 길을 제대로 확인도 하지 않고 다른 길이 나을 거라고 속단했다. 내비게이션은 계속 그 길로 가다간 정체 구간에서 꼼짝도 못할 거라고 경고했다. 결국 3시간이면 갈 길을 6시간이 걸려 도착했다. 이후 아내에게 죽지 않으려면 어딜 가든 출발 전에 3번은 확인해야 한다.

고 갈지는 게임 자체에 큰 영향을 미치지 않지만 나는 딜라일라와 헨리의 관계에 진심으로 신경이 곤두섰다. 게임에서 다른 여자와 시시덕거린다 해도 아무 일도 일어나지 않는다. 무전으로만 얘기할 뿐 딜라이아를 직접 만날 일도 없다. 하지만 딜라일라에게 처음 작업을 걸면서 죄책감에 휩싸였다. '헨리는 아직 줄리아와 결혼한 상태잖아. 도대체 무슨 짓이야?' 나는 곧바로 딜라일라를 무심하게 대했고 딜라일라도 퉁명스럽게 맞받아쳤다. 하지만 게임이 계속되면서 헨리와 딜라일라가 서로 점차 솔직해지고 친한 친구가 되면 한 가지 모순이 드러난다. 〈파이어워치〉는 플레이어가 어떤 어려움 없이 게임에 몰입해 헨리를 조종하게 하는 데 많은 시간과 기술을 들인 게임이다. 하지만 플레이어가 어떤 행동을 하고 어떤 말을 할지 선택해도 결과는 항상 같다. 플레이어가 미스터리를 풀면 딜라일라는 얼굴도 보여주지 않은 채 떠나고 헨리는 다시 이전 삶으로 돌아가 줄리아에 대한 감정을 정면으로 마주한다. 어떤 면에서 보면 애초에 현실에서 도망친 헨리의 결정에 플레이어가 어떻게 대처하는지가 게임의 중심축이다. 와이오밍의 고립된 숲은 당신의 행동이 일으킨 감정적 결과를 곱씹어 보기에 최적의 장소다. 한마디로 〈파이어워치〉는 인간존재의 의미를 탐구하게 함으로써 당신을 완전히 몰입시킨다.

몰입은 당신과 게임 세상을 아주 가깝게 연결한다. 때로는 디지털 세상을 이루는 사방의 벽들, 다시 말해 당신이 캐릭터들의 고난과 시련을 목격하는 투명한 장벽이 무너지기도 한다. 이를 극적으로 활용한 게임이 1998년 출시된 플레이스테이션 게임 〈메탈 기어 솔리드Metal Gear Solid〉(이하 〈메기솔〉)다. 3인칭 잠입·액션 게임인 〈메기솔〉의 주인공 솔리드 스네이크Solid Snake는 악랄한 특수부대를 무찌르기 위해 핵무기 시설에 잠입한 군인이다. 보스 중 하나인 부대 지휘자 사이코 만티스Psycho Mantis는 초능력이 있다. 그는 검은 방독면과 해부 모형처럼 보이는 수트를 입고 군사 단지 깊은 곳에 자리 잡은 집무실에서 책상 위를 날아다니는 모습으로 처음 등장한다. 여기에 스네이크가 전혀 동요하지 않으면(사실 그는 동요하는 모습을 한 번도 보이지 않는다) 만티스는 자신의 능력을 과시하기 위해 당신 마음(정확히 말하면 게임기에 내장된 메모리카드 내용)을 읽으면서 지금까지의 플레이가 어땠는지 줄줄이 읊는다. 그런 다음 당신에게 게임기 컨트롤러를 바닥에 내려놓으라고 말한 뒤 자신의 '염력'으로 컨트롤러를 움직인다. 사실 컨트롤러 내부에 장착된 진동 모터가 작동한 것이다. 허세가 끝나면 싸움이 시작된다. 처음에는 만티스가 당신의 모든 움직임을 예측하는 듯해 도저히 이길 수 없을 것처럼 보인다. 그를 이기는 유일한 방법은 게임기에서 컨트롤러를 분리한 다음 두 번째 컨트롤러 슬롯에 다시 넣는 것이다. 그러면 만티스가 갑자기 마음을 읽을 수 없게 돼 승산이 보이기 시작한다. 〈파이어워치〉 같은 게임은 플레이어가 실제로 게임 속 세상에 있다고 느끼도록 해 몰입도를 높이지만 〈메기솔〉은 의도적으로 게임 세상의 벽을 허물어 몰입도를 높인다. 캐릭터들이 플레이어의 환경과 상호작용하면서 플레이어의 방 자체가 게임의 한 부분이 된다.

물론 몰입이 훌륭한 게임의 충분조건은 아니다. 게임학자 브렌던 키오Brendan Keogh가 2014년 논문에서 지적했듯이 모바일 게임은 전통적 게임기나 컴퓨터게임과는 전혀 다른 목적을 추구한다. 컴퓨터게임이나 가정용 게임기의 목적 중 하나는 플레이어를 디지털 판타지 세계로 이끄는 것이지만 모바일 게임은 지하철을 타고 어딘가 갈 때나 친구를 기다릴 때처럼 플레이어의 남는 시간을 채워주면서 일상의 일부가 되려고 한다. 그렇다 해도 몰입은 내게 중요한 문제다. 많은 사람이 나와 의견이 다르겠지만 내가 이제까지 한 최고의 게임은 〈파이어워치〉처럼 한 세상에서 다른 세상으로 완전히 옮겨 가는 게임들이다.

심리학적 관점에서 몰입을 연구하고 게임에서 몰입이 어떻게 이뤄지는지 이해하는 일은 어려움투성이다. '몰입감immersion'과 '현존감presence'이라는 용어가 혼동돼 쓰이는 상황도 어려움을 더한다. 일부 학자는 몰입이란 게임 내에 물리적으로 존재하는 것 같은 감각이므로 일종의 공간적 현존감으로 정의할 수 있다고 주장한다. 이는 이를테면 사회적 현존(게임 안에서 다른 플레이어나 캐릭터를 실제라고 생각하며 상호작용하는 것)이나 자아 현존(실제 자아와 디지털 아바타를 일치시키는 것)과는 다르다. 실체가 전혀 없는 듯한 뭔가를 어떻게 측정할 수 있을까? 물론 설문을 할 수 있지만 다른 많은 심리학 현상과 마찬가지로 본질적으로 모호하고 일시적인 뭔가에 관해 사람들 스스로 평가 내리게 하는 일은 무의미할 때가 많다. 그럼 다른 방법이 있을까? 이를테면 실험을 통해 분석할 수 있지 않을까? 수년 동안 이 질문을 고민해 왔지만 별 성과가 없었다. 몰입에 관해 이제까지 관찰한 가장 만족스러운 실험은 사실 게임이 아닌 영화를 대상으로 한 것이었다.

내가 박사 후 과정을 밟은 곳은 브리스틀대학교 모션 캡처 연구실이다. 내 지도교수였던 톰 트로시안코Tom Troscianko 교수는 박사 과정 학생인 스티븐 힌데Stephen Hinde와 함께 TV 화면을 보는 경험에 영향을 미치는 요소를 분석하는 실시간 몰입 측정법을 개발하기 위해 두 번의 예비 실험을 수행했다. 앞에서 말했듯이 게임 '속'에 실제로 있는 듯한 감각인 '현존감' 같은 대상을 분석하려고 할 때 설문 분석법은 한계가 있을 수밖에 없다. 설문은 몰입 활동이 끝난 '후'에 이뤄지므로 온갖 교란 변수의 영향을 받는다. 인간의 시각 작용 방식에 관한 지식을 갖춘 트로시안코와 힌데는 몰입을 일으키는 활동이 진행되는 동안 몰입도를 직접적이고 구체적으로 측정하는 방식을 고민했다. 그들이 두 번의 실험에서 살펴본 문제는 비교적 단순했다. 지난 몇 년 동안 TV는 계속 커졌는데 화면 크기에 정말 특별한 영향력이 있을까? 실제로 큰 화면이 더 나을까? 피험자들은 캄캄한 강의실에서 45분 동안 영화 〈석양의 무법자The Good, The Bad and The Ugly〉를 감상했다. 설문과 비슷한 방식의 현존감 자기평가를 바탕으로 한 첫 번째 실험은 화면 크기가 실제로 몰입에 영향을 주는지 알아보는 타당성 평가에 가까웠다. 영화가 나오는 동안 화면 위로 빨간 불빛이 16번 깜박였다. 불빛을 본 피험자는 자신이 현재 영화에 현존감을 느끼는 정도를 앞에 있는 막대에 표시했다. 이 단순한 실험은 결과 역시 단순했다. 피험자들은 화면이 클수록 더 강하게 몰입했다고 평가했다. 화면 크기가 2배 커지면 피험자가 주관적으로 평가한 몰입도는 43~63퍼센트 높아졌다.

첫 번째 실험으로 기본 원리를 입증한 뒤 이어진 두 번째 실험은 두 가지 기발한 방식으로 실시간으로 몰입을 측정했다. 실험 진행은 비슷하지만 영화가 상영되는 동안 화면 위로 빨간 빛이 들어오는 대신 큰 전자음이 16번 울렸다. 피험자는 소리를 들으면 버튼을 눌러야 했다. 영화에 몰입할수록 현실로 돌아오는 시간이 더 오래 걸리므로 소리를 듣고 반응하는 게 더딜 수밖에 없다고 가정한 실험이었다. 그리고 실험자들은 피험자들에게 알리지 않고 다른 측정도 했다. 신호음이 울리기 약 2

초 전 적외선카메라로 피험자들의 눈을 동영상으로 촬영해 실험이 끝난 뒤 동공 크기를 확인한 것이다. 1960년대 심리학자들은 우리가 뭔가를 깊이 생각하면 동공이 확장될 뿐 아니라 그 확장된 크기는 뇌가 실시간으로 처리하는 정보량과 상관관계가 있다는 사실을 발견했다. 이는 기억 처리 과정과 어느 정도 관련된 것으로 추측된다. 예를 들어 노벨상 수상자 대니얼 카너먼Daniel Kahneman(그 유명한 《생각에 관한 생각Thinking, Fast and Slow》의 저자)은 자신의 초기 논문에서 단기 기억이 필요한 사건에 동공이 특히 민감하게 반응하는 현상을 입증했다. 그렇다면 피험자들이 영화 줄거리를 얼마나 몰입해 따라가고 있는지가 동공 크기에 나타난다고 가정할 수 있다.

트로시안코의 실험 결과는 가정과 일치했다. 첫 번째 실험에서처럼 화면 크기는 두 가지 측정에 모두 영향을 줬다. 다시 말해 '작은' 화면보다는 '큰' 화면을 볼 때 피험자들의 반응 시간은 늘어났고(신호음에 뒤늦게 반응) 동공 크기도 더 컸다. 이는 예비 실험이었지만(각 실험의 피험자 수는 30~40명뿐이었다) 몰입 같은 모호한 대상을 어떻게 객관적으로 분석할 수 있는지에 관한 훌륭한 통찰을 제공한다. 안타깝게도 트로시안코의 몰입도 연구는 여기서 더 나아가지 못했다. 그가 동료 검토를 받기 위해 어느 학술지 편집 팀에 논문을 제출한 후인 2011년 11월 자는 동안 심장마비가 일어나 58세 나이로 세상을 떠났기 때문이다. 누구도 예상치 못한 갑작스러운 죽음에 브리스틀대학교 교직원과 학생뿐 아니라 다른 많은 사람이 삶의 한 부분에 큰 구멍이 난 듯한 상실감에 빠졌다. 당시 내 방은 트로시안코의 방과 몇 걸음 떨어지지 않은 곳에 있었다. 그가 떠난 뒤 며칠, 몇 주를 여전히 생생하게 기억한다. 그는 거의 항상 문을 열어뒀고 누구든 찾아오면 반갑게 맞으며 신나게 대화했다. 그가 죽고 몇 주 동안 그의 방 앞을 지날 때마다 그가 환하게 웃으며 인사할 것만 같았다. 하지만 문은 닫혀 있었고 복도는 전보다 조금 조용했다. 그가 떠났다는 사실을 상기시키려는 듯 방에서 이따금 전화가 울리다가 이내 끊겼다. 한참 후에야 우리는 관리자를 불러 전화 연결을 끊었다.

내가 알기론 트로시안코 연구진이 설계한 연구를 응용해 게임 몰입을 분석한 실험은 아직 없다. 물론 그렇다고 다른 연구가 이뤄지지 않았다는 뜻은 아니며 다른 매체에 대한 현존감과 몰입도를 측정하는 다양한 연구가 있었을 것이다. 실제로 몇몇 연구자는 게임 몰입도를 객관적으로 정량화하기 위해 시각 연구 원리를 적용했다. 예를 들어 유니버시티칼리지런던의 샬린 제넷Charlene Jennett 연구 팀은 컴퓨터게임을 하는 사람의 시선 패턴을 관찰해 몰입도를 객관적으로 측정할 수 있는지 알아봤다. 우리가 어떤 일에 집중하면 관심 대상에 시선을 고정하기 때문에 눈의 움직임이 적어진다. 제넷은 몰입도가 높은 일(실험에서는 〈하프라이프Half-Life〉라는 게임을 하는 것)은 몰입도가 높지 않은 일(화면에 무작위로 나타나는 사각형을 클릭하는 것)보다 시선 움직임이 적으리라고 가정했다. 실험 결과는 가정을 뒷받침했다. 제닛의 실험 역시 완벽하다고 할 수는 없지만(피험자는 40명뿐이었고 두 조건에 몰입도 외의 다른 차이는 없는지 확인되지 않았다) 기존 자기보고 설문보다는 객관적 방식으로 몰입도를 측정할 가능성을 보여줬다. 하지만 게임이 사람들을 몰입시키는 과정은 아직 어려운 연구 주제다.

왜 이 사소한 문제를 고민해야 하는지 묻는 독자가 있을지도 모른다. 게임은 그저 게임 아닌가? 사람들이 어쩌다가, 어떻게, 왜 몰입하게 되는지가 무슨 상관인가? 하지만 게임에 중독성이 있을지도 모르고 폭력적 게임이 해로운 영향을 미치거나 인간 행동을 바꿀 수 있다는 걱정을 해결하려면 게임이 사람들의 관심을 사로잡는 과정을 이해해야만 그 퍼즐을 맞출 수 있다. 더군다나 게임을 가능하게 하는 기술이 점차 진화하고 발전할 뿐 아니라 최근 몇 년 동안에는 가상현실이 실현 가능한 기술 플랫폼으로 부상하면서 몰입은 더욱 중요한 문제가 됐다. 하지만 몰입에 관한 연구는 거의 이뤄지지 않고 있으며 게임 연구 대부분은 폭력성과 공격성에 초점을 맞추고 있다. 그나마 얼마 되지 않는 연구 결과도 서로 모순돼 분명한 결론을 내리기가 힘들다. 예를 들어 미시간주립대학교Michigan State University

론 탐보리니Ron Tamborini 연구진은 2004년 피험자들을 두 그룹으로 나눠 한 그룹은 1인칭 슈팅 게임인 〈듀크 뉴켐 3DDuke Nukem 3D〉를 가상현실 버전으로, 다른 한 그룹은 기존 게임 플랫폼으로 플레이하게 했다. 그런 다음 자기보고 방식을 통해 현존감, 적대적 생각, 공격적 행동의 차이를 관찰했다. 분석 결과 가상현실 게임은 어떤 측정 항목에도 유의한 영향을 미치지 않았다. 하지만 몇 년 뒤 미국 국립인간게놈연구소National Human Genome Research Institute 수전 퍼스키Susan Persky와 캘리포니아대학교 짐 블라스코비치Jim Blascovich가 한 실험 결과는 정반대였다. 이들의 실험에서 피험자들은 특별 제작한 가상현실 게임을 플레이했는데 가상현실이 아닌 일반 데스크톱으로 게임을 한 대조군보다 현존감과 공격성 모두 높게 나타났다. 그러므로 현재까지 나온 연구 결과는 몰입도가 높은 게임이 우리 행동에 상당한 영향을 미치리라는 생각에 관해 확실한 증거를 제시하지 못하고 있다. 우리가 게임과 상호작용하는 방식이 빠르게 변하고 있고 변화의 속도는 줄어들 기미가 전혀 보이지 않으니 과학자들은 더욱 분발해야 한다.

***

"〈웨스트월드Westworld〉라는 드라마를 본 적 있나요?"

빌 로퍼가 물었다. 앞에서도 등장한 로퍼를 기억할지 모르겠지만 임프로버블게임즈의 최고 크리에이티브 책임자로 다면적 게임 경험을 가능케 하는 최첨단 컴퓨터 플랫폼 설계 전문가다.

"일이 꼬이면 상황이 어디까지 끔찍해질 수 있는지 보여주잖아요"라고 로퍼가 말했다. "하지만 내가 디즈니에 있을 때 이매지니어Imagineer('imagine'과 'engineer'의 합성어로 디즈니에서 아이디어를 담당하는 직원을 일컫는다_옮긴이) 모두 '저거야말로 우리가 원하는 거야'라고 감탄했죠." 그는 로봇 군단이 갑자기 의식을 갖게 돼 놀이공원에 온 사람들을 마구 죽이는 상황을 말하는 게 아니었다.* 로퍼는 게임 개발자라면 누구나 품는 꿈을 얘기하고 있었다. 몰입의 경험을 극도로 생생하게 만들어 진짜 그곳에 자신이 놓여 있고 그 존재는 자신의 또 다른 자아라고 믿게 하는 것이다. 로퍼는 이를 '다중우주자아multiverse self'라고 불렀다. 가상현실이 점차 풍요롭고 강력해지면서 가상의 삶이 오프라인의 삶만큼 생생하고 유의미해져 인간 경험이 증폭되는 것이다. 이 개념은 수십 년 전부터 공상과학소설의 주제였다. 이를테면 어니스트 클라인Ernest Cline의 《레디 플레이어 원Ready Player One》에서는 그리 멀지 않은 미래에 환경 재앙의 벼랑 끝에 선

---

* 적어도 나는 그렇게 생각하지 않았다.

인류가 누구나 무엇이든 될 수 있는 가상현실 시뮬레이터 오아시스OASIS의 세계로 도피한다. 로퍼는《레디 플레이어 원》의 기술이 곧 가능해지리라고 생각한다.

"정교한 가상 세계를 만드는 데 필요한 몇몇 기술은 이미 우리가 사용하고 있어요. 최소한 뼈대가 되는 기술들은요"라고 로퍼가 설명했다. "수백 명이 아닌 수백만 명의 플레이어를 단 하나의 가상 세계로 모이게 하면서 모든 게 아무 문제 없이 진행되게 하려면 당연한 일 아니겠어요?" 바로 이 점이 로퍼가 임프로버블에서 주목하는 문제다. 엄청나게 많은 사람과 마치 진짜 사람처럼 여겨지는 비플레이어 인공지능 캐릭터들이 모이는 거대한 가상 환경에서 발생하는 여러 문제를 어떻게 해결할 수 있을까? 하지만 가상현실이 점차 현실적 기술이 돼가면서 여러 책임 문제도 뒤따르고 있다. 로퍼는 "가상현실 개발자들이 가장 손쉽게 만들 수 있는 건 플레이어에게 겁을 주는 프로그램"이라고 지적했다. 공포는 가상현실 게임에서 가장 불러일으키기 쉬운 감정이다. 공포영화를 볼 때는 화면에서 벌어지는 무서운 상황과 자신을 분리하는 일이 어렵지 않지만 가상현실의 목적은 관객을 그 순간에 놓이게 하는 것이다. "하지만 가상현실이 공포에만 초점을 맞춘다면 사람들이 얼마나 무서워하겠어요. 마음을 조종하는 놀라운 곳에 가보고 싶지만 온신경이 곤두서니 발을 들일 엄두를 못 내는 거죠." 로퍼는 가상현실 개발자들의 책임에 관해 업계에서도 많은 의견이 오가고 있다고 설명했다. 게임을 재밌게 만들려고 인간의 원시적 감정만 이용하면 안 된다. 2016년 샌프란시스코에서 열린 게임개발자회의Game Developers Conference에서 업계 전문가들은 사람들이 영화나 전통 게임에서는 강렬한 반응을 일으키는 기법을 즐기지만 가상현실에서는 이를 무척이나 불편해한다고 지적했다. 그보다 2년 전에 열린 같은 회의에서는 클라우드헤드게임즈Cloudhead Games의 데니 엉거Denny Unger 크리에이티브 디렉터가 공포에 기대는 가상현실 게임은 심장 질환을 앓는 사람을 사망에 이르게 할 수 있다고 주장했다. 엉거는 개발자들이 가상현실 매체의 몰입력을 과소평가해서는 안 되며 플레이어들이 어떤 경험을 하게 될지 진지하게 생각해야 한다고 경고했다. 로퍼는 "사실 어느 게임이나 마찬가지"라고 지적했다. "게임을 흥미롭고 재밌게 만드는 일이 아무리 중요해도 플레이어들이 살아 있는 사람이라는 사실은 잊지 말아야 하지 않겠어요?"

몰입과 가상현실의 미래에 관한 논의가 모두 부정적이진 않다. 세심하게 설계한 멀티플레이어 가상현실 게임(《레디 플레이어 원》에 나오는 오아시스의 현실판)은 우리가 미래에 어떤 삶을 살게 될지에 관한 완전히 새로운 사고방식을 가능하게 할 수 있다. 가상현실의 몰입력이 강해질수록 사람들은 더 오랜 시간을 그곳에서 보낼 것이다. 암울한 미래처럼 보이는가? 사람들이 현실과 단절된다는 생각은 극도의 불편함을 느끼게 한다. 게다가 사람들을 어떤 방식으로든 착취하는 시스템(중독 문제를 살펴보면서 얘기한 게임 같은)이 적용된다면 더욱 그렇다. 하지만 긍정적인 원칙(플레이어 경험에 초점을 맞춘)과 사람들이 그곳에 되도록 오래 머물고 싶어 하는 열망을 고려해 만든 가상 환경이라면 상황을 완전히 다른 관점으로 바라볼 수 있다.

로퍼 같은 개발자들에게 몰입력 강한 가상 세계는 단순히 현실도피 수단이 아니다. 사람들에게 기회와 경험을 선사하는 새로운 방식이다. 이미 많은 단순 업무와 직업을 자동화 기계나 인공지능이 대신하고 있다. 미래의 노동이 어떤 의미일지에 관한 논의는 진작 시작됐다. 모든 사람이 일할 만큼 일자리가 넉넉할까? 그렇지 않다면 우리는 어떻게 시간을 보내게 될까? 경제에는 어떤 의미일까? 해결책 중 하나는 가상 환경에서 새로운 형태의 노동을 찾는 것이다. 인공지능이 보편화하면서 오프라인 세상에서 많은 일자리가 사라지고 사람들이 다른 일할거리를 찾는다면 로퍼는 "현명한 개발자라면 '내 MMO 세상에서 사람들에게 일자리를 줄 수 있지 않을까?' 하고 생각하게 될 것"이라고 추측했다. 예를 들어 누군가 미래의 가상현실 게임에서 바텐더 역할을 한다고 상상해 보자. 그는 아주 훌륭한 바텐더다. 기발하고 재치 있는 우주 음료를 만드는 데다 입담도 좋아 모두 그와 얘기하고 싶어 한다. 사람들은 그에게 고마

움의 표시로 게임 통화뿐 아니라 실제 돈으로도 팁을 준다. 이처럼 게임에서 보내는 시간이 가시적 보상을 가져다주면 게임은 오락 이상의 가치를 띠게 된다. 참신한 아이디어가 있는 사람이라면 누구나 이용할 수 있는 소득의 원천이 될 것이다. 오프라인 세계에서 일자리가 점차 사라져 사람들이 돈을 벌기 힘들어지면 온라인 세계가 일자리를 만들어 경제를 지탱할 수 있다. 로퍼는 또 다른 예도 제시했다. "캐릭터가 뭔가를 먹어야 하는 게임이 있다고 생각해 보세요. 그러면 식량을 공급할 수 있는 훌륭한 [가상의] 사냥꾼이나 농부는 그에 걸맞은 대우를 받게 되죠. 미래 세대는 그런 능력자들에게 대가를 실제 달러로 지급할지 사이버 통화로 지급할지 논의하겠죠."

물론 로퍼의 생각은 여러 면에서 지나치게 희망적이고 그런 미래는 분명 여러 논란을 불러일으킬 것이다. 《레디 플레이어 원》은 인류가 가상 세계에서 시간을 허비하는 동안 그들이 망가뜨린 실제 세상은 점차 썩어가는 디스토피아적 미래를 암시한다. 물론 우리는 미래 세대가 살 환경을 지켜야 할 의무가 있다. 하지만 몰입력이 엄청나게 강한 가상 세계가 예상보다 가까운 미래에 가능해지고 많은 사람이 그곳에 머물고 싶어 하리라는 사실을 받아들여야 한다. 그런 미래를 사회적, 환경적으로 책임 있는 방식으로 맞을 방법을 얘기해야 한다. 사회가 게임을 하는 사람과 하지 않는 사람으로 분열될까? 그렇게 되지 않으려면 어떻게 공존을 꾀할 수 있을까? 가상현실을 어떻게 긍정적이고 유익한 공간으로 만들 수 있을까? 아직 이 질문들의 답을 구하지 못했지만 한 가지 분명한 사실은 가상현실이 인류의 이익을 위해 활용되는 사례가 이미 존재한다는 것이다. 이는 논의의 출발점이 될 수 있다.

***

나는 웰컴트러스트 본사 7층에서 창밖을 내다보고 있다. 제약 업계 거물인 헨리 웰컴 경Sir Henry Wellcome이 1936년 내놓은 기부금으로 설립된 제약연구재단 웰컴트러스트는 런던 중심부를 관통하는 유스턴가에 자리 잡고 있다. 칸막이 없이 탁 트인 이곳에서 사람들은 조용히 오가고 목소리를 낮춰 대화한다. 어떤 날이든 이곳에 오면 최근 연구에 관해 얘기하거나 왜 자신의 연구가 웰컴트러스트의 보조금을 받아야 하는지 설명하는 학자들을 만날 수 있다. 지금도 마찬가지긴 하지만 누군가 한 구석에서 가상현실 헤드셋을 쓰고 바닥에 코를 박고 있는 애처로운 모습을 보니 오늘 모임이 여느 웰컴트러스트 행사와는 다르다는 사실이 새삼 실감난다.

'디벨로핑 비욘드Developing Beyond 대회'는 세계 최대 연구 지원 재단 중 하나인 웰컴트러스트와 〈포트나이트〉, 〈언리얼 토너먼트Unreal Tournament〉, 〈기어스 오브 워Gears of War〉 시리즈 같은 게임을 개발한 에픽게임즈Epic Games의 독특한 합작품이다. 대회 목적은 게임 개발자, 과학자, 학자를 한곳에 모아 과학 연구와 원리에서 영감을 얻은 새로운 게임을 개발하는 것이다. 상금 규모는 15만 달러에 달하고 수상자들은 출품한 게임 아이디어를 상품화하는 데 필요한 모든 지원을 받는다. 세 점의 준결승 진출작을 발표하는 오늘 행사에서 〈시드Seed〉라는 가상현실 게임이 내 눈을 사로잡았다. 독립 게임 업체 '올싱아이All Seeing Eye'가 개발한 〈시드〉는 지난 세기 동안 그 수가 급증한 생명공학 '해커'의 DIY 작업에서 영감을 받은 게임이다. 생명공학 해커들은 사람들이 취미로 모형 기차나 로켓을 만들듯이 자신의 정원에서 직접 기른 식물을 조작한다. 〈시드〉의 플레이어는 누추한 차고에서 씨앗을 심고 키우는데 재배한 식물은 종종 예상치 못한 모습으로 성장한다.

"차고 안 서랍에는 방사성 시계가 들어 있어요"라고 올리 케이Olie Kay 올싱아이 크리에이티브 부이사가 설명했다. "그 위에 씨앗을 올려놓으면 물성이 변해요. 1950년대 말에 어떤 사람이 손목시계에서 라듐을 긁어내 장미에 돌연변이를 일으키는 데 썼다는 엽기적인 얘기에서 아이디어를 얻었죠." 올싱아이가 바이오 해킹 역사를 바탕으로 한 이 기묘한 요소*를 게임에 가미할 수 있었던 건 케임브리지대학교 헬렌 앤 커리Helen Anne Curry 박사의 도움 덕분이다. 커리는 식물 육종 역사뿐 아니라 과학사 전반을 연구한다. 케이는 "게임 배경이자 전체 개념은 커리가 연구하는 '차고 생명과학'에서 나왔어요"라고 말했다. "기본적으로 식물 재배 과학에 관한 게임이죠."

아까 구석에서 본 불운한 플레이어는 여전히 울퉁불퉁한 바닥에 엎어져 있다. 구경꾼 두 명이 일으켜 주자 헤드셋을 벗는다. 아마도 작업대 위에 서서 앞에 있는 선반에 놓인 뭔가를 집으려고 몸을 숙였던 것 같다. 게임에 너무 몰입한 나머지 실제로 존재하지 않는 작업대 위에서 균형을 잡으려고 한 손을 뻗으며 온몸을 앞으로 기울였다. 가상현실은 새롭고 매력적인 방식으로 얘기를 들려줄 뿐 아니라 과학에 대한 흥미를 불러일으키지만 분명 위험한 면이 있다.

같은 날 에픽사 유럽 지사를 총괄하는 마이크 갬블Mike Gamble 교수와 대화할 기회를 얻었다. "사실 이번이 웰컴의 세 번째 대회예요"라고 그가 말했다. 2015년 열린 대회는 '빅데이터 가상현실 챌린지Big Data VR Challenge'였다. 당시 개발자들은 플레이어

---

* 2014년 커리는 이른바 차고 생명과학 연구의 역사를 소개한 논문에서 시계 라듐이 꽃의 돌연변이를 일으키는 데 가장 효과적인 방법은 아니었다고 지적했다. 아마추어 식물 재배자 존 제임스(John James)는 시계 라듐을 시도해 본 뒤 "까만 점들이 박힌 가장 기형적인 장미가 만들어졌다"라고 기록했다.

가 엄청난 양의 데이터를 실시간으로 조작하고 항해하며 아무 문제 없이 이해할 방법을 찾아내야 했다. 우승자인 루마파이LumaPie는 앞에서 얘기한 90년대 아동에 관한 경도 연구의 방대한 데이터를 시각화했다.

빅데이터 가상현실 챌린지는 게임 개발 방식이 과학 데이터와 연구 결과를 분석하는 새로운 방법이 될 수 있다는 사실을 보여줬다. 한편 디벨로핑 비욘드 대회의 목적은 달랐다. 갬블은 "오로지 게임을 위한 대회죠"라고 설명했다. "우리는 과학과 게임이 매끄럽게 연결되길 원하지만 무엇보다 중요한 건 게임이에요. 즐겁고 흥미로우며 시장성 있는 게임이어야 하죠." 내가 보기에 재밌는 사고방식의 전환이었다. 이제까지 과학 연구가 게임과 상호작용하는 방식 대부분은 득점 체계나 다른 플레이어와의 경쟁 같은 게임의 기본 설계 개념을 도입해 실험 참여를 좀 더 '재미'있게 만드는 것이었다. 대개 이 같은 '게임화'의 결과물은 어떤 유명 게임 플레이어도 찾고 싶지 않게 어설프다. "그래서 웰컴이 '뛰어든' 거죠"라며 갬블이 내 의견에 맞장구쳤다. "웰컴은 오락을 위한 과학이 반드시 교육적이어야 하는 건 아니라는 사실을 알았어요. 과학을 올바르게 사용하면 되는 거죠."

디벨로핑 비욘드의 궁극적 목표는 이런 결합을 좀 더 자연스럽게 일으키는 것이다. 웰컴트러스트는 대회를 아주 세심하게 계획했다. 성공적인 게임이 탄생할 가능성을 극대화하기 위해 최적의 게임 개발자와 과학자를 한 팀으로 구성했다. 사실 이런 대회가 아니더라도 게임 개발자들이 직접 과학자를 만나 공동으로 게임을 개발하지 못할 이유는 없다. 갬블은 "앞으로도 개발자들이 과학자와의 협력을 진지하게 생각하는 계기가 됐으면 좋겠어요"라고 말했다. "개발자가 과학을 활용하거나 게임에 과학적 지식이 필요하다면 '그래, 과학자들과 얘기해 보자' 하고 자연스럽게 생각하는 거죠."

게임과 가상현실이 과학에 어떻게 기여할 수 있는지 관심을 보이는 건 생명의학재단만이 아니다. 과학자들도 스스로 게임과 가상현실 기술을 활용하고 있다. 가장 흥미로운 최근 사례 중 두 가지는 정신적, 신체적 건강과 관련한 복잡한 문제를 해결하는 데 가상현실의 핵심인 완전 몰입 경험을 활용한 실험이다. 2008년 워싱턴대학교University of Washington 휴먼인터페이스 기술연구소Human Interface Technology Laboratory의 헌터 호프만Hunter Hoffman 연구 팀은 가상현실 게임을 화상 환자 치료에 활용한 실험 결과를 발표했다. 화상 치료에서 어려운 점 중 하나는 붕대를 새로 바꾸는 과정에서 너무 큰 통증이 생기는 것이다. 환부에 붕대를 감으면 상처가 나으면서 돋은 새살이 붕대에 달라붙기 때문이다. 붕대를 풀 때 아래 있는 새살도 같이 떨어져 나온다. 여러 연구에 따르면 통증의 주관적 경험에는 순수한 물리적 요인뿐 아니라 심리적 요인도 영향을 미친다. 한마디로 우리가 상처나 부상에 집중하면 통증에도 집중하게 된다. 하지만 관심을 다른 데로 돌리면 통증에 관한 주관적 감정이 약해진다. 호프만 팀은 이 개념에 착안해 〈스노월드Snow World〉라는 가상현실 게임을 개발해 화상 환자의 통증을 비약물적 방식으로 줄일 수 있는지 실험했다. 〈스노월드〉는 플레이어가 펭귄, 털북숭이 매머드, 눈사람이 가득한 판타지 세계를 탐험하는 게임이다. 목표는 간단하다. 가상현실 헤드셋을 쓰고 정해진 길을 걸으면서 주위를 살피다가 뭔가 나타나면 조이스틱으로 눈덩이를 발사하면 된다. 가상현실 속에서 너무나 많은 일이 일어나 다른 곳에 신경 쓸 겨를이 없고 무엇보다 붕대를 교체하는 과정을 보지 못한다. 호프만 연구에 참여하며 붕대를 교체한 환자들은 두 번의 휴식 시간 동안 자신이 느낀 통증에 점수를 매겼다. 분석 결과 환자들은 〈스노월드〉에 몰입한 뒤 고통이 줄어들었다.

미국 서부에서는 트라우마의 고통을 덜기 위한 가상현실 기기가 개발됐다. 서던캘리포니아대학교University of Southern California 앨버트 스킵 리조Albert Skip Rizzo 연구 팀은 지난 15년간 연구한 끝에 브레이브마인드Bravemind라는 임상 기계를 완성했다. 브레이브마인드는 참전 용사의 외상 후 스트레스 증후군을 치료하기 위한 가상현실 노출 치료 기기다. 노출 치료는 환자가 공포를 느끼는 대상을 마주할 수 있게 하는 치료법이다. 이 치료의 기본 전제는 공포를 느끼는 사물이나 사람, 상황을 계속 피하다 보면 공포가 더욱 커진다는 것이다. 극단적인 경우 공황 발작, 불안, 악몽, 플래시백flashback(외상 후 스트레스 증후군의 증상 중 하나로 트라우마의 원인과 비슷한 상황에 놓였을 때 당시 고통이 재현되는 현상_옮긴이) 같은 치명적인 문제가 나타날 수 있다. 노출 치료의 목적은 환자를 안전한 환경에서 공포 대상과 점차 가깝게 마주하게 하고 회피하지 않게 해 궁극적으로 더는 공포를 느끼지 않게 하는 것이다. 전형적인 치료법은 공포 대상이 있는 방에 환자를 들여보내는 방식이다. 예컨대 환자가 뱀을 무서워한다면 첫 단계에서 치료자는 환자와 함께 방에서 뱀에 관해 대화를 나눈다. 이를 몇 번 반복한 뒤 다음 단계에서 뱀 그림을 보여준다. 그다음으로 사진을 보게 한다. 다음 단계에서는 장난감 뱀을 보여준다. 과정은 조금씩 다를 수 있지만 기본적으로 최종 단계는 환자가 진짜 뱀이 있는 방에 있어도 공포를 느끼지 않게 하는 것이다.

뱀이나 거미처럼 구체적인 대상이 있다면 노출 치료는 효과적이다. 하지만 전투로 인한 외상 후 스트레스 증후군은 같은 방식으로 치료하기가 힘들다. 이런 이유에서 브레이브마인드가 개발됐다. 노출 치료 원리와 게임 설계를 결합한 브레이브마인드는 참전 용사에게 외상 후 스트레스 증후군을 일으킨 전투 상황을 시각, 후각, 청각, 촉각으로 재현해 완전 몰입 환경을 만든다. 100퍼센트 통제 가능한 가상 환경이기 때문에 환자들이 트라우마 상황에 노출되는 정도를 점진적으로 조절할 수 있다. 처음에는 아무것도 없는 거리를 운전하는 장면처럼 비교적 평화로운 시나리오로 시작한다. 그러다 건물, 뛰노는 아이들, 소리치는 군중, 멀리서 들리는 총성 같은 다른 요소가 하나씩 등장한다. 각 요소는 환자가 바로 전에 나타난 요소에 성공적으로 적응했을 때만 추가된다. 마지막에는 폭탄 공격과 함께 비참한 광경과 폭음, 고무 타는 냄새를 3차원 공간으로 생생하게 재현해 참전 용사를 트라우마 상황에 다시 놓이게 한다. 이 모든 과정은 임상의가 통제하는 안전한 환경에서 이뤄진다. 리조의 연구는 엄청난 잠재력을 보여줬다. 브레이브마인드의 초기 임상 시험에서 외상 후 스트레스 증후군 환자 20명 중 16명이 치료 후 완치 판정을 받았다. 다른 연구에서도 회복률이 비슷했으며 브레이브마인드의 최신 버전에 대한 무작위 대조 시험이 현재 진행 중이다. 가상현실이 외상 후 스트레스 증후군 환자를 위한 안전하고 효과적인 노출 치료법이 될 전망은 무척 밝아 보인다.

가상현실이 흥미진진하고 밝은 미래를 선사하리라는 믿음은 결코 순진한 생각이 아니다. 물론 앞으로 몇 년 동안 여러 문제를 논의해야 한다. 무엇보다도 가상 세계가 정신적, 신체적으로 취약한 사람에게 피해를 주지 않을 방법을 찾아야 한다. 하지만 나는 로퍼의 말처럼 가상현실 세계가 소득의 새로운 원천이 되고 사람들을 유익한 방식으로 연결하는 새로운 창구가 되리라고 믿는다. 동시에 인간의 심리적 약점을 파고들고 지나친 집착을 일으키는 도박 메커니즘이 게임에 악용되고 있는 현실을 떠올리면 가상현실에도 마찬가지 사태가 일어날 뿐 아니라 그런 요소들이 가상현실 구성의 핵심이 될지도 모른다는 점이 걱정된다. 그렇게 되면 인류는 가상현실의 크나큰 혜택을 누리지 못할 것이다. 가상현실을 향해 이제 막 첫걸음을 뗀 개발자들은 어떤 규칙을 정해야 할지, 어떤 우수 관행을 따라야 할지 함께 머리를 모아 고민해야 한다. 개발자들은 과학자들을 도덕적 나침반으로 삼을 수 있다. 연구자로서 우리는 인류에 어떤 피해도 주면 안 된다는 윤리 규칙을 따라야 한다. 인류의 안녕은 우리가 추구하는 그 어떤 과학 지식보다 항상 우선한다. 사람들이 몰입하는 가상현실을 만들 때도 가상현실을 사용할 사람들의 안전과 행복을 가장 중요하게 여겨야 한다. 이 원칙을 어떻게 실천할지는 결코 사소한 문제가 아니다. 게임 개발자와 가상현실 개발자뿐 아니라 심리학자, 행동과학자, 임상의, 정책 입안자 모두 긴밀하게 협력해야 한다. 어쩌면 이런 파트너십의 씨앗은 이미 뿌려져 있을지 모른다. 페어플레이연합 같은 프로젝트는 개발자들이 기업 간 경계를 넘어 공동의 선을 위해 뭉칠 수 있다는 사실을 증명했다. 그리고 이제 우리가 '게임의 폭력성'이라는 신경과민의 쳇바퀴에서 벗어나 게임과 기술에 관해 합리적이고 상식적인 사회 담론을 시작해야 한다는 사실 역시 보여줬다. 이 모든 일이 이뤄진다면 가상현실은 과학적, 의료적 혜택뿐 아니라 전혀 새로운 방식으로 창의력이 발휘될 기회를 선사할 것이다. 더없이 기대되는 미래다.

11

여행과 탐험

Lost In A Good Game

○□△×

내가 자란 잉글랜드 북부 지역의 글로솝은 많은 주민이 목재로 생계를 잇는 오래된 마을로 맨체스터에서 약 30분 떨어진 다크피크와 킨더스카우트의 황량한 대지를 등지고 있다. 한때 주민들은 순진한 관광객들을 유인하기 위해 음침한 회색 거리뿐인 글로솝을 피크디스트릭트국립공원Peak District National Park의 '관문'이라고 홍보했다(그전에도 여러 별칭을 지어봤을 것이다). 이 홍보 전략을 떠올릴 때마다 궁금해진다. 좀 더 시야를 넓혀 '어디를 가든 통과해야 하는 관문'이라고 해야 하지 않았을까. 피크디스트릭트는 사람의 발길이 거의 닿지 않은 광활한 야생 탐험지다. 사람들이 가고 싶었던 곳은 바로 그런 곳이다. 글로솝은 목적지가 어디든 달리는 차 안에서 눈길 한번 주는 것만으로 충분한 곳이었다.

재미라고는 전혀 없는 마을에 사는 여느 아이들처럼 나는 음울하고 때로는 바람이 부는 회색빛 날씨와 어울리는 인격을 형성해 갔다. 학교는 집에서 1시간 넘는 거리여서 제대로 친구를 만나기도 힘들었다. 그나마 친해진 친구들도 부모님이 이혼하거나 직장을 옮기면서 금세 헤어졌다. 그렇게 외딴 마을에 갇혀 지내다 10대 중반에 이르자 친구들과 어울리는 새로운 취미에 빠지기엔 너무 나이 들었고 그렇다고 맨체스터 밤거리를 떠돌아다니기엔 너무 어린 어정쩡한 상태가 됐다. 그리고 아버지의 죽음은 당시에는 내가 이해하지도, 인식하지도 못한 방식으로 내게 영향을 미쳤다. 알아차리진 못했어도 분명 존재하는 영향이었다. 나는 홀로 공상과학과 판타지 얘기에 빠져들었다. 테리 프래쳇Terry Pratchett의 《디스크월드》 같은 책을 읽다 보면 죽음조차도 그리 끔찍해 보이지 않았다. 그리고 내 삶에 저런 롤 모델의 아버지가 있다면 어떨지 상상할 수 있는 TV 프로그램은 모조리 챙겨봤다(물론 실망이 클 때도 많았지만). 〈듀 사우스Due South〉(누구보다도 도덕적인 주인공이 활약하는 매우 훌륭한 경찰 코미디 프로그램)부터 〈뉴 양키 워크숍The New Yankee Workshop〉(진행자 놈 에이브럼스Norm Abrams가 뉴잉글랜드에 있는 모든 나무로 마을 하나를 다 채울 만큼의 가구를 만드는 TV 쇼)에 이르기까지 수많은 프로그램을 한 회도 놓치지 않고 봤다.

게임에서는 롤 모델을 찾을 수 없었지만 잠시나마 가상의 여행자가 돼 답답한 마을에서 벗어날 순 있었다. 게임은 우리의 상상력 말고는 어떤 경계도 없는 풍경과 경치를 선사한다. 플레이어는 높다란 파도를 헤치며 해적과 싸우거나 은하 저 먼 곳에서 외계인과 전쟁을 벌인다. 게임에서 우리는 세상과 자기 내면을 탐험하려는 인간의 강렬한 욕망을 채운다. 내게 이를 최고의 방식으로 실현한 디지털 풍경은 별세상 같은 도시 광경이나 장엄한 우주 공간이 아닌 평범한 들판이다.

〈젤다의 전설: 시간의 오카리나〉(이하 〈시오〉)를 하면서 나는 내가 다른 세계를 자유롭게 탐험할 수 있으며 탐험은 두려운 게 아니라 원하면 언제든 할 수 있는 것이라는 사실을 처음 깨달았다. 〈블레이크 스톤〉 같은 게임에서는 다른 방에서 나올 괴물을 두려워하며 직선의 복도들을 배회했지만 〈시오〉는 진정한 디지털 여행이란 무엇인지 내게 열정적으로 알려줬다. 다른 세상에 한동안 빠져 있어도 괜찮다고도 말해줬다. 〈시오〉는 말이 없는 캐릭터 링크Link가 하이랄Hyrule이라는 판타지 세상을 대마왕 가논돌프Ganondorf로부터 구하는 모험이다. 처음 몇 단계에서는 어린 링크가 성지로 들어가는 데 필요한 3개의 신성한 돌 트라이포스Triforce와 엄청난 힘을 지닌 무기인 마스터 소드Master Sword를 손에 넣는 게 가장 큰 목표다. 하지만 마침내 마법의 검을 쥐고 나면 링크는 의식을 잃는다. 검의 힘을 다스리기에는 너무 어리기 때문이다. 그러면 가논돌프가 성지에 들어와

트라이포스를 훔친다. 7년 후 링크가 마침내 깨어났을 때는 하이랄이 괴물들에게 짓밟혀 가논돌프 손아귀에 들어간 후다. 성숙해진 링크는 세상을 구하기 위해 여섯 명의 현자 중 젤다 공주Princess Zelda를 제외한 다섯 명을 깨운 뒤 하이랄 성 꼭대기에 있는 가논돌프와 맞선다. 마지막 전투에서 가논돌프는 트라이포스의 힘으로 가논Ganon이라는 악령이 된다. 링크가 임무에 성공하면 현자들은 가논을 다른 영토로 추방하고 젤다는 링크를 다시 어린 시절로 돌려보내 평범한 사춘기 소년으로 만든다.

게임 초반은 대부분 선형 구조다. 검과 방패를 획득하고 데크나무Great Deku Tree의 저주를 풀어야 한다. 나무의 주문이 풀리면 게임의 중심 무대인 하이랄에서 본격적으로 거친 탐험이 시작된다. 처음 게임을 한 사람이라면 하나같이 하이랄의 광경에 감탄한다. 눈앞에 펼쳐진 초원은 끝없는 가능성처럼 느껴진다. 동쪽 먼 곳을 바라보면 화산 같은 형체가 보인다. 북서쪽으로 조금 달려가면 비교적 안전한 하이랄 성으로 이어지는 도개교가 나타난다. 이곳에서 시간은 자유롭게 흐른다. 한참 기다리면 해가 지기 시작하면서 도개교가 닫히고 아름다운 배경음이 점차 작아지다가 이내 더는 들리지 않는다. 그러면 괴물들이 땅에서 일어나 링크를 공격한다. 이건 그저 평범한 장치가 아니다. 〈시오〉에서 시간은 중요하다. 게임의 몇몇 영역은 낮이나 밤 중 특정 시간에만 접근할 수 있다. 처음 하이랄 들판에 발을 들였을 때는 아무 방향으로나 정처 없이 돌아다니기만 했다. 살아 숨 쉬고 있는, 경이로우면서도 연약하고 거대한 세상의 한 부분이 됐다. 전에는 전혀 몰랐던 경험이었다. 아름다웠다. 나는 내 작은 가상 세계를 엄마의 잔소리 걱정 없이 맘껏 돌아다닐 수 있었다. 몇 시간 동안 게임을 하거나 빈둥빈둥 다니며 새로운 판타지 세계의 광경과 소리를 감상했다. 10대인 나는 순진무구하게도 그곳에서 진정한 어른의 자유가 시작됐다고 생각했으며 최소한 어른의 삶을 조금이라도 맛보고 있다고 믿었다.

많은 사람이 〈시오〉를 1986년 시작된 〈젤다의 전설〉(이하 〈젤전〉) 시리즈의 정수로 평가했다. 첫 〈젤전〉은 여러 면에서 파격적이었다. 게임을 중간에 그만두더라도 그대로 저장할 수 있어 게임기를 켤 때마다 새로 시작하지 않아도 됐다. 게임 카트리지 안에 내부 배터리 팩이 장착되면서 가능한 일이었다. 이 같은 혁신은 게임기 플레이 방식을 바꿔놨다. 그전까지 대부분의 게임은 짧고 반복적인 레벨로만 이뤄져 능숙한 플레이어라면 비교적 짧은 시간에 모두 깰 수 있었다. 한편 '저장' 기능을 갖춘 〈젤전〉에서는 플레이어가 침착하게 미지의 세계를 탐험하며 훨씬 풍성한 경험을 누렸다. 이런 면에서 〈젤전〉은 플레이어에게 비선형적 경험을 선사한 최초의 게임 중 하나다. 정해진 길만 따라가야 하는 대부분의 게임과 달리 언제, 어디를 갈지 원하는 대로 정할 수 있고 어떤 순서로 던전을 클리어할지도 스스로 결정할 수 있었다. 〈젤전〉은 당시 대부분의 게임에도 있던 퍼즐, 기본 레벨 체계, 전투 같은 요소를 탐험에 결합한 구조지만 플레이 경험이 여느 게임과 달랐다. 이들 결합은 30년 동안 〈젤전〉의 인기를 이끌었고 특히 최초의 3차원 버전인 〈시오〉는 이후 업계 기준이 된 여러 기능을 처음으로 도입하며 주목을 받았다. 그러나 〈시오〉가 내 어릴 적 향수를 떠올리게 하는 소중한 게임이라도 내가 가장 높이 평가하는 〈젤전〉 시리즈는 따로 있다. 바로 최신작 〈브레스 오브 더 와일드Breath of the Wild(이하 〈야숨〉)〉다.

2017년 출시된 〈야숨〉은 〈시오〉와 기본 줄거리는 같지만 〈시오〉의 장점을 극대화했다. 내가 어릴 적 하이랄에 처음 발을 디뎠을 때 일던 자유의 감각은 엄밀히 말하면 일종의 착각이었다. '들판'에서라면 어디든 원하는 곳으로 갈 수 있었다. 그런데 게임 초반부터 중심부를 벗어나 초원의 경계를 넘어가면 시스템이 캐릭터를 점차 특정 던전으로 밀어내 클리어하게 했다. 하지만 〈야숨〉에서는 정말 원하는 대로 할 수 있다. 하이랄은 굉장히 광대해 100시간이 걸려도 게임을 끝낼 수 없다. 게임 컨트롤 시스템을 이해하는 데 걸리는 처음 1~2시간을 제외하고는 플레이어가 어딜 가든 아무 제약도 없다. 원하는 순서로 퀘스트를 수행할 수 있으며 수많은 사이드 퀘스트와 미션이 있어 한순간도 한눈을 팔 수 없다. 〈야숨〉의 하이랄에서는 계속 집중해야 한다. 원한다면 주요 던전으로 가는 지름길을 만들거나 던전 사이에 길을 놓을 수도 있지만 그러면 게임에서 가장 중요한 부분을 놓치게 된다. 〈야숨〉의 가치는 정복이 아닌 여정 그 자체에 있다. 수백 개의 작은 조각이 아무리 많이 널려 있어도 주변을 세심하게 관찰하며 적극적으로 탐험해야만 눈에 보인다. 퍼즐은 진정한 의미의 퍼즐이라기보다는 플레이어를 세상의 아름다움에 빠져들게 하는 장치에 가깝다. 실제로 주변 광경과 소리는 숨이 멎을 만큼 아름답다.

〈시오〉를 마지막으로 한 지 거의 20년이 지난 후 〈야숨〉을 하면서 모험심과 함께 묘연한 슬픔을 느꼈다. 게임 내내 옛 모험의 희미한 흔적이 발견됐기 때문이다. 예를 들어 주변에 있던 말을 잡아타면 단순한 음조의 피아노 연주가 울려 퍼진다. 처음에는 단조롭던 음이 말을 타고 계속 가다 보면 중독성 있는 〈젤전〉의 오리지널 주제곡과 점차 비슷해진다. 놓치기 쉬운 잠깐의 순간이지만 멜로디를 알아차린다면 지금의 버전까지 이르게 된 〈젤전〉의 연대기를 그려보게 된다.*

웅장한 광경에 드문드문 모습을 드러내는 문명의 잔해에서도 과거의 흔적을 찾을 수 있다. 게임이 시작될 때 나타나는 시

---

* 여러 해 동안 다양한 개정판이 나온 〈젤전〉은 정확한 연대를 파악하기가 쉽지 않다. 2011년 닌텐도는 각 버전을 시간순으로 종합해 정리한 공식 연대기 《하이랄 히스토리아(Hyrule Historia)》를 발표했다. 하지만 당시 게임 개발자들의 의견을 인용한 부분이 서로 모순되고 팬들도 틀린 부분이 여러 군데 있다고 지적했다.

간의 신전Temple of Time은 무너진 벽과 깨진 창문이 이끼와 아이비 덩굴에 서서히 점령당하고 있다. 〈시오〉에서 시간의 신전은 성지 입구를 표시하는 장엄하고 화려한 건물이었다. 말 그대로 '목장 옛터'라고 이름 붙여진 공간은 〈시오〉의 론론 목장Lon Lon Ranch과 놀라우리만큼 닮았다. 전설의 말 에포나Epona가 지내던 론론 목장은 작은 마구간과 외양간이 모여 있는 활기 넘치는 곳이었다. 목장 옛터에 들어가면 지금은 모서리 한곳이 무너졌지만 한때 바삐 돌아갔던 석조 건물 농가가 나온다. 오른쪽 길에는 먼지와 흙이 묻은 그릇들이 나뒹군다. 목제 구조물의 부서진 조각들이 마구간과 목장의 뼈대가 어땠는지 짐작하게 해준다. 닌텐도는 이곳이 론론 목장*이었다고 공식적으로 밝히진 않았지만 내가 어릴 적 〈시오〉를 했을 때를 떠올리며 그사이 하이랄에 무슨 일이 벌어졌는지 궁금해하기에 충분하다. 오프라인의 시간 흐름을 받아들인 시간의 신전과 목장 옛터는 게임 세상도 시간이 무의미한 영속적 공간은 아니라는 사실을 뼈아프게 상기시킨다.

---

* 닌텐도는 <야숨>이 <젤전> 연대기에서 정확히 어디 있는지 밝히지 않을 거라고도 발표했다. 2018년 말 출간된 양장판 아트북 《젤다의 전설: 브레스 오브 더 와일드-챔피언의 탄생(The Legend of Zelda: Breath of the Wild-Creating a Champion)》에서 아오누마 에이지(青沼英二) 프로듀서는 "제한된"(그가 직접 쓴 표현이다) 시간표에 공식적으로 게임을 포함한다면 플레이어의 상상력을 방해할 수 있다고 주장했다. 아오누마는 플레이어들이 '단편적 이미지'를 통해 얘기를 자기 나름대로 해석하고 조각을 맞추는 과정을 즐긴다고 생각했고 개발 팀도 그의 의견에 동의했다.

어릴 적 하던 게임을 다시 할 때면 망설여진다. 고화질 영상과 첨단 기술에 익숙해진 뒤 고전 게임을 하면 낡은 기술과 허술한 컨트롤러 때문에 장밋빛 추억이 깨질 때가 많기 때문이다. 개발자들이 의도했는지는 알 수 없지만 〈야숨〉은 어릴 적 누린 놀라운 경험 중 최소한 하나만큼은 탁월하게 재현해 준다. 플레이어는 〈시오〉가 선사했던 자유의 감각을 〈야숨〉에서 다시 한 번 느낄 수 있다. 계절 변화를 생생하게 목격하며 한편으로 좋은 것에는 언제나 끝이 있다는 엄연한 사실을 깨닫는다. 내 유년기의 한순간을 장식했지만 다시는 같은 감흥을 선사하지 않을 〈시오〉의 경험이 〈야숨〉에 보존돼 있다.

그렇다면 〈야숨〉은 우리의 시간 감각을 모순되게 한다. 강렬하게 몰입하며 가상 세계를 여행하다 보면 몇 시간은 물론이고 때로는 며칠이 순식간에 지나간다. 작은 화면 안에 존재하는 판타지 세계를 돌아다니며 저녁 시간을 어느새 다 허비하고 나면 시간은 아무것도 아닌 듯 느껴진다. 하지만 주어진 시간을 인정하고 감사하는 태도야말로 〈야숨〉을 매력적인 경험으로 만드는 핵심이다. 삶의 어느 순간에 〈야숨〉을 하게 된 플레이어는 서서히 자연으로 돌아가는 하이랄의 서글픈 광경을 보며 순식간에 지나는 시간은 우리가 당연히 여길 수 없는 매우 소중한 것이라는 사실을 새삼 깨닫는다.

***

물론 시간은 과학자에게도 소중하다. 실험을 구상할 시간이 필요하고 그 실험을 할 돈을 마련하기 위해 연구보조금 신청서를 작성할 시간도 필요하다. 실험할 시간도 있어야 한다. 그리고 무엇보다 중요한 건 실험 참가자들이 인류 지식의 보고에 보탬이 될 당신 연구에 참여하는 시간이다. 젊을수록 이렇게 소중한 시간을 당연하게 여긴다. 여느 소중한 것과 마찬가지로 우리는 시간이 사라진 후에야 그 중요성을 깨닫는다. 알츠하이머 환자와 그 가족은 이를 누구보다 잘 안다.

알츠하이머는 환자 수가 많아 잘 알려진 질환이지만 병인의 많은 부분이 아직 밝혀지지 않았으며 진단을 내리기도 힘들다. 물건을 엉뚱한 곳에 놓거나 단어가 잘 떠오르지 않거나 결정을 잘 내리지 못하거나 누군가와 했던 대화를 기억하지 못하는 초기 증후는 단순한 스트레스 증후기도 하다. 극심한 스트레스를 받으면 이런 증상들이 나타난다. 우울증이나 심지어 영양 결핍 역시 같은 증후가 나타난다. 그러므로 의사는 몇 개월 동안 환자를 수없이 관찰한 뒤에야 알츠하이머로 최종 진단한다. 하지만 알츠하이머로 진단받은 환자의 남은 평균수명은 대략 6년이다. 알츠하이머는 정체성을 앗아간다. 병이 진행할수록 머릿속이 흐릿해지고 혼란스러워지며 사랑하는 이들의 이름을 잊는다. 환자의 가족이나 친구는 자신이 알던 사람이 점차 사라지는 듯한 느낌을 받는다. 무엇보다 과거가 지워진다. 방금 일어난 일을 헷갈려하거나 잘못 기억하는 단기 기억상실은 알츠하이머의 일반 증후지만 병이 악화할수록 과거의 일까지 잊는 장기 기억상실이 나타난다.

알츠하이머 환자에게는 시간뿐 아니라 공간, 구체적으로는 공간 탐색도 문제가 된다. 원하는 대로 이동하는 능력은 평소엔 인식하지 않지만 매우 중요한 기술이다. 스스로 움직임에 얼마나 능숙한지 감탄하는 사람은 거의 없다. 집을 찾아가거나 탁자나 의자에 부딪히지 않게끔 피하는 간단한 일부터 직장으로 출근하고 강아지와 산책하는 일까지 공간 탐색은 일상을 살아가는 데 빼놓을 수 없는 요소다. 이는 주로 두 가지 기준틀에서 이뤄진다. 첫째 '자기중심' 기준틀은 자기 신체를 기준으로 사물의 위치를 기억하는 방식이다. 당신이 매일 정해진 경로를 걸어서 출근한다고 가정해 보자. 며칠 동안 같은 길을 걷다 보면 중요한 지점을 바탕으로 경로를 탐색할 수 있게 된다. 길 끝에서 왼쪽으로 꺾은 후 우체통을 지나 직진한 다음 주유소가 나오면 오른쪽으로 도는 식이다. 당신은 '당신'의 위치를 기준으로 모든 걸 인식한다. 그러므로 집으로 돌아오는 길은 전부 그 반대가 된다. 주유소에서는 왼쪽으로 돌고 우체통을 지나서는 오른쪽으로 돈다. 둘째는 '타자중심' 기준틀이다. 머릿속에 지도를 그리는 이 방법은 자기 신체가 아닌 주변 다른 대상을 기준으로 삼는다. 앞에서 얘기한 출근길을 머릿속 지도로 그린다면 우체통은 집에서 북쪽에 있고 주유소는 우체통에서 서쪽에 있으며 직장은 주유소에서 북쪽에 있다. 두 가지 탐색 전략을 활용하는 비율은 사람마다 다르지만 알츠하이머 환자들은 두 전략 모두 제대로 사용하지 못한다. 문제는 과학자들이 정확한 원인을 (아직) 모른다는 것이다. 여기에는 어쩔 수 없는 몇 가지 이유가 있다. 먼저 우리는 '건강한' 사람들이 두 가지 탐색 경로를 활용하는 과정조차 잘 모른다. 게다가 알츠하이머로 인한 공간 탐색 능력 결핍에 관해 수많은 연구가 이뤄지긴 했지만 병의 초기 진단 자체가 어려우므로 병의 진행 과정에서 이 능력이 어떻게 약해지는지 정확히 이해하기 힘들다.

내가 이 얘기를 꺼낸 까닭은 지난 몇 년 동안 게임이 알츠하이머를 이해하는 데 도움을 주고 있을 뿐 아니라 공간 탐색 능력에 어떤 영향을 미치는지에 관해 여러 논의가 이뤄지고 있기 때문이다. 논의 내용이 모두 긍정적인 건 아니다. 예를 들어 2015년 영국 언론은 〈콜 오브 듀티〉 같은 게임이 알츠하이머를 일으킬 가능성을 높인다고 대대적으로 보도했다. 액티비전 Activision(〈콜 오브 듀티〉 시리즈 제작사)이 2007년부터 약 1억 명이 〈콜 오브 듀티〉를 했다고 밝힌 지 2년 뒤에 나온 주장이라 충격은 더욱 컸다. 게임이 뇌에 심각하고 장기적인 문제를 일으킬 가능성이 조금이라도 존재한다면 위험에 노출된 사람 수는 막대했다. 하지만 게임 관련 연구가 언론에 보도되는 대부분의 경우와 마찬가지로 〈콜 오브 듀티〉를 둘러싼 실제 상황은 훨씬 복잡하고 걱정할 근거를 찾기 힘들다. 당시 언론에서 인용한 연구는 몬트리올대학교University of Montreal 그레고리 웨스트Gregory West 부교수 팀이 피험자들에게 가상현실 미로에서 특정 물체를 찾으라고 지시한 실험이다. 연구 결과 일주일에 6시간 이상 게임을 하는 사람들은 자기중심 탐색 전략을 쓰는 경향이 강했고 그러지 않는 사람은 타자중심 전략을 쓸 확률이 조금 높았다. 웨스트는 논문과 이후 보도자료에서 자기중심 전략에 기대는 경향은 알츠하이머 위험과 연관이 있다고 주장했지만 그의 실험 자체는 게임과 알츠하이머에 관한 것이 아니었다. 연구진은 〈콜 오브 듀티〉에 관해 어떤 실험도 하지 않았다.〈콜 오브 듀티〉와 치매의 연관성은 의욕이 지나친 언론인들이 자극적인 기사를 위해 만들어 낸 것이었다.

한편 게임이 알츠하이머 같은 질병을 이해하는 데 도움을 주는 긍정적 역할에 주목하는 연구도 있다. 그런 연구는 게임이 우리에게 미치는 영향을 살펴보는 데 그치지 않고 참신한 관점으로 게임에 다가간다. 많은 과학자가 훌륭하고 독창적인 게임을 가상 실험실로 활용하며 공간 탐색에 관한 새로운 통찰을 얻고 있다.

2016년 늦봄 이스트앵글리아대학교University of East Anglia 마이클 혼버거Michael Hornberger 교수와 유니버시티칼리지런던 휴고 스피어스Hugo Spiers 교수는 iOS와 안드로이드 운영체제 휴대전화에 무료로 내려받을 수 있는 모바일 게임 〈시 히어로 퀘스트Sea Hero Quest〉를 출시해 큰 호평을 받았다. 〈시 히어로 퀘스트〉는 시각적으로도 굉장히 아름다울 뿐 아니라 서사 또한 많은 사람의 심금을 울린다. 플레이어 캐릭터는 한때 훌륭한 해양탐험가였던 아버지가 서서히 기억을 잃자 선원이 된다. 게임에서 당신은 아버지가 기억을 잃지 않도록 바닷길을 탐험하며 아버지가 오래전 쓴 일기들을 찾아내야 한다. 단계마다 배를 타고 통과해야 할 작은 미로가 나온다. 처음 몇 단계에서는 게임이 시작되면 부표가 표시된 지도가 화면에 나타난다. 당신은 지도를 외운 뒤 배를 타고 3차원 세계를 돌아다니며 순서에 맞게 부표들을 지나야 한다. 다음 단계들에서는 부표가 하나고 부표가 있는 곳으로 갔다가 다시 원래 자리로 돌아와 조명탄을 발사한다. 단순한 게임이지만 다양한 정보를 얻을 수 있다. 당신이 선택한 경로, 길을 잃을 때 보이는 반응처럼 모바일 기기에 저장된 모든 행동이 연구 팀에 전송돼 분석된다. 게임 자체를 알츠하이머 진단 도구로 사용할 순 없지만 전 세계 수많은 건강한 사람의 공간 탐색 행동 기준을 세울 수 있다. 연구 목적은 '정상적' 탐색 능력을 파악해 알츠하이머 환자의 문제점은 무엇인지 규명하는 것이다. 건강한 사람이 새로운 환경에서 어떻게 길을 찾는지(잃는지) 그리고 공간 탐색 능력이 점차 감퇴하는 특정한 패턴이 있는지 이해한다면 요양원부터 지역 전체에 이르기까지 알츠하이머 환자를 위한 더 안전한 환경을 조성할 수 있다.

여러 혁신적 연구가 그렇듯이 〈시 히어로 퀘스트〉도 우연한 기회에 탄생했다. "어느 날 오랜 친구인 마이클에게서 전화가 왔어요"라고 〈시 히어로 퀘스트〉 프로젝트의 공동 연구자인 스피어스가 말했다. 거대 광고대행사인 사치앤사치Saatchi & Saatchi는 혼버거에게 연락해 한 광고 의뢰인이 새로운 형태의 시민 과학citizen science(과학자가 아닌 대중이나 단체, 기업이 수행하는 과학 연구_옮긴이) 프로젝트를 구상하고 있는데 함께할 생각이 있는지 물었다. 의뢰인인 도이치텔레콤Deutsche Telekom(북미와 유럽 지역 무선 네트워크 서비스인 T-모바일T-Mobile을 비롯해 여러 브랜드를 소유한 이동통신 업체)은 기업 이미지를 제고할 프로젝트를 찾던 중 알츠하이머가 좋은 기회가 되리라고 생각했다. 하지만 어떤 방식으로 프로젝트를 진행해야 할지 몰라 사치앤사치에 프로젝트 총괄을 맡겼다.

혼버거에게 연락하기 전 사치앤사치가 원래 계획한 프로젝트는 자원한 시민을 능동적 데이터 생성기가 아닌 정교한 컴퓨터로 활용하는 좀 더 일반적인 방식이었다. 전통 시민 과학 프로젝트의 대표 사례로는 2014년 영국 TV 방송국인 채널

4Channel 4가 암 환자를 위한 연례 자선 행사 '스탠드 업 투 캔서 Stand Up To Cancer'의 일환으로 제작한 모바일 게임 〈리버스 디 오즈Reverse the Odds〉가 있다. 게임 자체는 퍼즐을 맞춰 귀여운 벌레가 사는 세상을 점차 업그레이드하는 단순한 방식이다. 하지만 각 레벨을 시작하기 전 플레이어는 간단한 설문을 한다. 파란색과 주황색 네모 칸이 섞인 이미지를 보고 짧은 설명을 들은 뒤 파란색이 몇 개인지, 색이 얼마나 진한지, 모양이 조금 다른 칸이 있는지 같은 질문에 답해야 한다. 이 이미지들은 옥스퍼드대학교 연구 팀이 검사하고 치료하는 수백 명의 방광암 환자에게서 채취한 표본을 토대로 만든 것이다. 연구자들은 방광 종양을 밀랍 처리한 다음 아주 얇게 조각냈다. 그 조각에 특수 염료를 도포하면 특정 단백질 유무에 따라 조각이 파란색이나 주황색을 띠었다. 이 단백질은 환자에게 방광 적출술이 나을지 아니면 방사선요법이 나을지 결정하는 데 도움이 되는 중요한 표지로 추측된다. 의료진은 두 치료법 중 하나를 받을 환자의 표본에서 해당 단백질 수치를 측정한 뒤 치료 후 예후를 비교해 볼 수 있다. 이 관계가 밝혀진다면 방광암 환자들에게 적합한 치료법을 더욱 정확하게 판단할 수 있다.

하지만 한 이미지에서 특정 패턴을 인식하는 작업을 자동화하는 것은 모든 컴퓨터공학 분야의 연구를 적용해야 할 만큼 극도로 어려운 일이다. 물론 컴퓨터로 가능하긴 하지만 단백질

표지 같은 복잡한 이미지를 처리하는 데는 엄청난 시간과 비용이 소요될 뿐 아니라 중간에 알고리즘 문제가 생기면 그 원인을 찾기가 매우 힘들다. 한편 인간의 뇌는 지금까지 나온 가장 강력한 인공지능 패턴 인식 알고리즘도 능가한다. 이미지가 아무리 많아도 수천 명이 모이면 순식간에 정확히 분류할 수 있다. 작은 덩어리로 채워진 화면을 쳐다보는 일은 지루하지만 〈리버스 디 오즈〉는 재밌는 게임을 통해 작업에 동기를 부여했다. 2년 동안 플레이어들은 약 475만 장의 이미지를 분류해 총 2만 시간의 연구 시간을 절약해 줬다. 그리고 2018년 《영국암저널 British Journal of Cancer》에 발표된 논문에 따르면 〈리버스 디 오즈〉 플레이어들 덕분에 방광암 환자 생존율을 예측하는 데 활용할 수 있는 인자가 두 가지나 발견됐다.

〈시 히어로 퀘스트〉는 다른 방식이다. 혼버거는 게임 플레이어들을 이미 취합한 데이터를 분류하는 정교한 컴퓨터 프로세서로 활용하는 대신 데이터의 원천으로 삼는 아이디어를 내놨다. 스피어스는 "사치앤사치는 함께 작업할 연구자를 찾기 위해 영국 여러 연구소와 접촉했어"라고 말했다. "혼버거는 게임에 내장할 수 있는 알츠하이머 진단 도구를 개발하자고 제안했어요. 사치앤사치는 아주 좋아했죠." 런던의 작은 독립 게임 개발 업체 글리처스Glitchers가 함께하면서 프로젝트는 본격적으로 진행됐다. 게임을 알츠하이머 진단 도구로 활용하는 방법을 생각하던 연구진은 우리가 일상에서 매일 기대는 공간 탐색 전략이 알츠하이머로 인해 어떻게 잘못되기 시작하는지 고민하기에 이르렀다. 중요한 사실은 〈시 히어로 퀘스트〉가 그저 눈속임이 아니었다는 점이다. 다시 말해 과학적으로는 중요하지만 지루한 작업을 오락거리로 바꾸는 데 그치지 않았다. 2016년 봄 도이치텔레콤의 대대적인 광고와 홍보로 많은 기대 속에서 출시된 〈시 히어로 퀘스트〉는 게임 자체가 살아 숨 쉬는 가상 실험실이다. 플레이어가 게임을 하는 동안 이뤄진 움직임 좌표와 방향(플레이어가 어떻게 행동했는지 보여주는 증거)에 관한 데이터는 게임이 끝날 때마다 익명으로 처리돼 독일에 있는 최첨단 보안 서버로 전송된다. 플레이어가 동의하면 나이, 성별, 사는 곳을 포함한 추가 정보도 제공할 수 있다. 연구진은 이렇게 수집한 모든 데이터를 분석한다. 이 소중한 정보가 뭘 말해줄지 알아보는 연구는 이제 막 시작됐다. "우리는 프로젝트를 시작하면서 대규모 시민 과학 프로젝트를 진행해 본 경험이 있는 사람에게 조언을 구했어요. TV를 비롯한 여러 광고 수단을 활용하면 대략 2만 명의 참가자를 모집할 수 있다고 알려줬죠." 스피어스가 설명했다. "우리는 〈시 히어로 퀘스트〉는 훨씬 많은 지원을 받으니 전 세계를 대상으로 시도해 봐야겠다고 생각했어요. 6개월쯤이면 10만 명은 거뜬히 모을 수 있을 거 같았죠." 게임 개발 업체 글리처스는 이 목표를 게임 출시 후 이틀 만에 달성했다. 스피어스는 "우리 모두 어안이 벙벙했어요"라며 당시를 떠올렸다. 2018년 여름까지 전 세계에서 370만 명 이상이 게임을 내려받았다.

〈시 히어로 퀘스트〉가 출시되고 6개월 동안 발표된 여러 예비 연구 중 하나에서 공간 탐색 능력은 과학자들이 추측한 것보다 훨씬 빠른 20대 초반부터 감퇴하기 시작한다는 사실이 발견됐다. 최근에는 길을 찾는 능력이 사는 지역에 따라 달라질 수 있다는 연구도 나왔다. 이는 게임을 활용한 연구의 진가를 생생하게 보여준다. 실험실에서 이뤄지는 알츠하이머 인지 검사는 언어 기반 검사라 여러 국가의 데이터를 비교하기가 어렵다. 하지만 〈시 히어로 퀘스트〉는 언어의 경계를 초월한다. 혼버거와 스피어스 연구진이 2018년 8월 《현대생물학Current Biology》지에 발표한 획기적인 논문에 따르면 57개국에서 취합한 〈시 히어로 퀘스트〉 플레이어 55만 명의 데이터를 바탕으로 개발한 포괄적 측정법은 공간 탐색 능력의 다양한 측면을 보여줄 뿐 아니라 기존 게임 경험을 개선할 방법을 알려준다.

연구진은 지역에 따른 게임 실력 편차가 크다는 사실을 발견했다. 핀란드, 덴마크, 뉴질랜드, 캐나다, 노르웨이 플레이어들이 가장 점수가 높았고 이집트, 인도, 마케도니아, 이라크, 루마니아 플레이어들은 점수가 낮았다. 게임 실력에 따라 국가를 5개 범주로 분류하자 탐색 능력과 국내총생산 사이에 상관관계가 나타났다(국내총생산이 탐색 능력에 영향을 미치는 유일한 인자는 아니었다). 한편 어느 국가에서나 19~60세 사이에는 탐색 능력이 떨어지는 경향을 보였다. 하지만 그보다 눈에 띄는 사실은 성별에 따른 차이였다. 여성과 남성 모두 나이가 들수록 공간 탐색 능력이 선형적 하향 패턴을 그렸지만 모든 나이대 여성이 같은 나이대 남성보다 탐색 능력이 떨어졌다. 하지만 혼버거와 스피어스는 국가별 데이터를 분석하면서 이 같은 남녀 간 차이 폭은 세계경제포럼World Economic Forum이 발표한 각국 성불평등 지수Gender Gap Index에 비례한다는 사실도 발견했다.* 다시 말해 남녀가 평등한 국가일수록 탐색 능력의 차이가 작았다. 성불평등 지수가 높은 곳일수록 탐색 능력이 확연하게 달랐다. 따라서 〈시 히어로 퀘스트〉는 인지능력의 남녀 차이는 선천적인 게 아니라 문화적이라는 사실을 뒷받침한다.

스피어스는 "제 생각에 이건 우리 연구에서 가장 흥미로운 부분이에요"라고 말했다. "공간 탐색 같은 인지능력이 나라마다 어떻게 다른지 알 수 있었으니까요." 스피어스 팀은 〈시 히어로 퀘스트〉 데이터와 이제까지 발견한 사실로 새로운 진단, 치료 도구를 개발할 계획이다.

스피어스 팀의 선구적 연구는 중요한 발견을 이뤘을 뿐 아

---

* 성불평등 지수는 교육 기회, 정치적 권리, 건강, 경제적 기회 네 가지 부문에서 각국의 성평등 정도를 분석한 지수다.

니라 국경을 뛰어넘은 대규모 프로젝트는 열린 태도와 협력을 통해서만 가능하다는 사실을 생생하게 보여줬다. 스피어스는 "프로젝트로 얻은 어마어마한 정보에 깜짝 놀랐어"라고 말했다. "전부 분석하려면 10년은 족히 걸릴 거예요. 개방 과학이 뭐겠어요? 우리 프로젝트야말로 최고 모범이죠." 무엇보다 〈시 히어로 퀘스트〉는 과학자들이 인간 심리의 광범위하고 복잡한 작용을 효율적으로 이해하는 데 게임이 실제로 도움이 된다는 사실을 입증했다. 스피어스는 과학계 난제를 해결하는 데 게임을 어떻게 활용할 수 있을지 진지하게 생각하게 됐다. "주요 게임회사와 공동으로 대규모 온라인 게임 실험을 해보고 싶어요. 이를테면 플레이스테이션을 이용해서 말이죠." 스피어스가 말했다. "사실 〈시 히어로 퀘스트〉는 플레이어 사이에 아무런 상호작용도 없어요. 사람 간 관계는 무척 흥미로울 거예요." 하지만 당장은 〈시 히어로 퀘스트〉의 눈부신 성공에 집중할 계획이다. "370만 명이라니. 믿기지 않아요. 가능성은 거의 무한해졌죠. 정말 놀라운 방식으로 인간의 경험을 이해할 수 있을 거예요."

게임은 온갖 오해와 걱정을 불러일으키는 동시에 멋진 혜택도 선사한다. 게임에서 우리는 새로운 곳을 여행하고 새로운 경험을 찾으며 세상과 자아에 관한 새로운 지식을 얻으려는 인간의 강렬한 본능을 충족한다. 게임은 우리가 안락하고 안전한 집에서 디지털 여행자가 돼 상상의 경계를 초월한 거친 세계를 탐험하게 해준다. 그리고 지난 세기 중반 과학의 최전선에서 탄생한 게임이 이제 과학에 보답하고 있다. 게임 덕분에 과학자들은 역사상 처음으로 전 세계를 무대로 인간존재의 의미를 연구하고 이해하게 됐다.

12

디지털 관람 스포츠

○□△×

화판 위 물감이 마르는 모습을 지켜보거나 풀이 자라는 과정을 관찰하거나 〈프로메테우스Prometheus〉를 끝까지 보는 것보다 지겨운 일이 있을지 궁금하다면* 카지노에 가서 과연 얼마나 오래 포커 게임을 구경할 수 있을지 스스로 시험해 보라. 정말 아무 일도 일어나지 않는다. 창문이 없어 자연광이 전혀 들어오지 않는 실내인데도 선글라스를 쓴 한 무리 사람들이 둥근

---

* 진심으로 이 영화를 이해해 보려고 했다. 하지만 리들리 스콧(Ridley Scott)의 걸작 <에이리언(Alien)> 속편으로 나온 2012년 작 <프로메테우스>는 도저히 이해할 수 없었다. 초반부터 얘기는 한없이 늘어지고 허점투성이에 과학적 근거는 모두 엉망이었다. 유전학자이자 방송인인 애덤 러더퍼드(Adam Rutherford)가 《지구 밖 생명을 묻는다: UFO에서 SF, SETI 그리고 우주생물학까지(Aliens: Science Asks: Is There Anyone Out There?)》에서 지적했듯이 영화 초반, 지구에 생명체를 탄생시킨 원시 바다에 외계 조상의 유전자가 섞여 들어가는 장면이 나온다. 하지만 외계 DNA 나선 방향은 왼쪽이다. 모든 지구 생명체의 DNA는 오른쪽으로 꼬여 있다. 러더퍼드는 "이 장면은 모든 지구 생명체의 유일한 기원인 공통 조상의 존재를 부정한다"라고 꼬집었다.

탁자를 둘러싸고 무겁게 침묵하고 있다. 플레이어들이 카드를 받을 때까지 기다리는 동안 칩을 잘그락거리는 소리만이 정적을 깬다. 누군가는 정교한 손놀림으로 칩을 쌓고 튕긴다. 대부분은 칩 더미를 정렬하며 판돈을 낼 준비를 한다. 카드가 모두에게 돌아가지만 관중인 당신은 누가 어떤 카드를 가졌는지 볼 수 없다. 누구도 입을 열지 않으며 누구도 움직이지 않는다. 더 뛰어난 플레이어에게 칩을 다 빼앗긴 사람은 조용히 테이블을 떠난다. 아무도 웃지 않아 정말 게임을 즐기고 있는지 의심이 든다. 카지노에서 포커 게임을 관전하는 건 견딜 수 없을 만큼 지겹다.

나는 '직접' 포커를 하는 건 엄청나게 좋아한다. 포커는 여러모로 게임의 정수다. 시작은 쉽지만 잘하기는 어려우며 몇 명이든 같이 할 수 있고 실력과 운의 조합이 절묘하다. 사실 제대로만 관전할 수 있다면 포커 게임은 흥미진진한 경기가 될 수 있다. 그러므로 현장에서가 아니라 화면으로 봐야 한다. 2000년대로 접어들면서 포커 경기는 전 세계로 중계돼 가장 인기 있는 관람 스포츠 중 하나가 됐다. 여기에는 쉽게 이해할 수 있는 이유와 아주 뜻밖의 이유가 있다.

1999년 전만 하더라도 TV로 포커 게임을 보는 건 직접 보는 것만큼이나 지루했지만 영국 방송국 채널 4가 독창적인 쇼 프로그램 〈레이트 나이트 포커Late Night Poker〉를 방영하기 시작하면서 포커 게임 관람에 일대 혁명이 일어났다. 제작진은 테이블 위에 소형 카메라를 설치해 모든 상황을 시청자에게 공개했다. 전에는 플레이어가 어떤 패를 쥐고 있는지, 어떤 전략을 구사할지 '추측'만 할 수 있었지만 이제는 모든 상황을 실시간으로 알 수 있었다. 폐쇄적이던 게임이 한순간 한 편의 드라마로 탈바꿈했다. 시청자는 전지하지만 전능하지는 않은 신이 돼 게임을 지켜봤다. 플레이어들이 누군가 세심하게 놓은 덫에 걸리거나 거짓 허세를 부리며 승리의 미소를 가장하는 모습을 볼 때 느껴지는 박진감은 포커 게임 관람을 천박한 취미에서 공식 스포츠 엔터테인먼트로 격상했다. 포커 중계는 인간적인 요소를 전면에 내세웠기 때문에 포커를 잘 모르는 사람도 즐길 수 있었다. 게임 자체보다는 얘기와 사람이 핵심인 즉흥 드라마였다. 2003년 무명 아마추어였던 크리스 머니메이커Chris Moneymaker—포커 플레이어에게 기가 막히게 어울리는 이름이다—가 월드 시리즈 오브 포커World Series of Poker에서 상금 250만 달러를 탄 경기야말로 생생한 사례다. 머니메이커의 얘기는 놀라웠다. 회계사인 그는 고작 39달러를 내고 온라인 포커 경기를 치른 뒤 월드 시리즈 출전권을 따냈다. 이후 토너먼트에서 무패 행진을 이어가다가 결승까지 올랐고 프로플레이어인 새미 파하Sammy Farha와 정면 대결을 펼쳤다. 고전적 성공담이 현실로 이뤄졌고 주인공은 삶이 완전히 바뀔 어마어마한 돈을 거머쥐었다. 포커를 하기 위해 엘리트 선수가 될 필요도, 전문가가 되기 위해 평생을 바칠 필요도 없었다. 머니메이커가 몸소 보여줬듯이 가능성은 누구에게나 열려 있었다.

포커는 사람들을 매료할 잠재력을 갖게 됐지만 또 다른 뭔가가 필요했다. 바로 '노출'이다. 이와 관련해 포커의 인기를 폭발시킨 두 번째 이유는 아이스하키, 정확히는 아이스하키의 부재다. 2004년 북아메리카 아이스하키 리그North America's National Hockey League, NHL는 선수들과 연봉 협상 문제에 부딪혔다. 선수 파업이 열 달 동안 계속되면서 그해 시즌 무려 1,230경기가 취소됐다(이 사전은 역설적으로 NHL팀의 일정이 얼마나 살인적이었는지 보여준다. 그전 시즌에는 30개 팀이 7개월 동안 각각 82게임에 출전했다). 이는 스포츠 TV 방송사에도 문제였다. 1,230경기가 취소되면 1,230경기를 방영하기로 한 시간을 다른 스포츠로 메워야 했다. 한 해 전 월드 시리즈 오브 포커(일종의 포커 월드컵)의 장기 중계권을 계약한 스포츠 채널 ESPN은 손쉬운 해결책으로 포커 경기를 방영했다. 같은 시기 월드 포커 투어World Poker Tour 같은 새로운 대회들이 시작되고 이른바 '머니메이커' 효과가 널리 퍼지면서 포커 중계의 황금기가 시작됐다.*

---

* 물론 NHL 파업으로 이익을 본 건 포커만이 아니었다. 2004년 미국 축구 리그인 메이저리그사커(Major League Soccer)가 수익을 올린 것 역시 아이스하키 팬들이 축구로 눈을 돌렸기 때문으로 분석된다.

물론 한두 가지 요소가 대중의 여가 방식을 바꿀 수는 없으며 포커가 당시 큰 인기를 얻게 된 데는 다른 여러 이유도 작용했을 것이다. 하지만 중요한 사실은 사람들은 자신이 공감할 수 있는 얘기를 좋아하고 자신이 즐기는 것을 아주 잘하는 사람을 보길 원한다는 것이다. 포커, 축구, 아이스하키는 물론이고 게임도 마찬가지다. 하지만 게임 관람은 이해하지 못하는 사람이 많다. 친구나 가족과 대화하다가 다른 사람들이 하는 게임을 왜 관람하는지, 도대체 뭐가 재밌는지 모르겠다는 말을 자주 듣는다. 이런 반응은 세대 차이가 아닌 경험 차이의 문제일 것이다. 게임은 비교적 새로운 존재며 상당히 빠르게 진화하고 있다. 이제는 주류 오락 매체로 자리 잡았지만 여전히 반문화적 요소로 여겨진다. 아직도 많은 사람이 게임하는 사람을 이해하지 못한다. 하물며 게임을 직접 하는 것도 아니고 남이 하는 모습을 구경만 하는 건 어떻겠는가? 사람들이 게임 관람을 생소하게 느끼는 건 당연하다. 하지만 게임은 애초부터 여러 사람이 즐기는 공동의 경험을 위해 만들어졌다. 디지털 관람 스포츠로서의 게임은 게임 자체의 존재 이유를 기반으로 한다.

'e-스포츠'라고 불리는 게임 대회의 기원은 비디오게임의 초기 역사에서 그 뿌리를 찾을 수 있다. 예를 들어 1972년 스탠퍼드대학교 학생들은 '은하계 간 우주 전쟁 올림픽intergalactic spacewar olympics'을 열었다. 스탠퍼드의 PDP-10 컴퓨터가 설치된 곳과 가까운 창고 같은 방에서 20여 명의 참가자가 게임기를 앞에 두고 어두침침한 조명 아래 모여 앉았다. 두 번의 경기가 열렸는데 한 번은 다섯 명이 개인전을 벌였고 다른 한 번은 팀전을 치렀다. 우승자들은 《롤링스톤Rolling Stone》지 1년 정기구독권을 받았다(주최자 중 한 명인 스튜어트 브랜드Stewart brand*가 《롤링스톤》 기고자였다). 조촐한 행사였지만 브랜드가 다음 《롤링스톤》 호에 기고한 글은 비디오게임도 여느 스포츠처럼 흥미로운 관람 경기가 될 수 있음을 알렸다. e-스포츠가 본격적으로 관객을 얻은 건 몇 년 뒤인 1980년 아타리가 미국에서 〈스페이스 인베이더〉 챔피언십을 개최하면서다. 당시 미국 전역에서 1만여 명이 지역 예선에 참가했다. 최종 우승자인 열일곱 살 빌 하이네만Bill Heineman은 이후 게임 프로그래밍과 개발 분야에서 활약했다(1986년에는 고전 컬트 게임 중 하나인 〈타스 타임스 인 톤타운Tass Times in Tonetown〉을, 1989년에는 〈드래곤 워즈Dragon Wars〉를 만들었다).

1980~90년대에는 가정용 게임기가 보급되면서 비디오게임에 초점을 맞춘 TV 쇼들이 제작됐다. 예를 들어 1992~98년 동안 방영된 영국의 상징적 프로그램 〈게임즈 마스터Games Master〉에서는 플레이어들이 〈스트리트 파이터 2Street Fighter 2〉로 1 대 1

* 이후 브랜드는 작가로서 성공했고(그가 창간한 잡지 《지구대백과(Whole Earth Catalog)》는 인터넷 탄생에 큰 영향을 미친 것으로 알려져 있다) 현재는 롱나우재단(Long Now Foundation) 공동 회장이다.

대결을 펼쳐 이기거나 제한된 시간 안에 〈척록Chuck Rock〉 레벨 4를 깨면 황금 조이스틱 트로피를 탔다. 스튜디오에서 참가자들을 응원하며 환호하는 아이들의 모습은 관람 스포츠로서 게임의 잠재력을 충분히 보여줬다. 이런 면에서 〈게임즈 마스터〉 같은 쇼들은 게임이 여느 경쟁 스포츠와 다를 바 없다는 사실을 증명했다. 사람들은 직접 게임을 하는 것만큼이나 실력자들의 플레이를 관람하는 것도 즐겼다. 하지만 〈게임즈 마스터〉가 큰 호응에도 불구하고 결국 종영되자 영국에서는 게임 방송의 인기가 시들해졌다. 〈게임즈 마스터〉를 제작한 제인 휴랜드Jane Hewland에 따르면 프로그램 기획자, 프로듀서, 진행자 모두 종영 결정에 합의했다. 휴랜드는 "어느 TV 쇼든 진부해지고 더는 할 게 없어지는 순간이 오기 마련"이라고 설명했다.

영국에서 〈게임즈 마스터〉가 종영된 해 블리자드는 〈스타크래프트〉(이하 〈스타〉)의 출시를 전 세계에 알렸다. 실시간 온라인 멀티플레이어 우주 전략 게임인 〈스타〉는 1990년대 중반부터 인터넷 인프라에 대대적 투자를 해온 한국에서 특히 인기를 끌었다. 한국에서는 〈스타〉를 비롯한 컴퓨터게임을 즐기는 젊은 층이 늘어나자 게임을 중계하고 해설하는 지역 디지털 TV 방송국들이 탄생했다. 그러면서 서구의 전통 스포츠 프로선수들처럼 프로게이머들이 탄탄한 팬층을 갖는 문화가 형성됐다. 게임 대회의 인기가 폭발하자* 2000년 문화체육관광부는 e-스포츠 경기를 활성화하고 규제하는 한국e스포츠협회를 창립했다.

한편 아시아를 제외한 지역에서는 게임 방송의 인기가 날로 사그라지고 있었다. 이유는 분명하지 않다. 한국에서 온라인 게임의 인기는 1997년 아시아 금융 위기와(대량 정리해고가 일어나자 많은 사람이 이제 막 생기기 시작한 쾌적한 피시방에서 남는 시간을 보냈다) 인간관계를 무엇보다 중요하게 여기는 한국 문화가 복합적으로 작용한 결과일 수 있다. 이런 요인이 없던 다른 곳에서는 게임 중계가 인기를 끌지 했다. 아니면 서구 게임 프로그램이 참신하지 못해서일 수도 있다. 한국 게임 방송은 프로그램 수준 자체가 매우 높고 진행자가 무척 열정적이고 뛰어나지만 〈게임즈 마스터〉 같은 서구 방송은 게임 플레이에만 초점을 맞췄다. 컴퓨터 화면 앞에 앉아 있는 누군가를 수동적으로 바라보는 건 포커 게임을 곁에서 구경하는 것만큼 지루하다. 전 세계적 열풍을 일으키기 위해선 e-스포츠에도 포커 TV 중계처럼 인간적인 요소가 필요했다.

마침내 이를 가능케 한 건 트위치Twitch 같은 온라인 스트리

---

* 2002년 약 500만 명의 한국인(전체 인구의 약 10퍼센트)이 <스타>를 했다. 《와이어드》지에 따르면 당시 전국 피시방 수는 2만 6,000개였는데 그로부터 5년 전만 해도 불과 100여 개에 불과했다.

밍 플랫폼이다. 트위치를 비롯한 플랫폼은 비용이 많이 들고 시간 제약이 있으며 계약이 까다로운 TV 중계 대신 인터넷 중계로 e-스포츠 토너먼트를 폭넓은 시청자층에 방영했다.* 생소한 독자를 위해 간단히 설명하자면 모바일 기기나 게임기에서 작동하는 웹 애플리케이션인 트위치에서는 토크쇼, 실시간 그림 그리기 방송, 프로그래밍 교육, 요리, 먹방, 공예를 포함해 당신이 원하는 어떤 영상이든 볼 수 있다. 하지만 트위치의 스트리밍 중 거의 전부가 게임 관련 콘텐츠다. 게임별로 고유 채널이 있으며 플레이어들은 자신이 직접 보고 있는 게임 화면을 실시간으로 내보내며 현재 상황을 중계한다. 스트림마다 채팅창이 있어 시청자들은 서로뿐 아니라 플레이어와 게임, 게임 플레이, 일상을 비롯해 어떤 주제로든 대화를 나눌 수 있다. 관심사가 공통된 관중이 서로 소통하고 긴밀한 공동체를 형성하면서 e-스포츠에 인간적인 면을 부여했다. 게임 플레이 관람은 더는 수동적 행위가 아니다. 관중은 게임 경험의 일부다.

유연한 스트리밍 서비스 그리고 시청자와 게이머의 소통은 e-스포츠가 관객층을 넓히는 데 큰 역할을 했지만 또 다른 중요한 요인도 있다. 게임 개발자들은 사람들이 게임 플레이를 보고 싶어 한다는 사실을 깨닫고 새로운 형태의 관전 기능을 게

* 트위치는 실력과 상관없이 어떤 플레이어라도 잠재적으로 무한한 수의 시청자에게 자신의 게임 플레이를 방송할 수 있게 해 머니메이커 효과도 누렸다.

임 자체에 도입했다. 처음에는 게임을 하다가 중간에 죽은 플레이어들이 팀원이나 상대 팀 시선으로 플레이를 계속 지켜보는 비교적 단순한 형태였다. 하지만 관전 모드는 점차 정교해졌다. 어떤 게임에서는 해설도 가능했고 게임 속 카메라를 원하는 대로 조종해 어느 각도에서든 게임 진행을 관람할 수도 있었다. 이 같은 기능의 기원은 1993년 출시된 〈둠〉으로 거슬러 올라간다. 둠 플레이어는 게임을 하는 동안의 키보드와 마우스 작동을 모두 저장한 '데모 파일'을 다른 플레이어들에게 나눠주고(예컨대 플로피디스크 형태로) 파일을 받은 플레이어는 자신의 컴퓨터에서 게임 플레이를 재생했다. 데모 파일은 어려운 레벨을 어떻게 깰 수 있는지 알려주거나 순전히 자신의 실력을 과시하는 데 사용됐다.* 2007년 〈헤일로 3〉 같은 게임들은 한 걸음 더 나아가 플레이어가 멀티플레이어 게임(아니면 싱글플레이어 레벨)을 끝내고 난 뒤 가상 극장에서 게임 전체를 재생하는 '극장 모드'를 도입했다. 플레이어는 이 모드를 통해 다른 어떤 플레이 관점에서나 게임을 관전할 수 있으며 자유롭게 조종할 수 있는 카메라로 어느 각도에서든 영상을 빠르게 재생하거나 역재생할 수도 있다. 블리자드의 〈오버워치〉 같은 게임은

* 데모 파일은 영상 녹화 형태지만 플레이어는 실제로 새로운 '라이브 게임'을 시작한다. 게임이 시작되면 플레이어는 자기가 원하는 대로 키보드와 마우스를 작동하는 대신 데모 파일의 키보드 작동 데이터로 캐릭터를 조종한다.

게임이 끝난 뒤 하이라이트 장면을 다시 보여주는 '최고의 플레이' 기능을 도입했다. 관람 기능이 포함된 게임이 늘자 e-스포츠 인기가 치솟았다.

2018년 데이터 분석 기업들은 전 세계 e-스포츠 시장가치가 9억 달러 이상이며 3억 8,000만 관람객 중 2억 명 이상이 정기적으로 게임 대회를 관람한다고 집계했다. e-스포츠의 긍정적 효과는 경제 수익뿐만이 아니다. 영국e-스포츠협회British E-Sports Association(e-스포츠 진흥을 위한 비영리 국가기관)는 지난 한 해 동안 영국 전역 학교를 대상으로 게임 토너먼트를 시험 개최했다(미국에서도 북미교육e-스포츠 연맹North America Scholastic E-sports Federation이 비슷한 행사를 진행하고 있고 캘리포니아대학교 어바인캠퍼스University of California, Irvine 연구진이 성과를 평가하고 있다). 예비 조사 결과 게임 대회는 자신감, 협동심, 소통 능력, 심지어 등교율에 이르기까지 아이들에게 다양한 긍정적 영향을 미쳤다. e-스포츠는 한동안 계속 인기와 지지를 누릴 듯하다.

***

블리자드 본사 내부 깊은 곳 어딘가에서 나는 모두가 잊은 듯한 휴게실에 있었다. 방 중간에는 길고 높은 테이블 3개를 따라 등받이 없이 다리가 불안한 의자들이 서 있고 벽 한쪽에는 플레이스테이션 4가 연결된 대형 프로젝터 스크린 앞으로 빈백 2개가 가지런히 놓여 있었다. 〈오버워치〉 소개 영상이 무음으로 재생되는 화면을 보면서 기다리는 동안 잠깐 게임을 하며 긴장을 풀 시간이 될지 고민했다. 제프 카플란 〈오버워치〉 수석 디자이너를 곧 만날 예정이었다. 카플란이 게임 개발에 발을 들인 계기는 독특하다. 그는 서던캘리포니아대학교와 뉴욕대학교에서 문예 창작을 공부한 뒤 글쓰기에 전념하며 작가를 꿈꿨다. 하지만 노력은 결실을 이루지 못했다. 그가 2016년 《롤링스톤》지에서 얘기했듯이 한 해 동안 172번 잡지사에 단편소설을 투고했지만 전부 거절당했다. 20대 중반에 이르러 그는 잠시 쉬기로 했다. 어릴 때부터 게임광이었던 그는 갑자기 많아진 시간을 처리하기 위해 판타지 MMO 게임인 〈에버퀘스트〉를 시작했다. 그곳에서 여러 플레이어를 사귀었고 그중에는 당시 〈워크래프트 III〉의 수석 디자이너로 블리자드에서 일하고 있던 롭 파르도Rob Pardo도 있었다. 파르도는 카플란에게 블리자드가 얼마 전 출시하겠다고 발표한 MMO 게임 〈와우〉의 퀘스트 디자이너로 지원해 보라고 권유했다. 퀘스트 디자인은 플레이어가 임무를 완수한 뒤 새 무기나 갑옷 같은 아이템을 보상받는 과정을 설계하는 업무다. 배경 줄거리가 흥미롭고 클리어 과정이 재밌을수록 훌륭한 퀘스트다. 카플란에게 퀘스트 디자이너는 문예 창작 지식과 게임에 대한 열정을 조합할 수 있는 완벽한 직업이었다. 블리자드에 입사해 〈와우〉를 작업한 후 2009년부터는 다른 여러 프로젝트에 참여했고 마침내 2016년에는 크나큰 기대 속에서 〈오버워치〉를 선보였다. 진행이 빠르고 박진감 넘치는 〈오버워치〉는 처음부터 e-스포츠 프로대회를 고려하고 만든 게임으로 개발자들은 게임을 온라인과 오프라인 모두에서 관람 가능하도록 설계했다.

10년 가까이 〈와우〉를 해온 나는 카플란과 만날 생각을 하니 조금 떨렸다. 워낙 쉽게 긴장하고 누군가를 인터뷰할 때마다 초조해하지만 그 순간에 떨린 이유는 비단 소심한 성격 때문만은 아니었다. 나는 내가 좋아하는 것을 만든 누군가와 직접 만날 때 항상 주저한다. 만남이 기대와 다르면 한때 소중히 여겼던 대상과의 추억에 흠집이 생기면서 더는 그것을 즐길 수 없기 때문이다. 휴게실에서 이런저런 생각에 안절부절못하며 서성이는 동안 내가 알아차리지 못한 문으로 카플란이 깜짝 등장했다. 그의 따뜻한 미소와 캘리포니아 남부인 특유의 친밀한 태도에 한순간 긴장이 풀렸다. 우리는 회의실로 향하면서 아이스하키에 관해 얘기했다. 카플란은 NHL의 로스앤젤레스 지역 팀인 LA 킹스LA Kings의 열렬한 팬이었고 나는 대륙 건너에서 10년 동안 애너하임 덕스Anaheim Ducks를 응원하고 있었다. 전날 밤 생애 처음으로 그들의 경기를 직접 봤다. “일종의 순환 고리 아닐까요? 하키 경기를 보다 보면 직접 하고 싶고 직접 하다 보면 경기가 보고 싶어지잖아요." 카플란이 말했다. "게임도 그래요. 게임 대회에 사람들이 열광하는 이유 중 하나는 완벽함에 대한 동경이죠." 우리는 스스로는 도달할 수 없는 완벽함의 경지에 누군가 이르길 바란다. 카플란은 다른 이의 뛰어난 플레이를 볼 때 찾아오는 희열은 아이스하키 같은 전통 스포츠뿐 아니라 e-스포츠에서도 마찬가지라고 설명했다.

"많은 사람이 채팅을 통해 게임을 주제로 대화할 수 있게 되면서 e-스포츠 관람은 사회적 행위가 됐어요. 이건 정말 중요한 현상이에요. 스포츠 관람은 본질적으로 사회적 경험이어야 하잖아요." 카플란이 지적했다. 그러고는 LA 킹스를 향한 자신의 애정을 예로 들어 설명했다. 로스앤젤레스에서 자란 그와 남동생은 평생 LA 킹스 팬이었다. 하지만 킹스는… 한동안 힘든 시기를 보냈다고 해두자. "정말 '형편없었죠'. 내가 학교에 다닐 때부터 어른이 될 때까지 거의 모든 시즌에서 바닥이었어요." 하지만 2012년 반전이 일어났다. 시즌 초반에는 여전히 부진했지만 서부지구(NHL팀은 동부지구와 서부지구로 나뉘어 경기한다)에서 연승을 거두더니 스탠리컵Stanley Cup 결승전까지 올라 LA 도심에 있는 스테이플스 센터Staples Center(현재는 크립토닷컴 아레나Crypto.com arena로 명칭이 바뀌었다_옮긴이)에 입성했다. "우리 형제는 경기를 보러 갔어요. 겨우 구한 표라 자리는 완전히 별로였지만 그곳에 있다는 게 중요했죠." 카플란이 당시를 떠올렸다. 킹스는 6 대 1로 승리해 45년 팀 역사상 처음으로 트로피를 들어 올렸다. "내 생애 가장 감동적인 순간 중 하나였어요." 카플란이 말했다. "물론 킹스가 스탠리컵을 거머쥔 사실이 가장 중요했죠. 하지만 그 순간 우리 형제가 함께 있었다는 사실도 중요했어요." 평생 킹스를 응원해 온 형제는 압도적인 감동을 함께 나눴다. 카플란은 "e-스포츠도 이 같은 순간이 가능해"라고 설명했다. "2012년 스테이플스 센터에서 느낀 것 같은 감동을 다시 느낀 적은 없지만 작년 블리즈컨Blizzcon에서 한국 대 미국 경기가 열렸을 때 비슷한 경험을 했어요."

블리즈컨은 블리자드 본사를 조금 지나면 있는 애너하임에서 매년 11월 열리는 블리자드 게임 전시회다. 블리자드는 블리즈컨을 새 게임이나 〈스타〉, 〈하스스톤Hearthstone〉, 〈히어로즈 오브 더 스톰Heroes of the Storm〉, 〈디아블로〉, 〈와우〉, 〈오버워치〉 새 버전 출시를 알리는 기회로 삼아왔다. 그리고 2017년에는 2회 〈오버워치〉 월드컵도 열렸다. 32개국에서 이미 예선전이 치러졌고 16강전이 애너하임에서 개최됐다. 한 해 전 열린 예선에서 거의 무패 행진이던 한국 팀이 8강에서 미국 팀과 대결했다. 미국 팀이 첫 라운드에서 이기자 사람들은 예상과 달리 미국이 승리할지 모른다고 잠시나마 기대했지만 이후 두 라운드를 내리 지면서 결국 한국 팀이 이겼다. 그러나 결과는 그리 중요하지 않았다. 카플란은 당시 "손에 땀을 쥐게 하는 치열한 박진감이 돌파구"가 됐다고 말했다. "경기를 본 많은 사람이 '와, e-스포츠도 이렇게 재밌을 수 있구나. 〈오버워치〉 리그를 만들어도 되겠어'라고 말했어요. 진심으로 감동한 거죠."

많은 면에서 〈오버워치〉 월드컵은 블리자드가 〈오버워치〉 설계 당시부터 염두에 뒀던 더 원대한 계획의 시험대였다. 블리자드는 일반 스포츠 리그 체계와 수익 구조가 비슷한 본격 리그를 구상했다. 월드컵이 열리기 한 달 전인 2007년 10월 450석 규모의 e-스포츠 경기장을 캘리포니아 버뱅크에 연 것도 계획 중 일부였다. 블리자드는 블리자드 아레나Blizzard Arena를 다양한 e-스포츠 행사를 원하는 어떤 방식으로든 개최할 수 있는 영구 기지로 삼았다. 그리고 2018년 초 1회 〈오버워치〉 리그 시즌을 시작했다. 12개 팀이 참가했고 상금 규모는 350만 달러였다. 물론 이전에도 전통 스포츠 관람 경기를 모델로 한 게임 대회들이 있었다. 블리자드 아레나의 규모도 그리 인상적이진 않았다. 2013년 실시간 전략 게임 〈리그 오브 레전드League of Legends〉 결승전이 LA 스테이플스 센터에서 열렸을 때 무려 1만 2,000명의 관중이 몰렸다. 2년 뒤 서울월드컵경기장에서 다시 열린 대회는 4만 5,000명의 관중이 직접 관람했고 2,700만 명이 온라인으로 경기를 시청했다. 하지만 〈오버워치〉 리그에서 주목할 점은 블리자드가 전통 북미 스포츠 리그를 본보기로 삼았다는 사실이다. 기존 게임 리그들과 달리 토너먼트 방식이 아닌 시즌 방식에 가까운 〈오버워치〉 리그에서는 팀들이 2개 디비전division으로 나뉘어 1월부터 6월까지 각각 40게임을 치렀다.* 전통 스포츠 경기에서 착안한 만큼 각 팀에는 '연고지'가 있다(하지만 실제로는 모든 팀이 LA에 기반을 두고 있다).** 팀마다 브랜드와 로고, 상징색도 있다. 예를 들어 런던 스핏파이어London Spitfire 선수들은 하늘색, 주황색, 검은색 바탕에 가슴에는 영국 전투기 슈퍼마린 스핏파이어Supermarine Spitfire에서 영감을 받은 로고가 박힌 티셔츠를 입는다. 게임 속 캐릭터도 플레이어처럼 팀복을 입기 때문에 어떤 캐릭터가 어느 팀인지 한눈에 알 수 있다. 그리고 게임 속 인공지능 카메라가 최적의 각도로 게임을 중계하고(예를 들어 플레이하는 선수가 많을 때는 특정 게이머의 1인칭 관점에서 촬영하는 대신 3인칭 조감도로 촬영한다) 치열한 전투에서 순식간에 지나간 중요한 순간들을 이후 다시 보여준다.

〈오버워치〉 리그가 절대 성공할 리 없는 지나친 야심이라는 우려를 깬 데는 전통 스포츠에 관한 정보와 지식이 작용했다. 보스턴 업라이징Boston Uprising 공동 구단주인 로버트 크

---

* 토너먼트제는 패배한 팀이 하나둘씩 떨어져 나가면서 참가 팀 수가 점차 줄어들다가 마침내 승자가 가려지는 단기 방식이다. 한편 시즌제는 훨씬 긴 기간 동안 각 팀이 정해진 수의 경기를 한 다음 결과를 모두 집계하는 장기 방식이다. 누적 점수가 가장 높은 팀이 시즌 마지막에 열리는 본선에 진출한다.

** 무엇보다 편의와 경영상 문제 때문이다. 모든 팀이 같은 도시에 있다면 매 게임을 블리자드 아레나에서 할 수 있으므로 블리자드가 대회 운영권과 중계권을 독차지할 수 있다. 그리고 전 세계 여러 곳에 있는 팀들을 이동시키는 데 필요한 항공비를 절약할 수 있다.

래프트Robert Kraft는 1994년부터 미국 미식축구협회 NFLNational Football League 뉴잉글랜드 패트리어츠New England Patriots 구단주기도 하다. 필라델피아 퓨전Philadelphia Fusion은 필라델피아 농구팀 세븐티식서스76ers 전 소유주이자 NHL 필라델피아 플라이어스Philadelphia Flyers를 현재 소유하고 있는 스포츠 기업 컴캐스트스펙테이코Comcast Spectacor 소속이다. 뉴욕 〈오버워치〉 팀 뉴욕 엑셀시어New York Excelsior와 미국농구협회 NBANational Basketball Association 뉴욕 메츠New York Mets도 비슷한 관계다. 투자자들이 풍부한 경영 경험과 사업 감각뿐 아니라 스포츠 리그에 관한 폭넓은 지식을 갖췄다는 사실을 떠올리면 〈오버워치〉 리그 첫 시즌이 대체로 성공적이었던 건 어쩌면 당연한 결과다. 50만 명에 이르는 사람이 첫 생중계를 시청한 이래 시청자 수는 시즌 내내 28만 5,000명 밑으로 떨어지지 않았다. 2017년 미국 방송사 NBC가 보도한 NHL 경기 시청자 수(TV와 스트리밍 모두 포함)는 평균 약 41만 7,000명이었다. 최초의 e-스포츠 시즌 대회는 큰 인기를 끌었을 뿐 아니라 블리자드, 스폰서, 선수 모두에게 큰 수익을 안겼다. 공식 수치는 발표되지 않았지만 일부 보도에 따르면 블리자드는 팀마다 대회 참가비로 약 2,000만 달러를 청구했고 블리자드와 트위치가 맺은 중계권 계약은 9,000만 달러대로 추정된다. 리그 소속 선수는 현재 최저 연봉이 5만 달러며 주택, 의료보험을 비롯한 여러 복지 혜택도 누린다. 초대 시즌에 우승한 런던 스핏파이어 선수들은 각각 약 8만 3,000달러의 보너스를 받았다. 게임으로 버는 돈으로는 제법 괜찮은 액수다.

하지만 뭔가 부족한 느낌이다. 어쩌면 시간 문제일지도 모른다. NHL은 1917년 시작됐다. 영국 축구 리그 프리미어리그는 1992년에야 생겼지만 그전에도 영국에서는 프로축구 팀들이 지구별로 대항했고 각 경기는 TV로 방영됐다. 〈오버워치〉 리그는 e-스포츠와 게임 대회의 다채로운 역사를 토대로 탄생하긴 했지만 다른 스포츠처럼 점진적이고 자연스럽게 진화한 듯한 인상은 아니다. 예를 들어 런던 스핏파이어가 실제로는 런던에 있지 않다는 사실은 부자연스럽다. 더 근본적인 문제도 있다. 축구 같은 일반 스포츠 팬들은 경기나 팀에만 열광하지 않는다. 가장 중요한 건 선수다. 우리는 그들을 응원하고 우리가 싫어하는 행동을 하면 야유하며 선수로서의 성장 과정을 지켜본다. 선수는 영웅이자 악당이며 축구를 사랑하는 사람이라면 누구나 메시Messi, 펠레Pele, 베컴Beckham, 지단Zidane, 크루이프Cruyff를 안다. 한편 e-스포츠는 게임 자체가 '인격'처럼 느껴진다. 게임 저널리스트 데이브 시어Dave Thier는 〈오버워치〉 리그가 〈오버워치〉에만 집중해서는 안 된다고 주장했다.

시어의 주장을 더 자세히 살펴보자. 2018년 여름 영국 축구 국가대표 팀이 28년 만에 FIFA 월드컵 준결승에 진출하자 영국 축구 팬들은 잔뜩 희망에 부풀어 올랐다. 1966년 잉글랜드가 우승한 이래 이렇다 할 성과가 없었으므로 월드컵이 열릴 때마다 사람들의 기대는 국가대표 팀에 큰 부담이 됐다. 그동안 뛰어난 선수를 발굴하고 성장시키는 데 실패한 영국 팀은 오랫동안 국제 대회에서 예선 탈락하거나 본선에 오르더라도 금세 떨어지기 일쑤였다. 하지만 2018년 월드컵은 달라 보였다. 선수들은 어렸고 혈기왕성했으며 순수하게 경기를 즐겼다. 콜롬비아와 치른 16강전에서 골키퍼 조던 픽퍼드Jordan Pickford는 마치 게으른 고양이가 스트레칭하는 것 같은 자세로 몸을 펴면서 골들을 막아냈다. 스물다섯 살이라는 나이가 믿기지 않을 만큼 원숙하고 현명한 주장 해리 케인Harry Kane은 상대 선수가 아무리 시비를 걸어도 냉정함을 잃지 않았다. 경기 서사는 단순히 점수로만 이뤄지지 않았다. 팀을 이루는 진짜 사람들, 그들의 성격, 배경, 약점, 강점이 얘기를 이뤘다.

한편 같은 해 여름 〈오버워치〉에 관한 가장 큰 뉴스는 거대한 금속 구를 굴리며 적을 무찌르는 햄스터 캐릭터 '레킹볼Wrecking Ball'의 등장이었다. 기존 캐릭터들도 플레이 경험을 향상하고 균형을 맞추기 위해 조금씩 수정됐다. 이 조치는 같은 해 치유자 캐릭터인 머시Mercy가 대대적으로 변경돼 논란이 인 후 이뤄졌다. 프로와 아마추어 플레이어들은 캐릭터 변경을 두고 열띤 논쟁을 벌였다. 변화한 머시가 게임 플레이 방식에 영향을 미칠까? 머시가 최고의 치유자일까 아니면 다른 캐릭터가 나을까? 레킹볼 캐릭터는 너무 유치해서 게임을 애들 장난으로 만들지 않을까? 게이머 사이에서 이 같은 논쟁은 흔한 일이었다. 게임을 진정으로 사랑하는 사람들은 진지하게 토론을 벌였지만 그들의 대화에 분명 인간적인 요소는 없었다.

게임은 정적이지 않다. 플레이어들은 끊임없이 더 나은 규칙을 발견하며 게임은 그에 따라 계속 변화하고 진화한다. 이른바 '메타meta'는 특정 상황에서 어떤 캐릭터를 활용해야 최선의 결과가 나올지에 대해 전반적인 전략을 짜는 새로운 형태의 게임 플레이로 게이머들은 자주 메타에 관해 대화한다. 메타는 정체를 거부한다. 새로운 캐릭터나 지도가 게임에 추가되면 플레이어들은 기존 캐릭터 능력을 전혀 새로운 방식으로 활용하기 시작한다. 그러면 개발자들은 게임 환경의 균형을 유지하기 위해 업데이트와 여러 수정을 해야 한다. 결과적으로 플레이어와 개발자 사이에 디지털 경쟁이 벌어진다. 〈오버워치〉에 지나치게 강력한 캐릭터가 추가됐다고 가정해 보자. 당연히 모두 그 캐릭터를 플레이하려고 할 테고 그러면 게임의 승패는 균형 잡힌 팀플레이가 아니라 누가 강력한 캐릭터 능력을 가장 잘 활용하느냐에 좌우될 것이다. "게임 디자이너들이 플레이어들을 어떻게 보호해야 할지 종종 얘기하죠." 카플란이 설명했다. "물론 중독이나 충동적 행동 같은 주제도 있지만 플레이어들이 기회만 있으면 하는 터무니없이 지루한 행동들도 고민하죠." 그는 〈와우〉를 예로 들었다. 〈와우〉의 목적은 플레이어가 일련의 서사를 따라가며 다양한 공간에서 온갖 모험을 하게 하는 것이다. "하지만 어떤 늑대 한 마리만 계속 죽여 1단계에서 110단계로 올라갈 수 있으면 플레이어들은 기꺼이 그렇게 하거든요." 카플란이 말했다. 그러면 게임 플레이는 개발자의 의도와 달리 확실하게 지루해진다. 이런 상황의 불가피한 부작용은 팬들의 관심이 게임 자체에만 몰리고 플레이어(다시 말해 매우 절실한 인간적 요소)는 조연에 머무는 현상이다.

그렇다고 e-스포츠 선수들이 인기가 없다는 뜻은 아니다. 하지만 많은 선수가 트위치 개인 스트림이나 소셜미디어 같은 경로로 스스로를 알린다. 사생활과 선수 생활의 경계를 모호하게 하는 이런 홍보 방식으로 인해 선수들은 예상치 못한 이유로 유명세를 치르기도 한다. 2018년 1월 〈오버워치〉 리그가 시작되고 불과 2주 뒤 댈러스 퓨얼Dallas Fuel의 펠릭스 렌젤Felix Lengyel은 동성애자로 알려진 또 다른 플레이어 오스틴 윌모트Austin Wilmot에게 동성애 비하 욕설을 해 경기 출전이 정지됐다. 사건의 발단은 렌젤이 개인 트위치 스트림에서 퓨얼이 윌모트 소속 팀인 휴스턴 아웃로즈Houston Outlaws에게 진 경기를 언급한 것이었다. 〈오버워치〉 리그는 이 사태를 엄중히 여겨 렌젤에게 2,000달러의 벌금을 부과하고 4회 경기 출전 정지 명령을 내렸다(이후 퓨얼은 자발적으로 출전 정지 기간을 연장했다). 하지만 렌젤은 복귀하자마자 인종차별 발언과 욕설로 또다시 벌금과 출전 정지 징계를 받았다. 비슷한 시기 동성애자 혐오 발언과 외국인 혐오 발언으로 벌금형을 받은 다른 두 명의 선수도 모두 개인 트위치 스트림과 소셜미디어 계정에서의 발언이 문제가 됐다. 심지어 리그가 시작되기 전에도 여러 논란이 있었다. 2017년 11월 샌프란시스코 쇼크San Francisco Shock 팀 매니저 맥스 베이트먼Max Bateman은 성추행 혐의로 해고됐다. 2018년 3월에는 보스턴 업라이징 소속 선수 조너선 산체스Jonathan Sanchez가 미성년 소녀에게 성적으로 부적절한 행동을 했다고 밝혀지면서 퇴출 당했다. 〈오버워치〉 리그는 모든 상황에 강경하게 대응했지만 대중에게 폭넓은 인기를 얻으려던 리그의 장기 계획에는 차질이 빚어졌다.

100명이 넘는 선수 중에 여자 선수가 단 한 명도 없는 상황 역시 문제였다. 성별 간 실력 차이 때문은 결코 아니다. '게구리'로 알려진 열아홉 살 한국 여성 김세연은 최고의 〈오버워치〉 선수 중 하나로 평가받는 플레이어다. 실력이 너무 뛰어난 나머지 속임수를 쓴다는 의심을 샀고 심지어 살해 위협까지 받았다. 2016년 그는 논란을 잠재우기 위해 라이브 스트림 영상을 통해 직접 게임을 하며 키보드 동작을 공개했다. 놀라운 플레이가 가능했던 건 오로지 놀라운 실력 덕분이었다. 〈오버워치〉 리그 첫 시즌이 시작되기 얼마 전 열린 기자회견에서 기자들은 여러 팀에 게구리를 영입하지 않은 이유를 물었다. 팀들은 언어 장벽(뉴욕 엑셀시어와 런던 스핏파이어 선수가 모두 한국인이라는 사실을 떠올리면 구차한 변명이다)부터 숙소 공유 문제(거론하기가 껄끄러울 뿐이지 극복 못할 문제는 전혀 아니다)까지 여러 핑계를 늘어놨다. 게임 저널리스트 네이선 그레이슨Nathan Grayson에 따르면 당시 팀들의 전반적인 답변은 언젠가는 여성 플레이어에게 문을 활짝 열어놓겠다는 취지였다. 여성 플레이어의 실력을 부정하진 않지만 지금은 때가 아니라는 식이었다. 기자회견 동안 이처럼 안일한 태도를 보여주는 발언이 여러 번 나왔다. 한 매니저는 팀이 여성 플레이어와 계약하면 홍보 효과를 노렸다고 비난받을 거라면서 기자들 탓으로 돌렸다. 휴스턴 아웃로스의 제이콥 라이언Jacob Lyon 선수도 사람들에게 "의도를 의심"받지 않으려면 적절한 시기에 적절한 선수를 선택해야 한다는 모호한 발언을 했다. 게구리는 시즌이 시작된 후인 2월 중순 상하이 드래곤즈Shanghai Drangons와 계약하면서 리그에 합류했지만 구단들이 여성 선수를 뽑지 않으면서 댄 이전 핑계들은 옹색하기 짝이 없다. 게임 대회는 평평한 운동장이어야 한다. 게임은 체력뿐 아니라 정신력, 민첩성, 소통 능력, 팀워크를 뽐내는 경연장이다. 이 중 어느 것도 남성의 전유물이 아니다. 무엇보다 〈오버워치〉의 두 번째 목표가 포용이라는 사실을 떠올리면 첫 시즌 내내 발생한 성차별은 분노를 불러일으킨다.

"노골적으로 강조하지는 않지만 게임에 다양한 국가와 배경의 사람들을 반영하려고 하죠." 카플란이 설명했다. "우리 게임이 대중문화에서 큰 부분을 차지하는 만큼 보통의 일을 보통의 방식 그대로 보여줘야 할 책임이 있다고 생각해요." 포용과 열린 자세는 언제나 〈오버워치〉의 핵심 가치였다. 의도적으로 다양한 삶을 사는 캐릭터들을 만들어 왔지만 개발자들은 이 사실을 부각하지 않으려고 주의를 기울인다. 예를 들어 광자 발사기로 팀원들이 사용할 감시 포탑과 순간이동기, 방패를 만드는 인도 출신 광축가 캐릭터 시메트라Symmetra는 캐릭터 배경을 설명하는 애니메이션 장면에서 자폐증이 있다는 사실이 밝혀졌다. 개발자들은 이를 강조하는 대신 다면적이고 매력적인 개인의 한 측면으로만 묘사했다. "우리가 시메트라를 통해 자폐증이 있는 사람도 영웅이 될 수 있다는 사실을 보여주자 정말 많은 사람이 공감했어요." 카플란이 설명했다. "게임에는 이처럼 멋진 영웅들이 있어요. 그들에게는 여러 면이 있기 마련이고요. 하지만 어떤 면이 있든 그들은 여전히 멋지잖아요. 그저 게임을 계속하면 되는 거 아니겠어요?" 카플란과 얘기하는 동안 나는 〈오버워치〉 개발자들이 팬들을 무척 소중히 여긴다고 느꼈다. 그들은 게임에 노골적인 정치색을 입히거나 게임을 강력한 사회 발언 수단으로 삼으려고 하지 않는다. 하지만 게임이 많은 대중에게 인기를 끌고 있는 만큼 감수성이 예민한 어린 플레이어들에게 어떤 영향을 줄 수밖에 없다는 사실을 잘 안다. 많은 청소년이 자신의 정체성을 의심한다. 생김새나 출신, 성장 배경 때문에 괴롭힘을 당하기도 한다. 〈오버워치〉는 게임 고유의 방식으로 스토리와 캐릭터를 통해 사람들이 '다양'한 건 지극히 정상이라는 사실을 보여준다.

그러므로 누구나 즐길 수 있을 뿐 아니라 다양한 캐릭터 덕분에 누구나 공감할 수 있는 〈오버워치〉(그리고 〈오버워치〉 리그)는 모범적인 e-스포츠가 될 재료를 모두 갖췄다. 하지만 지속 가능한 스포츠 오락이 되려던 〈오버워치〉 리그는 개발자들이 소중히 여겼던 윤리 가치들을 잊은 듯하다. 몇몇 〈오버워치〉 플레이어와 관계자의 행태는 오랫동안 게임계에 만연한 성차별과 혐오 문제가 얼마나 심각한지 여실히 드러냈고 예방책이 마련되지 않는 한 어떤 게임과 대회도 문제를 막을 수 없다는 사실을 증명했다. 이 같은 병폐는 결코 해결 불가능한 문제가 아니며 열린 자세야말로 최고의 치유책이다. 〈오버워치〉 리그는 게임을 다양성의 본보기로 만들 잠재력이 충분하다. 이를 실현하려면 이제까지 일어난 잘못을 모두 인정하는 데 그치지 않고 스스로 쇄신해야 한다. 다양한 배경의 플레이어에게 손을 뻗고 포용적 환경을 조성해 게임은 누구나 즐길 수 있는 오락이라는 사실을 당연하게 만들어야 한다. 다시 말해 〈오버워치〉의 핵심 원칙을 〈오버워치〉 리그도 실천해야 한다.

13

상실

블라이드 하우스Blythe House는 보안이 삼엄한 은행처럼 보이지만 사실 박물관 보관실 겸 기념품점이다. 런던 웨스트켄싱턴에서 수풀이 우거진 길모퉁이에 자리 잡은 웅장한 붉은 벽돌 건물이 은행같이 보이는 건 우연이 아니다. 투박한 외관에서는 특유의 아름다움이 느껴지고 중앙 출입구와 이어진 조용한 하얀 대리석 통로는 왠지 친숙하다. 2013년 개봉한 액션 영화 〈토르: 다크 월드Thor: The Dark World〉를 포함한 여러 영화의 배경이었기 때문이다.* 지난 세기가 시작될 때 지어진 블라이드 하우스는 거의 75년 동안 우체국저축은행Post Office Savings Bank 본사였

* 최고의 마블 영화도 아니고[내가 꼽는 최고는 <캡틴 아메리카: 시빌 워(Captain America: Civil War)>다] 그렇다고 최고의 토르 영화도 아니다[<토르: 라그나로크(Thor: Ragnarok)>가 아닐까 싶다].

다. 지금은 런던의 주요 박물관인 빅토리아 앤 알버트 뮤지엄Victoria and Albert Museum과 대영박물관British Museum, 과학박물관의 보관실 및 기념품점으로 사용되고 있다. 내가 과학박물관 보관실을 방문하기 위해 건물로 들어서려고 하자 빅토리아 앤 알버트 뮤지엄 보관실의 무뚝뚝한 보안 요원이 길을 막았다. 그의 얼굴 앞에 목적지를 적은 꾸깃꾸깃한 종이 한 장을 내밀자 그는 못마땅하다는 표정으로 모서리를 돌아 다른 출입구로 가라며 손짓했다.

경비실(이번에는 맞게 찾아왔다)에서 잠시 초조해하며 기다리자 안내자가 찾아왔다. 애비 매키넌Abbie MacKinnon은 과학박물관 기술·공학 어시스턴트 큐레이터다. 매키넌은 미로 같은 퀴퀴한 복도로 나를 안내하는 동안 과학박물관 수집품을 모두 윌트셔에 있는 최신 건물로 옮기는 중이라고 알려줬다. 블라이드 하우스가 아무리 아름답고 고풍스러워도 32만 점의 과학 전시품을 보관할 용도로 지어지진 않았다. 과학박물관 큐레이터들은 세계에서 가장 중요한 과학 유물을 분류하고 재배치하는 고된 작업을 하고 있었다. 전시물마다 디지털 기록을 생성해 세계에서 가장 광범위하고 접근성 높은 온라인 과학 기록 보관소를 만드는 작업도 업무 중 하나였다. 눈코 뜰 새 없이 바쁠 때 시간을 빼앗는 것 같아 미안했지만 매키넌은 무척 친절하게 닌텐도 관련 전시물을 소개해 줬고 나만큼이나 신난 듯 보였다.

우리가 도착한 길고 어두운 복도에 가득한 선반은 높이가 천장까지 닿았다. 내가 항상 생각해 온 박물관 보관실 모습 그대로였다. 선반을 메운 타자기, 음향기기, 라디오, TV가 영원한 안식처로 갈 채비를 하고 있었다. 한 선반에는 1990년대 초에 나온 벽돌만 한 검은 플라스틱 카폰부터 세상에 나올 때만 해도 혁신적이었던 노키아Nokia 3310에 이르기까지 온갖 구시대 휴대전화가 모여 있었다. 철창으로 된 문 옆에 내가 찾던 닌텐도 모델들이 카트에 담겨 있었다. 여러 해 동안 익명의 기증자들이 이따금 보내준 것이었다. 과학박물관처럼 대단한 곳이라면 비디오게임에 관한 방대한 자료와 전시물을 소장하고 있으리라고 생각했지만 아무리 명성 높은 박물관이라 하더라도 수집 과정은 그리 간단하지 않았다. 아주 오래됐거나 역사적으로 중요한 수집품은 직접 경매에 참여하기도 하지만 운이 따르지 않을 때가 많아 대부분은 익명의 통 큰 기증인에게 의존한다. 내 앞의 수집품들은 과학박물관이 소장한 모든 비디오게임은 아니었지만 수집 과정이 얼마나 힘들었는지 알기에 충분했다.

카트 안에는 닌텐도가 아직 장난감과 보드게임 제조사였을 때 만든 오래된 장난감들과 함께 비디오게임 산업에 막 발을 들인 1977년 출시한 컬러 TV게임 6Colour TV-Game 6 게임기 3~4대가 있었다. 이곳에서는 어떤 물건이라도 조심히 다뤄야 했다. 매키넌의 허락을 받고 야구방망이와 공 발사기로 구성된 닌텐도의 울트라 머신Ultra Machine 상자를 열었다. 우리는 삭은 종이 상자에서 부품들을 조심스럽게 꺼내 공 발사 장치를 조립했다. 나는 야구방망이를 들고 매키넌에게 '한판 해봐야죠!' 하는 눈빛을 보냈다. 하지만 매키넌의 얼굴은 '아, 해보자고 하지 말아야 할 텐데!' 하고 말하고 있었다. 겸연쩍게 방망이를 내려놨다. 어차피 공 발사기 부품 하나가 없어 제대로 게임을 할 수도 없었다. 나는 게임기들로 눈을 돌렸다. TV 앞에서 가족들의 사랑을 한껏 받았던 게임기들은 컨트롤러 줄이 낡아 벗겨졌고 본체에는 흠집과 얼룩이 가득했다. 아이들의 손때가 묻지 않게 고이 보관한 수집품의 모습은 전혀 아니었다. 본래 의도대로 아이들이 사용하고 즐긴 게임기였다. "우리는 기증자에 대해 아는 게 별로 없어요. 안타까운 일이죠." 매키넌이 말했다. 그러고는 예전에는 관람객에게 컴퓨터 작동 방식처럼 전시물들이 '어떻게' 사용되는지 알리는 전시가 많았다고 덧붙였다. 그러나 그런 전시는 인기가 오래가지 못했다. "전시물 자체에 흥미를 느끼는 사람은 많지 않아요." 매키넌이 설명했다. "사람들은 다른 사람의 얘기를 듣고 싶어 해요. 자신과 같거나 다른 사람들의 얘기에서 흥미를 느껴요. 그래서 사람에 관한 얘기를 더 많이 하게 되죠." 나는 아무 말 없이 장갑 낀 손으로 게임기들을 어루만지며 생각에 잠겼다. 조심스럽게 옮겨져 다시는 사용되지 않기 전 마지막으로 딱 한 번 플레이될 기회를 주고 싶었다.

게임기를 카트에 내려놓으면서 비디오게임을 보존하는 일이 미래 세대에게 어떤 의미일지 생각했다. 미래의 누군가가 볼 수 있도록 게임기 본체, 게임팩, 디스크, 컨트롤러, 온갖 주변장치를 분류해 보관하는 작업은 대수롭지 않게 여겨질 수 있다. 하지만 내 앞에 무질서하게 놓인 듯한 수집품들은 보존 작업이 훨씬 어렵다는 사실을 보여준다. 비디오게임은 죽어가기 때문이다. 물론 비디오게임이라는 존재 자체가 사라지고 있다는 뜻은 아니다. 게임 산업은 그 어느 때보다도 성장하고 있고 2018년 전 세계 사람들은 무려 1,380억 달러를 게임에 소비했다. 하지만 하나의 게임기, 컨트롤러, 팩, 디스크는 만들어진 순간부터 죽어가기 시작한다. 우리가 어릴 때 갖고 놀던 게임기는 어디로 갔을까? 부품은 망가지고 선은 사라진다. 팩에 게임을 저장하는 배터리 팩은 점차 성능이 떨어진다. 플라스틱은 점차 색이 바래 누렇게 되다가 금이 간다. 영원한 건 없다. 비디오게임의 무상함은 매키넌 같은 보존 전문가를 곤란하게 한다. 게임의 본질은 놀이 수단이다. 그렇다면 투명 플라스틱 상자나 유리장에 넣어두고 만지지 못하게 하는 건 모순이다. 하지만 게임기는 어떤 모델이든 언젠가는 생산되지 않아 점차 유한하고 소중한 자원이 된다는 사실을 떠올리면 이를 무한한 시간 동안 보존하는 일이 중요해진다.

나는 매키넌에게 우리 앞에 있는 게임기들이 앞으로 다시는 플레이되지 않을 거라는 사실이 안타깝다고 털어놨다. 그러자 매키넌은 "여기 있는 모든 게 그래요"라고 답했다. "이곳에 있는 라디오에서는 더는 음악이 나오지 않아요. 최초의 컴퓨터들도 이곳에 있죠. 하지만 앞으로 사용될 일은 없어요." 나도 모르게 서글픈 표정을 지었는지 매키넌이 웃음을 터트렸다. "알아요! 슬픈 일이죠? …그래도 박물관에 일하는 사람은 모두 물건을 보존하는 일이 언제나 가치 있다고 생각해요. 원래 용도가 사라지더라도 말이죠." 매키넌은 전시물들이 전성기 동안 어떤 맥락에서 어떤 방식으로 사용됐는지에 따라 분류해 보존한다면 미래 세대에게 그 대상들이 우리에게 어떤 의미였는지 알려줄 수 있다고 설명했다. 그러면서 컬러 TV게임 6를 예로 들었다. "보존이란 '이건 닌텐도의 초기 게임기입니다'라고 말하는 게 다가 아니에요. 어디에서 사용됐고 어떻게 이곳에 오게 됐고 누가 갖고 있었는지에 관한 얘기기도 하죠." 매키넌이 말을 이었다. "그저 물건을 보관하는 게 아니라 그 물건이 지닌 얘기를 지키는 거예요." 하지만 게임기 얘기는 완전하지 않다. 닌텐도를 기증한 사람들의 정보가 거의 없어 어디에서 언제 어떻게 사용됐는지 파악하기란 거의 불가능하다. 가슴 한구석이 아렸다. 그러다 이내 슬픔이라는 감정이 엉뚱하게 느껴졌다. 결국 플라스틱 조각일 뿐 아닌가. 하지만 매키넌과 헤어지고 블라이드 하우스를 나오면서 다시 생각이 바뀌었다. 한때 애착한 뭔가를 잃으면 슬픈 게 당연하다. 예술품이나 역사적 장소를 보존하는 것만큼이나 게임을 보존하는 일도 중요하다. 게임을 하는 사람도 있고 하지 않는 사람도 있지만 게임은 엄연히 문화의 중요한 요소며 사람들이 게임을 어떻게 했는지, 게임에 관해 어떤 태도와 믿음을 지녔는지에 관한 얘기를 분류하는 일은 미래 세대에게 20세기 말과 21세기 초의 모습을 알려주는 작업에서 빼놓을 수 없는 부분이다. 하지만 이런 얘기를 어떻게 보존할 수 있는지가 문제다. 나는 집으로 돌아가는 열차 안에서 과학박물관에서 본 컬러 TV게임 6의 잃어버린 얘기를 생각하다가 어느 순간 안도했다. 컬러 TV게임 6는 앞으로 다시는 플레이되지 않겠지만 닌텐도의 초기 비디오게임 역사를 알려줄 더 큰 서사의 한 부분이 될 것이기 때문이다. 기억이 올바른 방식으로 보존된다면 물리적 실체가 사라져도 안심할 수 있다. 비디오게임학자 제임스 뉴먼James Newman 교수가 말했듯이 비디오게임이 죽어간다면 우리가 할 일은 사라지도록 놔두는 것뿐일지도 모른다.

***

뉴먼 교수는 비디오게임에 관해 대화할 때면 부드러웠던 말투가 빠르면서도 열정적으로 변한다. 블라이드 하우스를 다녀오고 며칠 후 뉴먼 교수를 만나 대학 캠퍼스를 거닐며 대화를 나눴다(운 좋게도 나는 그와 같은 학교에서 일하고 있다). 대학에서는 선선하고 상쾌한 바람이 부는 5월 봄날이 모순적인 시간이다. 춥고 음울한 겨울을 이겨낸 새 생명의 기운이 감도는 가운데 한 무리의 졸업반 학생이 우리 곁을 지났다. 앞으로 몇 주 내에 학업이 끝나면 삶이 어떻게 펼쳐질지 모르는, 존재 위기를 맞고 있는 이들이다. 나는 뉴먼에게 조용한 내 방으로 가 비디오게임을 '죽게' 내버려 두는 것이 왜 좋은지 본격적으로 얘기해 보자고 말했다.

"게임이 제 기능을 하려면 여러 조건이 필요해요." 뉴먼이 설명했다. "몇 가지는 기술 조건이에요. 그래픽카드와 운영체제를 갖춘 게임기나 PC가 있어야 하죠. TV나 컴퓨터 모니터가 있어야 하고요. 하지만 게임이 세상에 존재하는 시간은 유한해요." 그렇다면 비디오게임은 언젠가 사라진다는 사실을 받아들여야 한다. 뉴먼은 게임을 물리적으로 영원히 간직하기보다는 존재하는 동안 가능한 한 모든 방식으로 기록을 남기는 편이 낫다고 주장했다. 그는 해양 포유류인 매너티에 관한 다큐멘터리를 보다가 이런 생각을 떠올렸다. "매너티가 더는 존재하지 않을 언젠가를 대비해 더 늦기 전에 가능한 한 모든 정보를 찾아 모아놔야 하죠." 다행히 매너티는 이제 멸종위기종은 아니지만 뉴먼이 말한 원칙은 타당했고 매키넌이 과학박물관에서 한 말과 같은 맥락이었다. 우리는 이제껏 축적한 지식과 경험을 분류하고 그 '정보'를 미래 세대를 위해 보존해야 한다. 게임 자체를 보존하는 일도 중요하지만 게임의 시대적 맥락도 보존해야 한다. 게임을 하는 것이 어떤 경험인지뿐 아니라 게임이 어떤 문화에서 설계되고 만들어졌는지 그리고 어떤 사람들이 좋아했는지 기록해야 한다. 뉴먼은 이는 '게임' 보존이 아니라 '게임 플레이' 보존 관점에서 이뤄져야 한다고 주장했다.

뉴먼이 제시한 접근법은 합리적이고 당연해 보이지만 게임 플레이 보존의 가장 큰 수혜자일 게임 산업은 이를 여러 방식으로 방해하고 있다. 그가 2012년 자신의 저서 《유통기한Best Before》에서 밝혔듯이 게임 업계는 이른바 '의도적 노후화'를 이끌고 있다. 개발, 생산, 혁신 주기가 빠른 게임 업계는 새로운 상품을 팔기 위해 기존 기술을 불필요하게 만든다. 그 결과 게임은 순식간에 구식이 된다는 생각이 상식으로 받아들여지면서 게임 보존을 그다지 가치 있는 일로 여기지 않게 됐다. 하지만 역설적이게도 최근 몇 년 동안 게임 업계는 구식 기술 덕분에 호황을 누리고 있다. 예를 들어 최근 닌텐도는 1990년대 초 큰 인기를 누린 게임 약 20가지가 들어 있는 미니 슈퍼 닌텐도를 출시했다. 〈스타폭스Star Fox〉, 〈동키콩 컨트리Donkey Kong Country〉처럼 한때 엄청난 인기를 끌었던 게임 역시 지금의 컴퓨터에서도 플레이할 수 있도록 수정됐다. 하지만 레트로 비디오게임의 부활은 예상과 달리 게임 플레이 보존에 꼭 도움이 되진 않는다.

뉴먼은 "레트로 게임은 게임이 어떻게 변해왔는지 돌이켜볼 가능성을 차단해요"라고 지적했다. 그러면서 〈팩맨〉을 예로 들었다. 출시된 이래 〈팩맨〉의 기본 게임 설계는 거의 그대로지만 사람들의 접근 방식은 계속 변했다. "1980년대 초에는 미로를 빠져나올 패턴을 설명한 책들이 있었어요. 경로를 외울 수 있도록 말이죠." 사람들은 1982년 펭귄Penguin에서 출간한 《팩맨 깨는 법How To Win At Pac-Man》 같은 안내서를 보며 복잡한 미로 패턴, 팁, 트릭을 연구하고 연습했다. 한 해 전인 1981년 시그닛Signet에서 출간한 《팩맨 정복하기Mastering Pac-Man》는 〈팩맨〉 미로를 빠져나올 수 있는 패턴 약 120개를 제시했다. 이 책의 저자 켄 유스턴Ken Euston은 1970년대 놀라운 카드 카운팅 기술로 악명이 높아 여러 카지노에서 출입을 금지당한 블랙잭 플레이어였다. 수천 가지 체스 수를 기억하는 것처럼 미로 경로를 기억하는 것은 〈팩맨〉을 잘할 수 있는 아주 효과적인 방법이었다. 다시 말해 1980년대 초에는 미로를 어떻게 성공적으로 빠져나오는지가 〈팩맨〉 플레이의 관건이었다. 하지만 뉴먼에 따르면 시간이 흐르면서 플레이어와 게임학자는 〈팩맨〉을 따라다니는 4개 유령에 주목했다. "유령의 움직임을 제어하는 알고리즘은 궁극적으로 입력값에 따라 출력값이 결정되는 결정성 알고리즘이었기 때문에 사람들은 유령의 움직임을 관찰하면서 플레이하기 시작했어요"라고 뉴먼이 말했다. 유령 움직임의 규칙이 밝혀지면서 사람들의 게임 접근법에 변화가 생겼고 1990년대 후반에 이르러서는 처음으로 한 번도 죽지 않고 마지막 레벨까지 깨는 '퍼펙트게임'을 하는 플레이어들이 나왔다. "그러면서 레벨 256에서 화면이 깨진다는 사실이 드러났죠." 뉴먼이 당시를 떠올렸다. "그전까지는 아무도 몰랐어요. 끝이 없을 줄 알았죠."

〈팩맨〉은 게임 타이틀과 같은 이름의 캐릭터가 미로에 있는 점을 모두 먹으면 다음 레벨로 올라가는 방식이다. 사람들은 목숨이 하나라도 남아 있는 한 새로운 레벨이 무한하게 생성되리라고 생각했다. 하지만 〈팩맨〉 코드에 존재하는 버그 때문에* 레벨 255를 깨면 문제가 생겼다. 그러므로 '퍼펙트'게임이란 플레이어가 레벨 255를 깼을 때 최대 가능한 점수(정확히 3,333,360점이다)를 기록하는 것이다. 다시 말해 〈팩맨〉은 변하지 않았어도 플레이어가 게임을 하는 방식은 변했다. 1980년대 초

---

* <팩맨> 버그의 공식 명칭은 '정수 오버플로(integer overflow)' 에러다. 컴퓨터에서 1바이트는 256개 정수(0부터 255)로 표시되는데 <팩맨> 내부 카운터에는 레벨이 1바이트로 저장된다. <팩맨>의 다른 계산들(화면 아래 얼마나 많은 과일을 표시하는지처럼)도 이런 카운팅 방식을 쓴다. 따라서 레벨 255를 넘어가면 혼돈이 생긴다. 실제로 플레이어가 레벨 256으로 올라가면 화면이 엉망이 되면서 미로의 한쪽 반이 온갖 기호, 문자, 숫자로 채워져 더는 게임을 할 수 없다.

에는 사람들이 미로를 빠져나갈 복잡한 패턴을 외우는 데 집중했고 1990년대 후반에는 퍼펙트 점수에 되도록 빨리 도달하는 조건에 주목했다.

레트로 게임 열풍은 향수를 불러일으킨다는 명목으로 게임의 풍성한 역사와 배경을 밀어내고 있다. 어릴 적 좋아하던 게임을 지금 다시 하면 감흥이 그때와 같지 않다. 이제 우리는 휴대전화로 온라인에서 무료로 제공되는 〈팩맨〉을 할 수 있다. 하지만 코드가 다르고(레벨 256 버그는 해결됐을 것이다) 컨트롤러와 하드웨어도 다른 게임이 원조 〈팩맨〉과 같은 경험을 가져다줄까? 다시 만들어진 〈팩맨〉은 어릴 적 잠깐의 기억을 얼핏 떠올려 줄 뿐 〈팩맨〉 고유의 얘기와 문화적 영향에 대해서는 아무것도 알려주지 않는다. 다시 말해 새롭게 출시된 레트로 게임은 유년 시절의 행복한 기억을 위한 것처럼 보이지만 사실은 게임 그 자체에 대한 집착에 가깝다. 게임을 영원히 존재하게 하려다가는 의도치 않게 과거의 어느 한순간에 갇힐 수 있다.

비디오게임을 '죽게' 둬야 한다는 뉴먼의 말은 비디오게임을 잊거나 무시해야 한다는 게 아니라 게임의 맥락을 보존해야 한다는 뜻이다. 게임 플레이의 진화 과정(이를테면 플레이어들이 게임 프로그래밍 설계를 어떻게 알아냈고 새로운 방식으로 게임하기 위해 어떤 정보를 공유했는지 같은)을 기록한다면 게임은 그저 한때의 유행이나 시간 낭비가 아닌 훨씬 풍성한 역사적 서사를 지닌 중요한 문화적, 사회적 현상으로 여겨질 것이다.

물론 이처럼 심오한 방식으로 게임을 보존하는 일에는 많은 시간과 노력이 들 것이다. 게임 자체뿐 아니라 사람들이 게임을 하면서 얻는 경험을 이해하는 데는 수많은 조사가 필요하다. 우리가 게임을 하는 방식은 시대에 따라서만 달라지지 않는다. 우리 각자가 게임에 접근하는 방식 역시 모두 다르다. 그리고 같은 게임이라도 삶의 어느 순간에서 전혀 다른 의미를 띨 수 있다. 예를 들어 게임에 점차 능숙해지면서 자신감을 얻을 수도 있고 게임을 하는 환경이 달라지기도 한다. 나는 이제까지 〈파이어워치〉, 〈와우〉, 〈시오〉가 내게 어떤 의미였는지에 대해 많은 얘기를 했다. 이 게임을 한 다른 사람의 경험과 내 경험은 전혀 다를 것이다. 〈마크〉도 좋은 예다. 나는 보통 조용한 시간에 아무도 없는 곳에서 혼자 1인용 모드로 〈마크〉를 한다. 내가 〈마크〉를 좋아하는 까닭은 현실에서 벗어날 수 있기 때문이다. 전혀 실용적이지 않은 뭔가를 만들면서 일상을 잠시 잊고 때로는 눈 덮인 산골짜기 한가운데에 작은 통나무집을 지으며 아버지를 떠올린다. 다른 사람은 완전히 다른 경험을 한다. 예를 들면 몰크래프트를 개발한 학생들에게 〈마크〉는 화학을 배우는 학습 도구이자 과학적 소통 창구다. 그리고 많은 아이에게는 친구들과 맘껏 어울릴 수 있는 가상 놀이터이자 훌륭한 사회적 네트워크다. 이처럼 다양한 플레이 방법을 기록으로 남겨 〈마크〉를 있는 그대로 이해할 수 있게 한다면 미래 세대는 〈마크〉가 사회 적응을 방해하는 무의미한 시간 낭비가 아니라 사람들이 교류하는 새로운 방식이었다는 사실을 알게 될 것이다.

박물관 큐레이터와 게임 보존 전문가가 게임 플레이를 기록하는 일은 분명 쉽지 않으며 이른바 특수 제작 전시물이 필요할지도 모른다. 뉴먼은 한 예로 내셔널 비디오게임 아케이드에서 자신이 참여한 새로운 방식의 쌍방향 전시를 설명했다. 얼핏 게임기처럼 보이는 게임 조사관Games Inspector은 조이스틱과 다양한 색의 버튼이 장착된 컨트롤러, 화면으로 구성돼 있다. 관람객은 게임 조사관을 작동해 직접 게임을 하지 않고도 게임 레벨이 어떻게 설계되는지, 적과 아이템이 어떻게 배치되는지, 플레이어가 어떤 방식으로 레벨을 플레이하고 클리어하는지 이해할 수 있다. 사실 대부분의 게임은 어렵고 특히 처음 하는 사람에게는 더욱 그렇다. 게임 조사관의 쌍방향 비디오에서 전문가들은 직접 게임을 하면서 지금 플레이하고 있는 게임의 설계 방식을 어떻게 활용할 수 있는지(예를 들어 현기증이 날 만큼 빠른 속도로 레벨을 깨기 위해) 배경 정보를 제공하며 두 가지 목적을 달성한다. 첫째로 관람객은 설계자 본래 의도대로 게임을 경험할 수 있고 둘째로 시간이 흐르면서 게임 플레이가 어떻게 그리고 왜 변했는지에 관한 인간적인 얘기를 들을 수 있다.

하지만 비디오게임 전시 대부분은 게임의 역사를 정적인 방식으로 보여주면서 오래된 게임기를 시험해 보게 하는 게 전부다. 뉴먼은 이런 전시는 비용이 많이 든다고 지적했다. "그렇다 보니 전시된 게임은 거의 누구나 아는 종류거나 가장 구하기 쉬운 것이죠." 이는 박물관 큐레이터라면 항상 마주하는 문제다. 나는 과학박물관의 파워 업 전시에서 왜 비나톤 TV 마스터가 게임기 연대기에서 맨 앞자리를 차지했는지 궁금했던 기억을 떠올렸다. 그저 공수 문제였을 수도 있다. 보존이 잘돼 여전히 작동하는 마그나복스 오디세이는 구하기 힘들었을 것이다. "맞아요. 그런 전시에 가면 항상 〈스펙트럼〉은 있지만 〈드래곤 32Dragon 32〉나 〈오릭-1Oric-1〉은 없죠." 뉴먼이 안타까워하며 말했다. "그리고 연대기의 틈을 메우려고 온갖 것을 끌어들이죠." 사람들이 어렸을 적 거의 해본 적 없는 게임기들을 전시하더라도 큰 문제는 아니다. 하지만 큐레이터들은 자신도 모르게 게임의 역사를 다시 쓰지 않도록 조심해야 한다. 예를 들어 당시 다른 게임과 달리 〈스펙트럼〉은 후세대 버전이 계속 출시됐다고 해서 〈싱클레어 ZX 스펙트럼Sinclair ZX Spectrum〉이 게임 역사의 전부인 양 전시하면 안 된다. 누가, 어떻게, 왜 게임을 했는지 그 역사와 맥락이 없는 전시는 레트로 게임에 관한 호기심을 채워주는 데 그칠 수밖에 없다.

파워 업 같은 전시를 무척 좋아하는 나로서는 정말 꺼내기 힘든 말이지만 어쩌면 우리가 할 수 있는 최선은 과거 게임과 게임기의 존엄한 죽음을 받아들이는 일이다. 오래된 게임과 게임기를 가능한 한 오래 남겨두려다가는 눈에 보이지는 않지만 중요한 뭔가를 잃어버리고 만다. 게임의 경험적 가치는 게임을 하는 순간에만 존재한다. 게임은 우리에게 모험과 경이를 통해 현실에서 벗어나 새로운 곳을 여행할 길을 열어준다. 게임은 가족을 만나고 새로운 친구를 사귀고 오랜 친구와 관계를 유지하는 창구다. 우리는 게임으로 자아를 찾을 뿐 아니라 때로는 자아를 잊는다. 이 모든 일에 분명 위험은 있지만 삶에서 해야 할 가치가 있는 뭔가에 '언제'가 무슨 의미인가? 게임이 앞에서 말한 모든 역할 혹은 그 이상을 하는 동안 게임은 결국 게임이 투영하는 인생의 바로 그 측면, 다시 말해 우리가 따스한 향수라는 렌즈를 통해 되돌아보는 소중한 기억이 된다. 게임은 우리 일부고 우리가 게임을 하는 동안 우리는 게임 일부가 된다. 그리고 삶에서 소중하지만 금세 사라지는 모든 것이 그렇듯 강렬한 기억을 남기려면 사라지게 둬야 한다.

상실 같은 강렬한 경험이야말로 게임을 위한 최적의 서사며 실제로 많은 게임이 상실을 주제로 한다. 그중에서도 2017년 출시된 아름다운 게임 〈라스트 데이 오브 준Last Day of June〉(이하 〈라데준〉)은 상실을 정면으로 다룬다. 주인공 캐릭터인 칼Carl과 준June은 다른 네 명의 주민과 함께 수채화 같은 풍경의 시골 마을에 사는 부부다. 어느 저녁 둘은 집에서 멀지 않은 부두에서 더

없이 행복한 시간을 보내지만 집으로 돌아오는 길에 자동차 사고를 당하고 준은 목숨을 잃는다. 게임은 휠체어를 탄 칼의 시선으로 주로 플레이된다. 그는 시간을 거슬러 올라가 마을 사람들이 사고 당일과 다른 행동을 하게 해 그날의 사고를 어떻게든 막아보려 하지만 모두 헛수고다. 예를 들어 게임 초반에는 공을 갖고 놀던 한 아이가 도로로 뛰어들자 칼이 핸들을 급하게 꺾다 사고가 난다. 과거로 돌아간 칼은 미리 아이에게 찾아가 공 대신 연을 갖고 놀라고 말하지만 칼의 앞에서 운전하던 가장 친한 친구의 차가 미끄러지면서 화물이 날아와 사고가 일어나고 만다. 〈라데준〉은 우울하고 어두운 게임처럼 보이지만 사실은 상실을 섬세하고 진지하게 얘기하는 감동적이고 강렬한 명상록이다. 상황이 달랐다면 상실을 막을 수 있었으리라는 우리 마음속 깊은 믿음을 파고든다. 하지만 게임이 진행될수록 과거는 되돌릴 수 없다는 사실이 점차 분명해진다. 더 중요한 메시지는 기억의 끈을 놓지 말아야 한다는 것이다. 캐릭터의 행동, 인물이 서로 그리고 주변 환경과 상호작용하는 방식만으로 전달되는 서사는 그야말로 걸작이다. 〈라데준〉에서는 어떤 대화도 알아들을 수 없다. 대신 캐릭터들의 부드러운 움직임과 스톱모션애니메이션으로 이뤄진 세상을 통해 얘기에 빠져든다. 나는 게임을 하면서 소리 내 운 적이 손에 꼽는다. 〈라데준〉은 그 몇 안 되는 게임 중 하나다.

슬픔을 직접 얘기하지는 않지만 전혀 의외의 방식으로 상실과 마주하게 하는 게임도 있다. 이를테면 어떤 게임에서 플레이어는 자신이 접근한 가상 세계에서 자신만의 서사를 펼친다. 내가 그런 자유를 가장 맘껏 누린 게임은 〈마크〉 같은 샌드박스 게임이나 〈와우〉 같은 열린 공간이 아니었다. 누구도 예상하기 어려운 게임이다.

10여 년 전 로비 쿠퍼Robbie Cooper 실험심리학 박사를 알게 된 건 정말 행운이었다. 당시 나는 공부 말고는 달리 하고 싶은 게 없어 박사 과정을 준비한 풋내기 과학자였다. 내가 속한 브리스틀대학교에서는 멋진 사람들이 멋진 연구를 하고 있었다. 특히 심리학과는 교수와 학생의 관계가 각별했다. 이는 내가 학위를 무사히 받는 데 아주 중요한 역할을 했다. 박사 과정을 준비하는 누군가 내게 조언을 구한다면 확실한 동기를 찾아야 한다고 당부하고 싶다. 그리고 과학을 사랑해야 한다. 그저 박사라고 불리고 싶어서라면 단념하는 게 좋다. 박사 과정을 하다 보면 자신의 지적 능력에 깊은 회의가 들고 정신적으로 상당히 괴로울 때가 많으므로 분명한 목표가 없다면 힘겨운 고비들을 넘길 수 없다. 그리고 무엇보다 세상 사람들은 당신이 박사인지 아닌지에 그다지 관심이 없다.

실험이 뜻대로 안 되거나 전혀 이해할 수 없을 것 같은 용어와 컴퓨터 코드의 바다에서 헤맬 때 든든하고 배려 깊은 공동

체는 큰 힘이 돼준다. 내게 중요한 버팀목은 쿠퍼였다. 체격이 장대한 쿠퍼는 휴게실에서 나를 만나면 한없이 다정하게 대해줬다. 큰형이 해주는 듯한 따뜻한 조언과 유쾌한 유머에는 희미한 스코틀랜드 억양이 섞여 있었다. 무엇보다 쿠퍼는 '쿨'했다. 그는 농구를 잘했다. 2000년대 초까지 록밴드 라이토Laeto의 드러머였고 이후에는 드럼/기타 듀오 그룹인 아이언 크리스Iron Crease에서 활동했다. 동시에 상상력을 타고난 연구자였다. 내가 그와 함께한 여러 기발한 연구 중 하나는 인간이 다른 사람의 표정을 어떻게 인식하는지에 관한 것이었다. 표정 인식 실험은 대부분 피험자가 어두운 방에서 컴퓨터 앞에 앉아 다양한 표정의 사진을 보는 방식으로 진행된다. 쿠퍼는 이 방법이 우리가 현실에서 실제 표정과 마주하는 방식과 다르다는 사실을 문제 삼았다. 무엇보다 얼굴은 3차원이다. 그래서 쿠퍼는 피험자들이 실제 얼굴을 보는 동안 그들의 시선을 추적하는 '페이스리얼리티FaceReality' 실험을 설계했다. 구체적으로 말하면 피험자들은 쿠퍼의 얼굴을 봤다. 어두운 실험실에서 쿠퍼는 웃는 표정, 찡그린 표정 그리고 그사이 온갖 표정으로 사람들을 응시했다. 빛이 들어오면서 그의 바보 같은 표정이 드러난 순간 나는 놀란 나머지 웃음을 터트리고 말았다.

쿠퍼에게는 수많은 면이 있었지만 내가 가장 잘 아는 쿠퍼는 게이머로서의 쿠퍼였다. 그는 2009년 박사 후 과정을 마친 뒤 스코틀랜드로 돌아가 에딘버러네이피어대학교Edinburgh Napier University에서 강의하기 시작했다. 우리는 〈헤일로 3〉와 후속작 〈헤일로: 리치Halo: Reach〉에서 계속 만났다. 온라인으로 몇 시간 동안 중요하고 쓸데없는 얘기를 나눴다. 나는 혼자 〈헤일로〉를 할 때면 순수하게 게임을 즐기지 못하고 얼마나 많은 게임을 이겼는지, 얼마나 많이 죽였는지 같은 사소한 부분에 집착했다. 하지만 쿠퍼와 할 때는 달랐다. 누가 몇 점을 땄는지, 우리가 몇 게임을 이겼는지는 중요하지 않았다. 때로 우리는 거의 게임을 하지 않았다. 캐릭터들을 장갑차에 태운 다음 여기저기 다니며 수다만 떨었다. 그래도 우리가 게임 중이라는 것을 다른 플레이어에게 보여주기 위해 이따금 상대 팀에 로켓 추진 유탄을 발사했다. 쿠퍼와 함께한 게임들이 더없이 행복한 기억으로 남은 유일한 이유는 함께 플레이한 사람이 쿠퍼였기 때문이다.

2014년 쿠퍼는 서른여섯의 나이에 매우 희소한 질병인 항문선암으로 세상을 떠났다. 전혀 공평하지 않은 죽음이었지만 암에 관한 한 무엇도 공평하지 않다. 너무나 순식간이었고 쿠퍼는 너무나 젊었다. 그를 아는 모든 이에게 감당하기 힘든 상실이었고 여전히 나는 별달리 할 일이 없고 옛날 일들만 떠오르는 조용한 밤이면 그가 그리워진다. 쿠퍼가 로그오프한 후 더는 〈헤일로 3〉를 하지 않는다. 좀 더 정확히 말하면 쿠퍼와 함께 플레이한 방식으로는 하지 않는다. 그래도 가끔 우리가 자주 갔던 지도를 로딩한다. 절묘하게도 발할라Valhalla(유럽 신화에서 전사자의 집을 의미한다_옮긴이)라고 불리는 그곳은 코발트 하늘을 향해 높게 솟은 석조 건물 기지 사이에 자리 잡은 아름다운 골짜기다. 얕은 강이 골짜기 바닥을 둘로 나누고 작은 동굴이 절벽을 따라 이어져 있다. 그곳을 따라가면 적어도 오늘은 이곳에 영향을 주지 않을 전쟁의 기념비인 격추된 수송선이 나타난다. 골짜기 반대편에는 댐처럼 생긴 거대한 벽이 바닥 깊은 곳까지 깎아지르고 있다. 기지 하나를 지나 지도 가장자리에 다다르면 초원 대신 암반 지형이 나타나다가 화산 폭발로 생긴 듯한 호수가 눈앞에 펼쳐진다. 그곳에서는 계속 산들바람이 분다. 호수 건너 멀리 이어진 산맥을 가린 안개를 자세히 관찰하면 커다란 활 형태의 땅이 솟아 불가능한 속도로 회전하고 있다. 이곳은 지구도 아니고 우주의 어느 다른 행성도 아니다. 게임 이름과 같은 '헤일로'라는 외계 구조물이다. 가끔 아무도 없는 이곳을 거닐다가 물가에 앉아 바람 소리를 들으며 쿠퍼를 생각한다. 쿠퍼가 죽은 후와는 다른 감정이지만 몇 년 전 잃어버린 그 감정을 되살리려고는 하지 않는다. 시간이 없는 세상에서 나는 쿠퍼가 로그인해 내 화면에 그의 이름이 떠오른 뒤 같이 탱크에 올라타 상대 팀 기지를 향해 돌격하면 어떨지 잠시 생각하면서 그 사소한 일이 이렇게 소중한 추억이 되리라고는 상상도 못했던 때를 떠올린다. 그러므로 내게 발할라는 내 삶을 잠시나마 행복하게 해준 멋진 사람에 대한 고요한 가상 기념비다.

우리는 서로 다른 이유에서 게임을 한다. 다른 사람과 만나기 위해 또는 발견의 기쁨을 위해 한다. 승리의 성취감 때문에 한다. 자아를 찾기 위해 때로는 자아를 잊기 위해 한다. 소중한 누군가를 잃었을 때는 아예 게임을 할 수 없게 되기도 한다. 그리고 다시 컨트롤러를 잡았을 때는 떠나간 이를 기억하기 위해 게임을 한다. 게임은 주변 세상을 이해하게 해주는 렌즈다. 부디 내가 이 책을 통해 게임이 어떻게 이를 가능하게 하는지 충분히 설명했길 바란다. 어떤 게임은 전혀 예상치 못한 방식으로 우리가 소중히 기억하는 추억과 사람을 다시 불러들인다. 우리를 더 나은 자아로 이끌거나 힘들 때 조용한 안식처가 돼주는 게임도 있다. 물론 우리를 치유해 주기도 하지만 강력한 몰입력 때문에 다른 형태의 매체보다 우리를 심각하게 망가뜨릴지도 모른다. 그러나 우리는 아직 게임을 어떻게 논의해야 할지 모른다. 아직 게임을 진정한 문화로 받아들이지도 않고 있다. 이런 상황은 게임이 모든 사회악의 원인이라고 주장하는 수많은 뉴스 기사에서 가장 분명하게 드러난다. 그런 기사는 대부분 완전히 무시해도 된다고 자신 있게 말할 수 있다. 그렇다고 게임의 영향에 관한 사람들의 우려에 모조리 귀를 닫아도 된다는 얘기는 아니다. 내가 이 글을 쓰고 있는 지금 영국 디지털·문화·미디어·스포츠위원회Digital, Culture, Media and Sport Committee는 가상현실과 증강현실 같은 몰입 기술의 잠재적 영향뿐 아니라 게임의 중독성에 관한 조사를 시작할 계획이라고 발표했다. 게임에서 마땅히 금지해야 하는 악의적 시스템이 있는지, 업계에 더 강력한 규제를 적용해야 하는지 같은 사회적으로 중요한 질문은 분명 존재한다. 하지만 여전히 과학계가 게임과 공격 성향의 관계에 관한 진부한 문제에만 집착하는 상황을 떠올리면 그런 중요한 질문의 분명하고 정확한 답을 구하는 길은 아직 멀어 보인다.

게임은 우리에게 좋을까 나쁠까? 솔직하게 답하자면 우리는 아직 잘 모르며 아마도 양쪽 다인 듯하다. 게임은 오락 매체인 동시에 유용한 도구기도 하다. 제대로 된 지식과 책임감을 갖추지 않고 부적절하게 혹은 아무런 주의 없이 사용한다면 얻는 것보다 잃는 게 많을 것이다. 세상 여느 도구와 마찬가지로 게임이 우리 존재 자체는 될 수 없다는 사실을 기억해야 한다. 게임의 목적도 우리 존재를 대신하는 게 아니다. 복잡하고 풍성하며 다면적인 우리 삶에서 아주 작은 부분만을 차지하는 게임 경험으로 인간존재의 의미를 전부 얘기하기란 불가능하다. 우리가 게임에 관해 어떤 견해를 지니고 있든 사람들이 게임을 하는 이유와 게임이 미치는 영향에 관해 이제 막 시작된 논의는 걸음마를 갓 뗀 아이처럼 보살핌과 애정, 노력이 필요하다.

나는 결국 '잃시비'를 찾지 못했다. 때로는 잠들기 전 오늘은 찾을 수 있을지 모르니 〈와우〉에 잠깐 접속해 볼까 생각한다. 그러다 내가 왜 그렇게 잃시비를 찾으려고 하는지 자문한다. 이 책을 쓰면서 나는 나와 게임의 관계를 되돌아보게 됐다. 좋든 싫든 내 삶의 거의 모든 시기 동안 게임은 예상치 못한 비극적 상실을 극복하는 수단이었다. 어떤 사람은 누군가의 죽음 앞에서 게임에 빠져드는 건 바람직하지 않다고 말할지도 모른다. 게임에서 헤어 나오지 못하는 현실도피에는 분명 문제가 있지만 적절한 때 적절한 게임을 하는 것은 슬픔을 탐구하고 이해하는 완벽한 방식이 될 수 있다고 믿는다. 적어도 내게는 효과가 있었다. 그리고 당신이 나와 비슷한 상황이라면 당신에게도 효과가 있길 진심으로 바란다. 하지만 내가 깨달은 게임의 진정한 가치는 주의를 다른 곳으로 돌리거나 온정신을 쏟게 해주는 데 있지 않다. 연결이야말로 게임의 진정한 가치다. 우리는 게임으로 새로운 관계를 맺거나 오랜 관계를 지키고 흥미롭고 매력적인 사람에 관해 얘기하며 마음속 깊이 소중히 여기는 사람을 기억한다.

| 감사의 글 |

○
□
△
×

몇 년 전 영국 왕립과학연구소Royal Institution에서 멀지 않은 런던의 한 술집에서 최고의 과학 저술가인 알록 자와 에드 영을 만났다. 그들을 알게 된 건 크나큰 행운이었다. 내가 게임에 관한 책을 쓰면 어떨지 두서없이 떠들자 자와 영은 내게 절실했던 격려를 해주면서 당장 시작하라고 등을 떠밀었다. 감사한 마음을 어떻게 말로 다 표현해야 할지 모르겠다.

집필하는 동안에도 수많은 사람에게 도움과 정보, 지지, 조언을 얻었다. 특별한 순서 없이 그저 기억나는 대로 떠올리면 그레이엄 러셀, 헤일리 웨어와 크리스 웨어 부부, 알렉스 총과 데비 총 부부, 애덤 스미스, 로런 드로자리오, 딘 버넷, 애덤 러더퍼드, 케빈 퐁, 새라제인 블레이크모어, 로저 하이필드, 틸리 블라이드, 조 월시, 저메인 라발리에, 에일린 프레이저, 데이비드

스코필드, 메건 에반스, 스튜 에반스, 케리 하벤에반스, 토니 에반스와 크리스틴 에반스 부부, 매기 핼리데이와 키스 핼리데이 부부에게 많은 신세를 졌다. 초고를 꼼꼼히 검토하며 소중한 조언을 해준 마틴 에반스, 스콧 존스, 수지 게이지, 크리스 챔버스에게도 꼭 감사하다는 말을 하고 싶다. 블리자드의 샘 반다, 스티븐 구, 바네사 바나신 덕분에 집필에 중요한 인터뷰를 할 수 있었고 많은 분이 내 인터뷰에 소중한 시간을 기꺼이 내줬다.

내가 이 책을 쓰는 동안 내 친구 톰 치버스도 인공지능에 관한 책을 쓰고 있었다. 우리가 주고받은 메시지는 '아, 도저히 못 하겠어' '도대체 무슨 생각으로 시작한 걸까' 같은 푸념이 대부분이었지만 함께할 친구가 있어 큰 위안을 얻었고 우리가 같은 길을 걷는다는 사실에 무척 안도했다. 그의 책《인공지능은 당신을 싫어하지 않는다The AI Does Not Hate You》는 훌륭한 필독서다.

2012년 나는 온라인 과학 소통 대회인 '난 과학자입니다: 이곳에서 날 나가게 해주세요I'm a Scientist: Get Me Out of Here'에서 우승했다. 얼마 안 되는 상금이었지만 녹음 장비를 사는 데는 충분했다. 장비가 없었다면 인터뷰하는 데 상당히 애를 먹었을 것이다. '난 과학자입니다' 대회는 내 삶에서 최고의 순간으로 손꼽을 수 있을 만큼 멋진 경험이었다. 모두 갤러마너Gallomanor의 셰인 매크래켄과 그의 팀 덕분이다.

〈가디언〉지를 통해 처음 글을 쓸 수 있었던 건 제임스 랜더슨, 타시 리스뱅크스, 자, 제임스 킹스랜드, 이언 샘플 덕분이다. 과학 블로그 네트워크 실험은 끝날지 모르지만 우리는 멋지게 해냈다.

내 원고를 좋아해 주고 응원해 준 아이콘Icon 출판사 관계자들에게도 말로는 다 표현할 수 없는 도움을 받았다. 특히 편집자 톰 웨버의 지식, 경험, 끝없는 조언은 날 더 나은 작가로 만들어 줬다.

내가 처음 책을 쓰기로 마음먹었을 때 사람들은 내게 괜찮은 에이전트를 찾아야 한다고 충고했다. 잰클로 앤드 네스빗Janklow & Nesbit의 윌 프랜시스를 만나 얼마나 다행인지 모른다. 내 아이디어와 얘기에 구체적인 형태를 만들어 준 프랜시스는 시작부터 끝까지 나를 응원해 줬고 놀라운 조언들을 해줬다. 게다가 그는 무척 뛰어난 〈마리오 카트〉 플레이어다. 프랜시스 덕분에 이 책이 더욱 풍성해졌다.

지난 몇 년 동안 곁에서 등을 토닥여 주고 최근에는 아버지가 했던 엉뚱하고 우스운 일들을 얘기해 준 어머니에게도 감사의 말을 전한다. 그리고 누구보다도 내게 힘이 돼준 사람은 아내 프랜시스다. 이 책을 쓰는 건 내 인생에서 가장 어려운 일 중 하나였고 프랜시스가 한없이 베풀어 준 도움과 사랑이 없었다면 주저앉고 말았을 것이다. 이 책은 내 과거 얘기지만 이 책의 모든 독자는 내가 기대하는 미래다.

| 참고 문헌 |

— A —

Aarseth, E., Bean, A.M., Boonen, H., Colder Carras, M., Coulson, M., Das, D., Deleuze, J., Dunkels, E., Edman, J., Ferguson, C.J. & Haagsma, M.C. (2017). Scholars' open debate paper on the World Health Organization ICD-11 Gaming Disorder proposal. *Journal of Behavioral Addictions*, 6, 267–270

Adachi, P.J. & Willoughby, T. (2011a). The effect of video game competition and violence on aggressive behavior: Which characteristic has the greatest influence? *Psychology of Violence*, 1, 259–274

Adachi, P.J. & Willoughby, T. (2011b). The effect of violent video games on aggression: Is it more than just the violence? *Aggression and Violent Behavior*, 16, 55–62

Adachi, P.J. & Willoughby, T. (2013). Demolishing the competition: The longitudinal link between competitive video games, competitive gambling, and aggression. *Journal of Youth and Adolescence*, 42,

1090–1104

Adorno, T.W. (1954). How to look at television. *The Quarterly of Film*, Radio, and Television, 8, 213–235

Alderman, N. (2013). The Existential Me. BBC Radio 3. https://www.bbc.co.uk/sounds/play/b03h3p4q

Alexander, J. (2016). Blizzard clears high-ranking teenage Overwatch player in cheating scandal. *Polygon*. https://www.polygon.com/2016/6/21/11996752/blizzard-overwatch-zarya-cheating

Alexander, J. (2018). Overwatch League player fired after sexual misconduct allegations. *Polygon*. https://www.polygon.com/2018/4/8/17213638/overwatch-league-suspends-player-jonathan-dreamkazper-sanchez

Anderson, C.A., Sakamoto, A., Gentile, D.A., Ihori, N., Shibuya, A., Yukawa, S., Naito, M. & Kobayashi, K. (2008). Longitudinal effects of violent video games on aggression in Japan and the United States. *Pediatrics*, 122, e1067–e1072

— B —

Baer, R.H. (2005). *Videogames: In the Beginning*. Rolenta Press

Baker, C. (2016). Stewart Brand recalls first 'Spacewar' video game tournament. *Rolling Stone*. https://www.rollingstone.com/culture/culture-news/stewart-brand-recalls-first-spacewar-video-game-tournament-187669/

Bartle, R. (1990). Early MUD History, https://mud.co.uk/richard/mudhist.htm

Bartle, R. (1996). Hearts, clubs, diamonds, spades: Players who suit MUDs. http://mud.co.uk/richard/hcds.htm

Bartle, R.A. (2004). *Designing Virtual Worlds*. New Riders

Bartle, R.A. (2010). From MUDs to MMORPGs: The history of virtual worlds. In: *International Handbook of Internet Research*, J. Hunsinger, L. Klastrup, M.M. Allen eds. Springer, pp. 23–39

BBC. (2017). Teen's death at Chinese internet addiction camp sparks anger. BBC News. https://www.bbc.co.uk/news/world-asia-china-40920488

Beatty, J. (1982). Task-evoked pupillary responses, processing load, and the structure of processing resources. *Psychological Bulletin*, 91, 276–292

Beck, K. (2018). *Overwatch* League is already disciplining players for hateful behaviour. *Mashable*. https://mashable.com/2018/01/22/overwatch-league-homophobic-suspension/

Bell, V., Bishop, D.V.M. & Przybylski, A.K. (2015). The debate over digital technology and young people. *BMJ*, 351, h30964

Bem, D.J. (2011). Feeling the future: experimental evidence for anomalous retroactive influences on cognition and affect. *Journal of Personality and Social Psychology*, 100, 407–425

Billieux, J., Van Rooij, A.J., Heeren, A., Schimmenti, A., Maurage, P., Edman, J., Blaszczynski, A., Khazaal, Y. & Kardefelt-Winther, D. (2017). Behavioural Addiction Open Definition 2.0 – using the Open Science Framework for collaborative and transparent theoretical development. *Addiction*, 112, 1723–1724

Bishop, D. (2011). An open letter to Baroness Susan Greenfield. http://deevybee.blogspot.com/2011/08/open-letter-to-baroness -susan.html

Bishop, D. (2014). Why most scientists don't take Susan Greenfield seriously. http://deevybee.blogspot.com/2014/09/why-most-scientists-dont-take-susan.html

Boyd, A., Golding, J., Macleod, J., Lawlor, D.A., Fraser, A., Henderson,

J., Molloy, L., Ness, A., Ring, S. & Davey Smith, G. (2013). Cohort profile: the 'children of the 90s' – the index offspring of the Avon Longitudinal Study of Parents and Children. *International Journal of Epidemiology*, 42, 111–127

Bradbury, R. (1950). The Veldt. *Saturday Evening Post*

Brand, S. (1972). Spacewar: Fanatic life and symbolic death among the computer bums. *Rolling Stone*

Bräutigam, T. (2018). *Overwatch* League exceeds revenue expectations, gets bigger and more expensive. *Esports Observer*. https://esportsobserver.com/overwatch-league-gets-bigger-more-expensive/

Bushman, B.J., Gollwitzer, M. & Cruz, C. (2015). There is broad consensus: Media researchers agree that violent media increase aggression in children, and pediatricians and parents concur. *Psychology of Popular Media Culture*, 4, 200–214

— C —

Carpenter, N. (2018). Dallas Fuel player xQc suspended again from the *Overwatch* League, others fined. *Dot Esports*. https://dotesports.com/overwatch/news/overwatch-league-players-banned-fined-21753

Carras, M.C. & Kardefelt-Winther, D. (2018). When addiction symptoms and life problems diverge: A latent class analysis of problematic gaming in a representative multinational sample of European adolescents. *European Child & Adolescent Psychiatry*, 27, 513–525

Cavanagh, S.R. (2017). No, smartphones are not destroying a generation. *Psychology Today*. https://www.psychologytoday.com/gb/blog/once-more-feeling/201708/no-smartphones-are-not-destroying-generation

Chambers, C. (2017). *The Seven Deadly Sins of Psychology: A Manifesto for Reforming the Culture of Scientific Practice*. Princeton University

Press

Chambers, C.D. (2013). Registered reports: a new publishing initiative at Cortex. *Cortex*, 49, 609–610

Chambers, C.D., Feredoes, E., Muthukumaraswamy, S.D. & Etchells, P. (2014). Instead of 'playing the game' it is time to change the rules: Registered Reports at AIMS Neuroscience and beyond. *AIMS Neuroscience*, 1, 4–17

Chan, E., Baumann, O., Bellgrove, M.A. & Mattingley, J.B. (2013). Reference frames in allocentric representations are invariant across static and active encoding. *Frontiers in Psychology*, 4, 565

Charlton, J. & Danforth, I. (2007). Distinguishing addiction and high engagement in the context of online game playing. *Computers in Human Behaviour*, 23, 1531–1548

Chiodini, J. (2015). Introducing Low Batteries, a series about mental health and gaming. *Eurogamer*. https://www.eurogamer.net/articles/2015-08-26-video-introducing-low-batteries-a-series-about-mental-health-and-gaming

Chuang, T. (2007). Blizzard makes WoW wish virtual reality. Orange County Register. https://www.ocregister.com/2007/05/22/blizzard-makes-wow-wish-virtual-reality/

Clifford, W.K. (1877). The Ethics of Belief. *Contemporary Review*, 29, 289–309

Cline, E. (2011). *Ready Player One*. Random House

Condon, E.U., Tawney, G.L. & Derr, W.A., Westinghouse Electric Co LLC. (1940). *Machine to play game of nim*. U.S. Patent 2,215,544

Consumer Guide. (1982). *How to Win at* Pac-Man. Penguin.

Cooper, R.M. (2012). Banal cancer. https://robbiemcooper.wordpress.com/2012/10/20/banal-cancer/

Coutrot, A., Silva, R., Manley, E., de Cothi, W., Sami, S., Bohbot, V.D., Wiener, J.M., Hölscher, C., Dalton, R.C., Hornberger, M. & Spiers, H.J. (2018). Global determinants of navigation ability. *Current Biology*, 28, 2861–2866

Cover, R. (2006). Gaming (ad)diction: Discourse, identity, time and play in the production of the gamer addiction myth. *The International Journal of Computer Game Research*, 6, 1–14

Curry, H.A. (2014). From garden biotech to garage biotech: amateur experimental biology in historical perspective. *The British Journal for the History of Science*, 47, 539–565

— D —

Dear, W. (1984). *The Dungeon Master: The Disappearance of James Dallas Egbert III*. Houghton Mifflin Harcourt

Deci, E.L. & Ryan, R.M. (1985). *Intrinsic Motivation and Self-determination in Human Behavior*. Plenum

Dixon, D. (2011). Player types and gamification. In: *Proceedings of the CHI 2011 Workshop on Gamification*

Doll, B.B., Hutchison, K.E. & Frank, M.J. (2011). Dopaminergic genes predict individual differences in susceptibility to confirmation bias. *Journal of Neuroscience*, 31, 6188–6198

— E —

Ellis, D.A., Davidson, B.I., Shaw, H. & Geyer, K. (2018). Do smartphone usage scales predict behaviour? *PsyArXiv*. doi: 10.31234/osf.io/6fjr7

Elson, M., & Ferguson, C.J. (2014). Twenty-five years of research on violence in digital games and aggression. *European Psychologist*, 19, 33–46

Elson, M., Mohseni, M.R., Breuer, J., Scharkow, M. & Quandt, T. (2014). Press CRTT to measure aggressive behavior: The unstandardized use of the competitive reaction time task in aggression research. *Psychological Assessment*, 26, 419–432

Enhancing exposure therapy for post traumatic stress disorder (PTSD): Virtual reality and imaginal exposure with a cognitive enhancer. (2011). Retrieved from https://clinicaltrials.gov/ct2(Identification No. NCT01352637)

Epstein, R.A., Patai, E.Z., Julian, J.B. & Spiers, H.J. (2017). The cognitive map in humans: spatial navigation and beyond. *Nature Neuroscience*, 20, 1504–1513

Etchells, P. (2013a). The Next Level. *Story Collider*. https://www.storycollider.org/stories/2016/1/4/pete-etchells-the-next-level

Etchells, P. (2013b). What is the link between violent video games and aggression? *Guardian*. https://www.theguardian.com/science/head-quarters/2013/sep/19/neuroscience-psychology

Etchells, P. (2015). 'Needs less shock and more substance': Susan Greenfield's tech claims criticised. *Guardian*. https://www.theguardian.com/science/head-quarters/2015/aug/13/susan-greenfield-bmj-editorial-digital-technology-video-games-need-less-shock-and-more-substance

Etchells, P. (2016). Sea Hero Quest: how a new mobile game can help us understand dementia. *Guardian*. https://www.theguardian.com/science/head-quarters/2016/may/19/sea-hero-quest-mobile-game-dementia-alzheimers-disease-spatial-navigation

Etchells, P. & Chambers, C. (2014a). Is there any evidence of a link between violent video games and murder? *Guardian*. https://www.theguardian.com/science/head-quarters/2014/may/06/violent-video-games-murder-aggression-ann-maguire

Etchells, P. & Chambers, C. (2014b). Susan Greenfield: Why is she reluctant to engage with 'mind change' critics? *Guardian*. https://www.theguardian.com/science/head-quarters/2014/oct/03/susan-greenfield-mind-change-technology-evidence

Etchells, P. & Chambers, C. (2014). Violent video games research: consensus or confusion? *Guardian*. https://www.theguardian.com/science/head-quarters/2014/oct/10/violent-video-games-research-consensus-or-confusion

Etchells, P. & Chambers, C. (2015). No, there is no evidence for a link between video games and Alzheimer's disease. *Guardian*. https://www.theguardian.com/science/head-quarters/2015/may/20/no-there-is-no-evidence-for-a-link-between-video-games-and-alzheimers-disease

Etchells, P.J., Gage, S.H., Rutherford, A.D. & Munafò, M.R. (2016). Prospective investigation of video game use in children and subsequent conduct disorder and depression using data from the Avon longitudinal study of parents and children. *PLOS ONE*, 11, e0147732

— F —

Faccio, M. & McConnell, J.J. (2018). *Death by Pokémon GO: The Economic and Human Cost of Using Apps While Driving* (No. w24308). National Bureau of Economic Research

Fanelli, D. (2010). 'Positive' results increase down the hierarchy of the sciences. *PLOS ONE*, 5, e10068

Ferguson, C.J. (2015). Do angry birds make for angry children? A meta-analysis of video game influences on children's and adolescents' aggression, mental health, prosocial behavior, and academic performance. *Perspectives on Psychological Science*, 10, 646–666

Ferguson, C.J. (2018). Children should not be protected from using interactive screens. In: *Video game influences on aggression, cognition and attention*, C.J. Ferguson ed. Springer, pp. 83–91

Ferguson C.J. & Colwell, J. (2017). Understanding why scholars hold different views on the influences of video games on public health. *Journal of Communication*, 67, 305–327

Ferguson, C.J., Coulson, M. & Barnett, J. (2011). A meta-analysis of pathological gaming prevalence and comorbidity with mental health, academic and social problems. *Journal of Psychiatric Research*, 45, 1573–1578

Ferguson, C.J., San Miguel, C., Garza, A. & Jerabeck, J.M. (2012). A longitudinal test of video game violence influences on dating and aggression: A 3-year longitudinal study of adolescents. *Journal of Psychiatric Research*, 46, 141–146

Ferranti. (1951). *Faster Than Thought: The Ferranti Nimrod Digital Computer*. Ferranti Ltd

Fox, J. A. & DeLateur, M. J. (2013). Mass shootings in America. *Homicide Studies*, 18, 125–145

Friedman, R. & James, J.W. (2008). The myth of the stages of dying, death and grief. *Skeptic*, 14: 37–42

— G —

Gebremariam, M.K., Bergh, I.H., Andersen, L.F., Ommundsen, Y., Totland, T.H., Bjelland, M., Grydeland, M. & Lien, N. (2013). Are screen-based sedentary behaviors longitudinally associated with dietary behaviors and leisure-time physical activity in the transition into adolescence? *International Journal of Behavioral Nutrition and Physical Activity*, 10, 9

George, M.J. & Odgers, C.L. (2015). Seven fears and the science of how mobile technologies may be influencing adolescents in the digital age. *Perspectives on Psychological Science*, 10, 832–851

Gibson, E. (2013). GamesMaster: The inside story. *Eurogamer*. https://www.eurogamer.net/articles/2013-06-04-gamesmaster-the-inside-story

Goldacre, B. (2011a). Serious claims belong in a serious scientific paper. *Guardian*. https://www.theguardian.com/commentisfree/2011/oct/21/bad-science-publishing-claims

Goldacre, B. (2011b). Why won't Professor Susan Greenfield publish this theory in a scientific journal? *Guardian*. https://www.badscience.net/2011/11/why-wont-professor-greenfield-publish-this-theory-in-a-scientific-journal/

Goldsmith, T.T. & Mann, E.R., Du Mont Allen B Lab Inc. (1948). *Cathode-ray tube amusement device*. U.S. Patent 2,455,992

Gonzalez, R. (2018a). It's time for a serious talk about the science of tech addiction. *Wired*. https://www.wired.com/story/its-time-for-a-serious-talk-about-the-science-of-tech-addiction/

Gonzalez, R. (2018b). Why Apple can't tackle digital wellness in a vacuum. *Wired*. https://www.wired.com/story/apple-screen-time/

Good, O. (2013). Sandy Hook killer's video gaming obsession: Not what you'd expect. *Kotaku*. https://kotaku.com/sandy-hook-killers-video-gaming-obsession-not-what-yo-1471421158

Goode, E. & Ben-Yehuda, N. (1994). *Moral Panics: The Social Construction of Deviance*. Wiley-Blackwell

Goodeve, P. (Undated). The NIMROD machine – some facts and figures.

https://www.goodeveca.net/nimrod/facts.html

Granic, I., Lobel, A. & Engels, R. (2014). The benefits of playing video games. *American Psychologist*, 69, 66–78

Grayson, N. (2018). No *Overwatch* League team signed the game's most notable female pro to their roster. *Kotaku*. https://compete.kotaku.com/no-overwatch-league-team-signed -the-games-most-notable-1821968992

Green, H. (2018). No girls allowed: Dissecting the gender divide in *Overwatch* League. *Paste*. https://www.pastemagazine.com/articles/2018/01/no-girls-allowed-dissecting-the-gender-imbalance-i.html

Greenfield, S. (2014). *Mind Change*. Random House

Griffiths, M. (1997). Video games and clinical practice: issues, uses and treatments. *British Journal of Clinical Psychology*, 36, 639–641

Griffiths, M.D., Van Rooij, A.J., Kardefelt-Winther, D., Starcevic, V., Király, O., Pallesen, S., Müller, K., Dreier, M., Carras, M., Prause, N. & King, D.L. (2016). Working towards an international consensus on criteria for assessing internet gaming disorder: a critical commentary on Petry et al. (2014). *Addiction*, 111, 167–175

— H —

Hall, R.C., Day, T. & Hall, R.C. (2011). A plea for caution: Violent video games, the Supreme Court, and the role of science. *Mayo Clinic Proceedings*, 86, No. 4, 315–321

Hamari, J. & Sjöblom, M. (2017). What is Esports and why do people watch it? *Internet research*, 27, 211–232

Hamari, J. & Tuunanen, J. (2014). Player types: A meta-synthesis. *Transactions of the Digital Games Research Association*, 1, 3

Handrahan, M. (2016). VR devs call for restraint on horror games and jump scares. *Gamesindustry.biz*. https://www.gamesindustry.biz/articles/2016-03-14-vr-developers-advise-caution-on-horror-games-and-jump-scares

Harris, S. (2017). How phones make us dim: Brain scientist says excessive use of high-tech appliances stops us remembering details. *Daily Mail*. https://www.dailymail.co.uk/sciencetech/article-4867190/Smart-phones-making-dim-say-scientists.html

Herz, J.C. (2002). The bandwidth capital of the world. *Wired*. https://www.wired.com/2002/08/korea/

Hess, E.H. & Polt, J.M. (1963). Pupil size in relation to mental activity during simple problem solving. *Science*, 140, 1190–1192

Hoffman, H.G., Patterson, D.R., Seibel, E., Soltani, M., Jewett-Leahy, L. & Sharar, S.R. (2008). Virtual reality pain control during burn wound debridement in the hydrotank. *The Clinical Journal of Pain*, 24, 299–304

Horkheimer, M., Adorno, T.W. & Cumming, J. (1944). *Dialectic of Enlightenment*. Continuum

Hulatt, O. (2018). Against popular culture. *Aeon*. https://aeon.co/essays/against-guilty-pleasures-adorno-on-the-crimes-of-pop-culture

International Software Federation of Europe (2017). GameTrack Digest: Quarter 3. https://www.isfe.eu/sites/isfe.eu/files/gametrack_european_summary_data_2017_q3.pdf

Ives, M. (2017). Electroshock therapy for internet addicts? China vows to end it. *New York Times*. https://www.nytimes.com/2017/01/13/world/asia/china-internet-addiction-electroshock-therapy.html

Ivory, J.D. (2015). A brief history of video games. In: *The Video Game Debate*, R. Kowert, T. Quandt eds. Routledge, pp. 1–21

Ivory, J.D., Markey, P.M., Elson, M., Colwell, J., Ferguson, C.J., Griffiths, M.D., Savage, J. & Williams, K.D. (2015). Manufacturing consensus in a diverse field of scholarly opinions: A comment on Bushman, Gollwitzer, and Cruz (2015). *Psychology of Popular Media Culture*, 4, 222–229

Iyer, A. (2017). How Firewatch's UI enhances immersion. *Medium*. https://medium.com/the-cube/how-firewatchs-ui-enhances-immersion-18feddbc7857

Jenkins, H. (2012). *Textual Poachers: Television Fans and Participatory Culture*. Routledge

Jennett, C., Cox, A.L., Cairns, P., Dhoparee, S., Epps, A., Tijs, T. & Walton, A. (2008). Measuring and defining the experience of immersion in games. *International Journal of Human-Computer Studies*, 66, 641–661

John, L.K., Loewenstein, G. & Prelec, D. (2012). Measuring the prevalence of questionable research practices with incentives for truth telling. *Psychological Science*, 23, 524–532

Jozuka, E. (2015). This *Minecraft* world teaches kids the basics of biochemistry. *Motherboard*. https://motherboard.vice.com/en_us/article/d7ygwz/this-minecraft-world-teaches-kids-the-basics-of-biochemistry

Kahneman, D. (1973). *Attention and Effort*. Prentice-Hall

Kaplan, J. (2017). Developer update – play nice, play fair. https://youtu.be/rnfzzz8pIBE

Kardefelt-Winther, D. (2017). How does the time children spend using digital technology impact their mental well-being, social relationships and physical activity? (Vol. Innocenti Discussion Paper 2017-02). Florence: UNICEF Office of Research

Keogh, B. (2014). Across worlds and bodies: Criticism in the age of video games. *Journal of Games Criticism*, 1, 1–26

Kim, W.K., Liu, X., Sandner, J., Pasmantier, M., Andrews, J., Rowland, L.P. & Mitsumoto, H. (2009). Study of 962 patients indicates progressive muscular atrophy is a form of ALS. *Neurology*, 73, 1686–1692

Kleinman, Z. (2013). Screen use is bad for brain development, scientist claims. BBC News. https://www.bbc.co.uk/news/technology-22283452

Kneer, J., Elson, M. & Knapp, F. (2016). Fight fire with rainbows: The effects of displayed violence, difficulty, and performance in digital games on affect, aggression, and physiological arousal. *Computers in Human Behavior*, 54, 142–148

Kowert, R. (2016). *A Parent's Guide to Video Games: The Essential Guide to Understanding How Video Games Impact Your Child's Physical, Social, and Psychological Well-being*. CreateSpace

Kübler-Ross, E. (1969). *On Death and Dying*. Routledge

Kuss, D.J., Griffiths, M.D. & Pontes, H.M. (2017). Chaos and confusion in DSM-5 diagnosis of internet gaming disorder: Issues, concerns, and recommendations for clarity in the field. *Journal of Behavioral Addictions*, 6, 103–109

— L —

Lee, C., Kim, H. & Hong, A. (2017). Ex-post evaluation of illegalizing juvenile online game after midnight: A case of shutdown policy in South Korea. *Telematics and Informatics*, 34, 1597–1606

Lee, D. & Schoenstedt, L.J. (2011). Comparison of Esports and traditional sports consumption motives. *ICHPER-SD Journal of Research*, 6, 39–44

Lewis, H. (2012). Why are we still so bad at talking about video games? *New Statesman*. https://www.newstatesman.com/culture/2012/11/why-are-we-still-so-bad-talking-about-video-games

Lieberman, J.D., Solomon, S., Greenberg, J. & McGregor, H.A. (1999). A hot new way to measure aggression: Hot sauce allocation. *Aggressive Behavior: Official Journal of the International Society for Research on Aggression*, 25, 331–348

Lillo, P. & Hodges, J.R. (2010). Cognition and behaviour in motor neurone disease. *Current Opinion in Neurology*, 23, 638–642

Lithfous, S., Dufour, A. & Després, O. (2013). Spatial navigation in normal aging and the prodromal stage of Alzheimer's disease: insights from imaging and behavioral studies. *Ageing Research Reviews*, 12, 201–213

Loguidice, B. (2015). The genesis of PC gaming: the PDP-1 and Spacewar! *PC Gamer*. https://www.pcgamer.com/uk/the-genesis-of-pc-gaming-the-pdp-1-and-spacewar/

Lowood, H. (2011). Memento mundi: Are virtual worlds history? In: *Digital Media: Technological and Social Challenges of the Interactive World*, M.A. Winget, W. Asprey eds. Scarecrow Press, pp. 3–25

MacDonald, K. (2018). Belgium is right to class video game loot boxes as child gambling. *Guardian*. https://www.theguardian.com/games/2018/apr/26/belgium-is-right-to-legislate-against-video-game-loot-boxes

Madary, M. & Metzinger, T.K. (2016). Real virtuality: a code of ethical conduct. Recommendations for good scientific practice and the consumers of VR-technology. *Frontiers in Robotics and AI*, 3, 3

Madigan, J. (2013). Why you don't burn out on *Candy Crush Saga*. http://www.psychologyofgames.com/2013/10/why-you-dont-burn-out-on-candy-crush-saga/

Marcus, A. (2011). Dutch university investigating psych researcher Stapel for data fraud. *Retraction Watch*. http://retractionwatch.com/2011/09/07/dutch-university-investigating-psych-researcher-stapel-for-data-fraud/

Marcus, A. (2012). Going Dutch: Stapel inquiry eyes credulous colleagues, institution, prompts national soul search. *Retraction Watch*. http://retractionwatch.com/2012/11/29/going-dutch-stapel-inquiry-eyes-credulous-colleagues-institution-prompts-national-soul-search/

Markey, P.M. (2015). Finding the middle ground in violent video game research: Lessons from Ferguson (2015). *Perspectives on Psychological Science*, 10, 667–670

Markey, P.M. & Ferguson, C.J. (2017a). Internet gaming addiction: Disorder or moral panic. *American Journal of Psychiatry*, 174, 195–6

Markey, P.M. & Ferguson, C.J. (2017b). *Moral Combat: Why the War on Violent Video Games is Wrong*. BenBella Books

Markey, P.M., Markey, C.N. & French, J.E. (2015). Violent video games and real-world violence: Rhetoric versus data. *Psychology of Popular*

Media Culture, 4, 277–295

Marks, T. (2017). Overwatch league reveals minimum player salaries and benefits. *IGN*. https://uk.ign.com/articles/2017/07/27/overwatch-league-reveals-minimum-player-salaries-and-benefits

Marris, P. (1986). *Loss and Change*. Routledge

McDermott, C.J. & Shaw, P.J. (2008). Diagnosis and management of motor neurone disease. *BMJ*, 336, 658–662

McKenna, K. & Bargh, J. (2000). Plan 9 from cyberspace: the implications of the internet for personality and social psychology. *Personality and Social Psychology Review*, 4, 57–75

McKenna, K., Green, A. & Gleason, M. (2002). Relationship formation on the internet: what's the big attraction? *Journal of Social Issues*, 58, 9–31

McLeod, J.E. & Clarke, D.M. (2007). A review of psychosocial aspects of motor neurone disease. *Journal of the Neurological Sciences*, 258, 4–10

Mejia Uribe, F. (2018). Believing without evidence is always morally wrong. *Aeon*. https://aeon.co/ideas/believing-without-evidence-is-always-morally-wrong

Messner, S. (2016). Meet WoW's biggest hippie, a panda who reached max level by picking thousands of flowers. *PC Gamer*. https://www.pcgamer.com/uk/meet-wows-biggest-hippie-a-panda-who-reached-max-level-by-picking-thousands-of-flowers/

Milgram, S. (1963). Behavioral study of obedience. *Journal of Abnormal and Social Psychology*, 67, 371–378

Mills, K.L. (2016). Possible effects of internet use on cognitive development in adolescence. *Media and Communication*, 4, 4–12

Munafò, M.R., Nosek, B.A., Bishop, D.V., Button, K.S., Chambers, C.D., Du Sert, N.P., Simonsohn, U., Wagenmakers, E.J., Ware, J.J. &

Ioannidis, J.P. (2017). A manifesto for reproducible science. *Nature Human Behaviour*, 1, 0021

— N —

National Youth Policy Institute. (2014). *Korea Children and Youth Panel Survey V: An Analysis on Daily Activities of the Children and the Youth*

Neuman, S.B. (1988). The displacement effect: Assessing the relation between television viewing and reading performance. *Reading Research Quarterly*, 23, 414–440

Neumann, M.M., Merchant, G. & Burnett, C., (2018). Young children and tablets: the views of parents and teachers. *Early Child Development and Care*, doi: 10.1080/03004430.2018.1550083

Neuroskeptic. (2015). How Diederik Stapel became a science fraud. http://blogs.discovermagazine.com/neuroskeptic/2015/01/20/how-diederik-stapel-became-fraud/

Newman, H. (2016). *Overwatch*: 9 Things you didn't know about director Jeff Kaplan. *Rolling Stone*. https://www.rollingstone.com/culture/culture-features/overwatch-9-things-you-didnt-know-about-director-jeff-kaplan-107522/

Newman, J. (2008). *Playing with Videogames*. Routledge

Newman, J. (2012). *Best Before: Videogames, Supersession and Obsolescence*. Routledge

Newman, J. (2016a). Mazes, monsters and multicursality. Mastering *Pac-Man* 1980–2016. *Cogent Arts & Humanities*, 3, 1190439

Newman, J. (2016b). Stampylongnose and the rise of the celebrity videogame player. *Celebrity Studies*, 7, 285–288

Newman, J. (2017). Glitching, codemining and procedural level creation in *Super Mario Bros*. In: M. Swalwell, A. Ndalianis, H. Stuckey eds. *Fans and Videogames: Histories, Fandom, Archives*. Routledge, pp. 146–162

Newman, J. (2018). The Game Inspector: a case study in gameplay preservation. *Kinephanos: Journal of Media Studies and Popular Culture* (August), 120–148

Nickerson, R.S. (1998). Confirmation bias: a ubiquitous phenomenon in many guises. *Review of General Psychology*, 2, 175–220

Nielsen, R.K.L. & Kardefelt-Winther, D. (2018). Helping parents make sense of video game addiction. In: *Video game influences on aggression, cognition and attention*, C.J. Ferguson ed. Springer, pp. 59–69

Nintendo. (2018). *The Legend of Zelda: Breath of the Wild – Creating a Champion*. Dark Horse

— O —

Odgers, C.L. (2018). Smartphones are bad for some adolescents, not all. *Nature*, 554, 432–434

Open Science Collaboration. (2015). Estimating the reproducibility of psychological science. *Science*, 349, 943–951

Orben, A. (2017). Social media and suicide: A critical appraisal. *Medium*. https://medium.com/@OrbenAmy/social-media-and-suicide-a-critical-appraisal-f95e0bbd4660

Orben, A., Etchells, P. & Przybylski, A. (2018). Three problems with the debate around screen time. *Guardian*. https://www.theguardian.com/science/head-quarters/2018/aug/09/three-problems-with-the-debate-around-screen-time

Oskarsson, B., Horton, D.K. & Mitsumoto, H. (2015). Potential environmental factors in amyotrophic lateral sclerosis. *Neurologic Clinics*, 33, 877–888

— P —

Palus, S. (2015). Diederik Stapel now has 58 retractions. *Retraction Watch*. http://retractionwatch.com/2015/12/08/diederik-stapel-now-has-58-retractions/

Parkes, A., Sweeting, H., Wight, D. & Henderson, M. (2013). Do television and electronic games predict children's psychosocial adjustment? Longitudinal research using the UK Millennium Cohort Study. *Archives of Disease in Childhood*, 98, 341–348

Parkes, C.M. (2013). Elisabeth Kübler-Ross, on death and dying: A reappraisal. *Mortality*, 18, 94–97

Parkin, S. (2013). Shooters: How Video games fund arms manufacturers. *Eurogamer*. https://www.eurogamer.net/articles/2013-02-01-shooters-how-video-games-fund-arms-manufacturers

Parkin, S. (2015). *Death by Video Game: Tales of Obsession from the Virtual Frontline*. Serpent's Tail

Peel, N. (2014). Citizen Science: 'you don't need to be qualified to do this'. *Cancer Research UK blog*. https://scienceblog.cancerresearchuk.org/2014/10/03/citizen-science-you-dont-need-to-be-qualified-to-do-this/

Persky, S. & Blascovich, J. (2008). Immersive virtual video game play and presence: Influences on aggressive feelings and behavior. *Presence: Teleoperators and Virtual Environments*, 17, 57–72

Petter, O. (2018). Social media is giving children mentality of three-year-olds, warns researcher. *Independent*. https://www.independent.co.uk/life-style/social-media-dangers-children-mentality-three-yearsold-susan-greenfield-a8479271.html

Players Guide To Electronic Science Fiction Games. (1982). *Electronic Games*, 1, 35–45

Pratchett, T. (1989). *Guards! Guards!* Transworld

Price, L. (2016). Playing games as addictive as heroin. *The Sun*. https://www.thesun.co.uk/archives/news/962643/playing-games-as-addictive-as-heroin/

Przybylski, A.K. (2014a). Who believes electronic games cause real world aggression? *Cyberpsychology, Behavior, and Social Networking*, 17, 228–234

Przybylski, A.K. (2014b). Electronic gaming and psychosocial adjustment. *Pediatrics*, 134, 716–722

Przybylski, A.K. (2019). Digital screen time and pediatric sleep: Evidence from a preregistered cohort study. *The Journal of Pediatrics*, 205, 218–223

Przybylski, A.K. & Weinstein, N. (2016). How we see electronic games. *PeerJ*, 4, e1931

Przybylski, A.K. & Weinstein, N. (2017a). A large-scale test of the goldilocks hypothesis: quantifying the relations between digital-screen use and the mental well-being of adolescents. *Psychological Science*, 28, 204–215

Przybylski, A.K. & Weinstein, N. (2017b). Digital screen time limits and young children's psychological well-being: Evidence from a population-based study. *Child Development*, doi: 10.1111/cdev.13007

Przybylski, A.K., Rigby, C.S. & Ryan, R.M. (2010). A motivational model of video game engagement. *Review of General Psychology*, 14, 154–166

Przybylski, A.K., Ryan, R.M. & Rigby, C.S. (2009). The motivating role of violence in video games. *Personality and Social Psychology Bulletin*, 35, 243–259

Purchese, R. (2013). 100 million people played *Call of Duty* since COD4. *Eurogamer*. https://www.eurogamer.net/articles/2013-08-13-100-million-people-played-call-of-duty-since-cod4

— Q —

Quandt, T. (2017). Stepping back to advance: Why IGD needs an intensified debate instead of a consensus. *Journal of Behavioral Addictions*, 6, 121–123

Quandt, T., van Looy, J., Vogelgesang, J., Elson, M., Ivory, J., Mäyrä, F. & Consalvo, M. (2015). Digital games research: A survey study on an emerging field and its prevalent debates. *Journal of Communication*, 65, 975–996

Quoidbach, J. & Dunn, E. (2013). Give it up: A strategy for combating hedonic adaptation. *Social Psychological and Personality Science*, 4, 563–568

— R —

Rayson, S. (2017). The most shared Facebook content 2017. The top viral posts, videos and articles. https://buzzsumo.com/blog/the-most-shared-facebook-content-posts-videos/

Rigby, C.S. & Ryan, R.M. (2007). The Player Experience of Need Satisfaction (PENS) model. http://immersyve.com/white-paper-the-player-experience-of-need-satisfaction-pens-2007/

Riggs, B. (2017). The story of *D&D* part one: the birth, death and resurrection of *Dungeons & Dragons*. https://geekandsundry.com/the-story-of-dd-part-one-the-birth-death-and-resurrection-ofdungeons-dragons/

Ritchie, S.J., Wiseman, R. & French, C.C. (2012). Failing the future: Three unsuccessful attempts to replicate Bem's 'Retroactive Facilitation of Recall' Effect. *PLOS ONE*, 7, e33423

Rizzo, A., Difede, J., Rothbaum, B.O., Reger, G., Spitalnick, J., Cukor, J. & McLay, R. (2010). Development and early evaluation of the Virtual Iraq/Afghanistan exposure therapy system for combat-related PTSD. *Annals of the New York Academy of Sciences*, 1208, 114–125

Rizzo, A.S. & Shilling, R. (2017). Clinical Virtual Reality tools to advance the prevention, assessment, and treatment of PTSD. *European Journal of Psychotraumatology*, 8, 1414560

Robbins, M.J. (2012). The elusive hypothesis of Baroness Greenfield. *Guardian*. https://www.theguardian.com/science/the-lay-scientist/2012/feb/27/1

Robbins, M.J. (2014). Mind Change: Susan Greenfield has a big idea, but what is it? *The Guardian*. https://www.theguardian.com/science/the-lay-scientist/2014/oct/03/mind-change-susan-greenfield-has-a-big-idea-but-what-is-it

Ross, D.R., Finestone, D.H. & Lavin, G.K. (1982). *Space Invaders obsession*. JAMA, 248, 1177–1177

Rumpf, H.J., et al. (2018). Including gaming disorder in the ICD-11: The need to do so from a clinical and public health perspective: Commentary on: A weak scientific basis for gaming disorder: Let us err on the side of caution (van Rooij et al., 2018). *Journal of Behavioral Addictions*, 7, 556–561

Rutherford, A. (2016). It came from beyond the silver screen! Aliens in the movies. In: *Aliens: Science Asks: Is There Anyone Out There?* J. Al-Khalili ed. Profile Books

Ryan, R.M., Rigby, C.S. & Przybylski, A. (2006). The motivational pull of video games: A self-determination theory approach. *Motivation and Emotion*, 30, 344–360

— S —

Schink, J.C. (1991). Nintendo enuresis. *American Journal of Diseases of Children*, 145, 1094

Serino, S., Cipresso, P., Morganti, F. & Riva, G. (2014). The role of egocentric and allocentric abilities in Alzheimer's disease: A systematic review. *Ageing Research Reviews*, 16, 32–44

Simons, I. & Newman, J. (2018). *A History of Videogames*. Carlton Books Ltd

Smith, A. (2014a). The priesthood at play: Computer games in the 1950s. https://videogamehistorian.wordpress.com/2014/01/22/the-priesthood-at-play-computer-games-in-the-1950s/

Smith, A. (2014b). Tennis anyone? https://videogamehistorian.wordpress.com/2014/01/28/tennis-anyone/

Smith, A. (2014c). One, two, three, four, I declare a space war. https://videogamehistorian.wordpress.com/2014/08/07/one-two-three-four-i-declare-a-space-war/

Smith, D. (2014). This is what *Candy Crush Saga* does to your brain. Guardian. https://www.theguardian.com/science/blog/2014/apr/01/candy-crush-saga-app-brain

Smittenaar, P., et al. (2018). Harnessing citizen science through mobile phone technology to screen for immunohistochemical biomarkers in bladder cancer. British Journal of Cancer, 119, 220–229

Soechting, J.F. & Flanders, M. (1992). Moving in three-dimensional space: Frames of reference, vectors, and coordinate systems. *Annual*

Review of Neuroscience, 15, 167–191

Solon, O. (2018). Former Facebook and Google workers launch campaign to fight tech addiction. *Guardian*. https://www.theguardian.com/technology/2018/feb/05/tech-addiction-former-facebook-google-employees-campaign

Stanton, R. (2015). *A Brief History of Video Games: From Atari to Virtual Reality*. Robinson

Stapel, D., translated by N.J. Brown. (2014). Faking science: A true story of academic fraud. https://errorstatistics.files.wordpress.com/2014/12/fakingscience-20141214.pdf

Stone, R.J. (2005). Serious gaming – virtual reality's saviour. In: *Proceedings of Virtual Systems and MultiMedia annual conference*, 773–786

Strasburger, V.C., Donnerstein, E. & Bushman, B.J. (2014). Why is it so hard to believe that media influence children and adolescents? *Pediatrics*, 133, 571–573

Stroebe, M., Schut, H. & Boerner, K. (2017). Cautioning health-care professionals: Bereaved persons are misguided through the stages of grief. *OMEGA – Journal of Death and Dying*, 74, 455–473

Stuart, K. (2017). Why diversity matters in the modern video games industry. *Guardian*. https://www.theguardian.com/technology/2017/jul/18/diversity-video-games-industry-playstation-xbox

Stuart, K. (2018). Atari founder Nolan Bushnell loses award after sexism outcry. *Guardian*. https://www.theguardian.com/games/2018/feb/01/nolan-bushnell-atari-pioneer-award-game-developers-conference-san-francisco

Swain, F. (2011). Susan Greenfield: Loving online is changing our brains. *New Scientist*. https://www.newscientist.com/article/mg21128236-

400-susan-greenfield-living-online-is-changing-our-brains/

— T —

Tamborini, R. & Bowman, N.D. (2010). Presence in video games. *Immersed in media: Telepresence in everyday life*, C. Campanella Bracken, P.D. Skalski eds. Routledge, pp. 87–109

Tamborini, R., Eastin, M.S., Skalski, P. & Lachlan, K. (2004). Violent virtual video games and hostile thoughts. *Journal of Broadcasting and Electronic Media*, 48, 335–357

Tapjoy. (2016). The top personas of free-to-play mobile gamers – and how to treat them. *Medium*. https://medium.com/tapjoy/the-top-personas-of-free-to-play-mobile-gamers-and-how-to-treat-them-f36cb443e8c4

Taylor, A. (2015). The Turkish government's inexplicable call to ban *Minecraft*. *Washington Post*. https://www.washingtonpost.com/news/worldviews/wp/2015/03/10/the-turkish-governments-inexplicable-call-to-ban-minecraft

Taylor, S.P. (1967). Aggressive behavior and physiological arousal as a function of provocation and the tendency to inhibit aggression. *Journal of Personality*, 35, 297–310

Thier, D. (2018). *Overwatch* League's biggest problem is that it's all about *Overwatch*. *Forbes*. https://www.forbes.com/sites/davidthier/2018/02/15/overwatch-leagues-biggest-problem-is-that-its-all-about-overwatch/

Thompson, K.M. & Haninger, K. (2001). Violence in E-rated video games. *JAMA*, 286, 591–599

Troscianko, T., Meese, T.S. & Hinde, S. (2012). Perception while watching movies: Effects of physical screen size and scene type. *i-Perception*, 3,

414–425

Turing, A. (1948). Intelligent machinery. http://www.alanturing.net/turing_archive/archive/l/l32/l32.php

Turk, V. (2015). Inside Britain's new National Videogame Arcade. *Motherboard*. https://motherboard.vice.com/en_us/article/nzeynw/inside-britains-new-national-videogame-arcade

Twenge, J.M. (2017a). Have smartphones destroyed a generation? *The Atlantic*. https://www.theatlantic.com/magazine/archive/2017/09/has-the-smartphone-destroyed-a-generation/534198/

Twenge, J.M. (2017b). With teen mental health deteriorating over five years, there's a likely culprit. *The Conversation*. https://theconversation.com/with-teen-mental-health-deteriorating-over-five-years-theres-a-likely-culprit-86996

Twenge, J.M., Joiner, T.E., Rogers, M.L. & Martin, G.N., (2017). Increases in depressive symptoms, suicide-related outcomes, and suicide rates among US adolescents after 2010 and links to increased new media screen time. *Clinical Psychological Science*, 6, 3–17

Uston, K. (1982). *Mastering* Pac-Man. Signet

Van Rooij, A.J. & Kardefelt-Winther, D. (2017). Lost in the chaos: Flawed literature should not generate new disorders. *Journal of Behavioral Addictions*, 6, 128–132

Van Rooij, A.J., et al. (2018). A weak scientific basis for gaming disorder: Let us err on the side of caution. *Journal of Behavioral Addictions*, 7, 1–9

Volcic, R. & Kappers, A.M. (2008). Allocentric and egocentric reference frames in the processing of three-dimensional haptic space. *Experimental Brain Research*, 188, 199–213

— W —

Wagner, M.G. (2006). On the scientific relevance of eSports. In: *International conference on internet computing*, 437–442

Wason, P.C. (1960). On the failure to eliminate hypotheses in a conceptual task. *Quarterly Journal of Experimental Psychology*, 12, 129–40

Weinstein, N. & Przybylski, A.K. (2018). The impacts of motivational framing of technology restrictions on adolescent concealment: Evidence from a preregistered experimental study. *Computers in Human Behavior*, 90, 170–180

Weinstein, N., Przybylski, A.K. & Murayama, K. (2017). A prospective study of the motivational and health dynamics of Internet Gaming Disorder. *PeerJ*, 5, e3838

Wertham, F. (1954). *Seduction of the Innocent*. Rinehart & Company

West, G.L., Drisdelle, B.L., Konishi, K., Jackson, J., Jolicoeur, P. & Bohbot, V.D. (2015). Habitual action video game playing is associated with caudate nucleus-dependent navigational strategies. *Proceedings of the Royal Society B: Biological Sciences*, 282, 20142952

White, V. & Barbour, M. (2018). *Fortnite* game addiction led man into cocaine abuse and verge of losing job, family and home. *Mirror*. https://www.mirror.co.uk/news/uk-news/fortnite-game-addiction-led-man-12723697

Whitelocks, S. (2011). Computer games leave children with 'dementia', warns top neurologist. *Daily Mail*. https://www.dailymail.co.uk/

health/article-2049040/Computer-games-leave-children-dementia-warns-neurologist.html

Wilkinson, L. (2010). Reading, writing, and what Plato really thought. https://senseandreference.wordpress.com/2010/10/27/reading-writing-and-what-plato-really-thought/

Witkin, R.W. (2003). *Adorno on Popular Culture*. Routledge

— Y —

Yarkoni, T. (2010). The capricious nature of p < .05, or why data peeking is evil. https://www.talyarkoni.org/blog/2010/05/06/the-capricious-nature-of-p-05-or-why-data-peeking-is-evil/

Yee, N. (2006). Motivations for play in online games. *Cyberpsychology & Behavior*, 9, 772–775

Yong, E. (2012). Replication studies: Bad copy. *Nature*, 485, 298–300

— Z —

Zajonc, R.B. (1968). Attitudinal effects of mere exposure. *Journal of Personality and Social Psychology*, 9, 1–27

Zeiler, M.D. (1968). Fixed and variable schedules of responseindependent reinforcement. *Journal of the Experimental Analysis of Behavior*, 11, 405–414

Zendle, D. & Cairns, P. (2018). Video game loot boxes are linked to problem gambling: Results of a large-scale survey. *PLOS ONE*, 13, e0206767

Zendle, D., McCall, C., Barnett, H. & Cairns, P. (2018). Paying for loot boxes is linked to problem gambling, regardless of specific features like cash-out and pay-to-win: A preregistered investigation. *PsyArXiv*. doi: 10.31234/osf.io/6e74k